本书为教育部人文社会科学研究青年基金项目
"日本的人神信仰研究"（15YJCZH150）的结项成果。

本书的出版受到国际关系学院
"2019年中央高校基本科研业务费"国关文库出版（3262019T25）资助。

日本の人神信仰について

日本的人神信仰

孙敏 著

社会科学文献出版社
SOCIAL SCIENCES ACADEMIC PRESS (CHINA)

1-1	1-2
1-3	1-4
1-5	1-6

1-1 三重县伊势神宫内宫的鸟居①
1-2 长野县户隐神社奥社鸟居
1-3 岩手县远野市村里稻荷堂神社的鸟居，二鸟居和三鸟居十分简易
1-4 三重县伊势神宫内宫正殿前的参道
1-5 长野县户隐神社奥社的深山参道
1-6 岩手县远野市多贺神社的参道

---

① 书中图片，除特别注明，均为作者所摄。

1-7	1-8
1-9	1-10
1-11	1-12

1-7　岩手县远野市八幡宫参道
1-8　东京上野东照宫的铜灯笼
1-9　京都八坂神社的木灯笼
1-10　京都锦天满宫的纸灯笼
1-11　东京神田神社手水舍
1-12　栃木县日光东照宫手水舍（肖亮 摄）

1-13	1-14
1-15	1-16
1-17	

1-13 岩手县远野市八幡宫神乐殿
1-14 岩手县远野市八幡宫社务
1-15 岩手县远野市八幡宫授予所
1-16 各类护身符
1-17 京都八坂神社的纳札所

1-18 大阪天满宫的纳札所是一个小箱子
1-19 报德二宫神社例祭神符
1-20 京都地主神社绘马悬挂处

1-21 岩手县远野市八坂神社奉纳绘马

1-22 报德二宫神社的绘马

1-23 岩手县远野市村里稻荷堂中悬挂的绘马

1-24 兵库县辻川村铃森神社拜殿内悬挂的巨大绘马

1-25	1-26
1-27	1-28
1-29	1-30

1-25 岩手县远野市八幡宫的境内社天满宫
1-26 大阪天满宫的左狮子和右狛犬
1-27 上野花园稻荷神社前的狐狸
1-28 兵库县辻川村铃森神社正殿
1-29 伊势神宫内宫正殿
1-30 岩手县远野市稻荷堂作为神体的镜子

1-31	1-32
1-33	1-34
1-35	1-36

1-31 兵库县辻川村铃森神社内小社中作为神体的镜子
1-32 长野县樱泽村白山姬神社的开放式拜殿和后面的正殿
1-33 川越市熊野神社的拜殿和后面的正殿
1-34 一棵树下的简易神社（鸟居、瑞垣、拜殿、正殿）
1-35 东京巢鸭大鸟神社的参拜者
1-36 川越市熊野神社神拜词

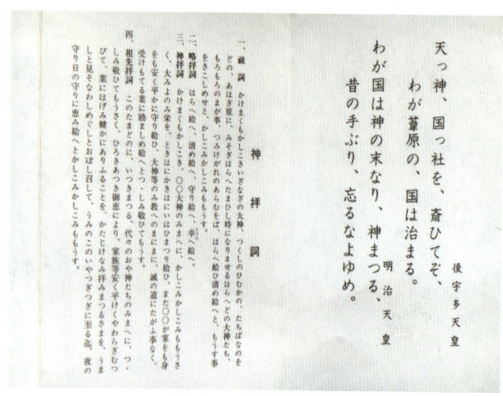

1-37	1-38
1-39	1-40
1-41	1-42

1-37 报德二宫神社春季例大祭为当地居民举行祓礼

1-38 神社本厅宣传册中的拜神词

1-39 报德二宫神社的玉串（系着麻绳的杨桐树枝）

1-40 伊势神宫内宫门前的禊处——五十铃川

1-41 报德二宫神社祭祀当日的临时洗手处

1-42 报德二宫神社的祓场

1-43	1-44
1-45	1-46
1-47	1-48

1-43 鹤冈八幡宫的祓场

1-44 报德二宫神社祓场内的大祓

1-45 京都八坂神社售卖的祓串

1-46 京都地主神社纸人祓处

1-47 报德二宫神社的氏子参加春季例大祭

1-48 镰仓奥津宫的银杏神树

1-49 东京街头的樱花
1-50 岩手县远野市八幡宫秋季例大祭灯笼与幡

1-51 明治神宫的神树"夫妇楠"
1-52 镰仓江岛神社的夫妇银杏神树下挂满了祈求良缘的绘马
1-53 报德二宫神社巫女神前玉串舞
1-54 报德二宫神社身着各色礼服的祭司

1-55 东京巢鸭大鸟神社例祭供品
1-56 镰仓江岛神社神签箱
1-57 日光东照宫系凶签处（肖亮 摄）
1-58 岩手县远野市八幡宫秋季例大祭花车游行
1-59 岩手县远野市八幡宫秋季例大祭神轿游行

1-60	
1-61	1-62
1-63	

1-60　岩手县远野市八幡宫秋季例大祭歌舞游行
1-61　长野县户隐神社奥社的御币
1-62　川越祭上手持御币的表演者
1-63　川越祭上的山车

1-64	1-65
1-66	1-67
1-68	1-69

1-64 岩手县远野市八幡宫秋季例大祭狮子舞
1-65 岩手县远野市八幡宫秋季例大祭扇子舞
1-66 川越祭临时舞台上的表演
1-67 宝生能
1-68 岩手县远野市八幡宫秋季例大祭神乐能
1-69 岩手县远野市八幡宫秋季例大祭流镝马

2-1 长野县户隐神社奥社参道边的神树
2-2 镰仓奥津宫作为神体的神石
2-3 岩手县远野市"伊势两宫皇神"神石
2-4 岩手县远野市村民家中代表神灵的币串

2-5 长野县樱泽村高野家神龛
2-6 长野县樱泽村高野家神龛里的神符,中央是神宫大麻
2-7 神龛的供奉方式(孙敏摄自神社本厅宣传页)

2-8 餐桌上的"折敷"
2-9 盛满供品的"三方"
2-10 千叶县布佐柳田国男纪念公苑资料馆的屋内神殿
2-11 岩手县远野市昔话村的屋内神殿
2-12 长野县樱泽村树林里的祖灵社

2-13 千叶县布佐小川家的祖灵社小川神社
2-14 长野县樱泽村高野家佛坛
2-15 长野县樱泽村高野家佛坛前的供品
2-16 京都八坂神社内的祖灵社
2-17 大阪天满宫内的祖灵社
2-18 大阪十三神社内的祖灵社

3-1	3-2
3-3	3-4
3-5	3-6

3-1 岩手县远野市善明寺供奉孤魂野鬼的无缘塔
3-2 东京汤岛天满宫绘马悬挂处
3-3 北野天满宫绘马阁（李凡荣 摄）
3-4 北野天满宫社殿（穆冠达 摄）
3-5 北野天满宫楼门（李凡荣 摄）
3-6 文子天满宫（穆冠达 摄）

3-7 大阪天满宫檐间的梅纹
3-8 北野天满宫牛像（李凡荣 摄）
3-9 大阪天满宫牛像
3-10 北野天满宫宝物殿（李凡荣 摄）
3-11 镰仓江岛神社的夏季大祓茅圈

4-1	4-2
4-3	4-4
4-5	4-6

4-1　京都府吉田神社
4-2　鹤冈八幡宫本宫楼门
4-3　鹤冈八幡宫楼门匾额中由两只鸽子组成的"八"字
4-4　鹤冈八幡宫绘马悬挂处和本宫社殿
4-5　鹤冈八幡宫的神官在对新车进行祓礼
4-6　鹤冈八幡宫大银杏

4-7　鹤冈八幡宫舞殿
4-8　鹤冈八幡宫源赖朝公彰显碑
4-9　晴明神社正殿（杜佳蓉 摄）
4-10　晴明神社第一鸟居（杜佳蓉 摄）
4-11　晴明神社斋稻荷社（杜佳蓉 摄）
4-12　蓝白相间的桔梗花

4-13	4-14
4-15	4-16
4-17	4-18

4-13 晴明神社外的一条归桥（杜佳蓉 摄）
4-14 晴明神社内的旧一条归桥（杜佳蓉 摄）
4-15 晴明神社式神石像（杜佳蓉 摄）
4-16 晴明神社日月柱（杜佳蓉 摄）
4-17 晴明神社四神门（杜佳蓉 摄）
4-18 晴明神社晴明井（杜佳蓉 摄）

4-19	4-20
4-21	4-22
4-23	4-24

4-19 晴明神社除厄桃（杜佳蓉 摄）
4-20 晴明神社安倍晴明像（杜佳蓉 摄）
4-21 报德二宫神社正殿
4-22 报德二宫神社二宫金次郎像
4-23 报德二宫神社新年祭祀（杜洋 摄）
4-24 报德二宫神社献灯祭

5-1 日光东照宫的参道和石灯（肖亮 摄）
5-2 日光东照宫三神库（肖亮 摄）
5-3 日光东照宫阳明门（齐宇轩 摄）
5-4 日光东照宫唐门（邵立彬 摄）
5-5 日光东照宫睡猫（邵立彬 摄）
5-6 日光东照宫神厩舍（肖亮 摄）
5-7 日光东照宫神厩舍三猿（邵立彬 摄）
5-8 光东照宫五重塔（肖亮 摄）

5-1	5-2
5-3	5-4
5-5	5-6
5-7	5-8

5-9 光东照宫阳明门前的钟楼、鼓楼、鸟居（齐宇轩 摄）

5-10 常磐神社能乐殿（黄珂 摄）

5-11 常磐神社社殿（齐宇轩 摄）

5-12 常磐稻荷神社（齐宇轩 摄）

5-13 常磐神社浪华之梅（黄珂 摄）

5-14 常磐神社摄社东湖神社（黄珂 摄）

5-15	5-16
5-17	5-18
5-19	5-20

5-15 常磐神社太极炮（黄珂 摄）
5-16 常磐神社义烈馆（黄珂 摄）
5-17 常磐神社《大日本史》完成之地（齐宇轩 摄）
5-18 常磐神社农民像（黄珂 摄）
5-19 东京皇居前的楠木正成像（孙敏 摄）
5-20 湊川神社表神门（穆冠达 摄）

5-21 凑川神社表神门上的神纹（穆冠达 摄）
5-22 凑川神社德川光国铜像（李凡荣 摄）
5-23 报德二宫神社的武者游行
图附-1 长野县樱泽村村口交界处的神石
图附-2 兵库县辻川村路边的育子地藏菩萨

序

日本在20世纪70年代成为经济大国之后，为实现其由经济大国向文化大国进而向政治大国迈进的战略，逐步改变战败初期对战前军国主义和极端民族主义反省的态度，至80年代中期，相继出现了"文化民族主义"、新国家主义和历史修正主义思潮，表现出了强化民族主义、否定和淡化侵略历史罪责，以及复活军国主义暗流涌动的倾向。日本近代文明进程是与对邻国殖民掠夺同步的，近代化国家发展是与对外侵略罪恶相伴的，而日本人不能正视和真正反省自己的侵略历史，致使"历史认识"问题成为其与中韩等被侵略国家和民族不断发生摩擦冲突的焦点和祸端。这不仅影响到中日关系的健康发展，而且在相当程度上影响了东亚共同体建构的进程。

我们知道，反映日本"历史认识"问题有两个标志性事项：一是日本右翼自1982年以来修改战后根据"和平宪法"制定的中学历史教科书，二是自1985年始首相正式参拜供有甲级战犯的靖国神社。但是，由日本"新历史教科书编撰会"编写的歪曲历史真相的中学历史教科书，不仅受到日本众多有识之士的强烈批判，而且受到日本各地方教育委员会和中学的抵制，如2001年版新历史教科书的采用率只有0.03%，说明"新历史教科书"图谋篡改历史、美化侵略、复活军国主义的做法，并未得到日本社会大多数人的认同。然而首相参拜靖国神社则不然，它虽然也被日本不少有识之士批判和斥之为违宪，但参拜靖国神社的首相其选票或受支持率却往往有增无减，如在2013年年初针对安倍是否应该参拜靖国神社的舆论调查中，就有超过半数的二十岁年轻人选择支持参拜。虽然在安倍参拜后共同通信社进行的舆论调查中，认为"好"的人只占43.2%，而认为"不好"的人占47.1%，但认为"不好"的大多数（69.8%），则是因认为"需要考虑外交关系"，并非全是从内心认为"不应该去参拜"。虽然说支持参拜的人不一定就是主张军国主义或否定侵略历史者，但也说明其"参拜靖国神社"能迎合多数日本人的民族主义感情和文化心理。之所以如此，应该说既有政治因素，又有着相当复杂的深层的民俗信仰文化原因。因此，从民俗信仰角度厘清靖国神社与民间信仰的关系，辨明靖国神社作为日本民族文化凝聚力象征与其作为皇国史观和"军国主义精神"之标志的关系，则成为深层解构"靖国神社"问题的一个十分重要的课题。孙敏博士撰著的这部《日本的人神信仰》，很大程度上就是为了解决这一课题。

该书是孙敏博士负责的教育部人文社会科学研究青年基金项目的结项成果，也是继其《日本人论——基于柳田国男民俗学的考察》后的第二部专著，作为其博士生时的导师，虽然在其研究写作过程中有过数次交谈，但读到最终书稿后，仍被书中的新颖视点及其求实求真的学术精神所感动，现就该书的特点谈几点自己的认识。

首先，在迄今国内有关靖国神社的研究中，由于关涉中日间非常敏感的"历史认识"问题，故而大多学者将其置于政治学、历史学、法学等领域进行研究，从民俗宗教，特别是日本神道视域进行的研究非常之少。而该书作者则以日本的人神信仰为研究对象，基于神道与民俗的视角，从历时和共时两个维度，对日本人神信仰的谱系——祖灵信仰、怨灵信仰、伟人信仰、忠臣信仰、"英灵"信仰以及其在当代日本社会的实际表现，进行了系统深入的考察和分析，不仅详细考析了其信仰的内容和特征，而且通过剖析靖国神社"英灵"信仰中的承袭与变质、靖国神社与日本人神信仰的"延续与断裂"，阐明了靖国神社信仰与日本"历史认识"问题的深层关系，这对于我们深入了解日本右翼借用"靖国神社"强化民族主义的原因，揭示靖国神社作为日本民族文化凝聚力象征与其作为"军国主义精神"之标志的真相，具有重要的启示意义。

其二，该书的研究目的、立场和方法值得赞赏。以往中国的相关研究，多着眼于对靖国神社供祭战争罪犯之政治用心的揭露和批判，且多采用基于主位研究视角的论理分析方法，不免被有的西方学者视为"本国中心主义"[①]。与此不同，作者在书中则直言自己的研究目的是促进相互理解和沟通以实现中日世代和平友好，而不是为了批判而批判。所以其在研究立场和方法上，采用了主位研究与客位研究相结合的立场方法，即在坚持主位研究立场的同时，以"不入虎穴，焉得虎子"的勇气，深入日本人神信仰文化认同的视域，利用上至伊势神宫下至村落小神社的大量田野调查实例，从表层的信仰仪式（神社与祭祀）、中间层的信仰观念、最内层的道德价值判断三个层面，由表入里地阐析了"靖国"思想何以能在日本社会煽起共鸣、何以能在日本民众信仰意识中埋下被右翼利用乃至被引向歧途的隐患。这不仅有助于我们中国人明了靖国神社问题的深层文化原因，而且对于日本人真正认识靖国神社问题也大有裨益。

其三，由于该书是从日本人神信仰文化角度研究靖国神社问题，涉及历史学、宗教学、民俗学、文化人类学等诸多领域，需要收集多个领域的资料和采用跨学科研究方法，而跨学科研究方法的有效运用，一个不可或缺的前提则是明确和界定概念，否则就难以做到立论有据、结论合理。为此作者依据神社设施和四季祭祀等大量资料以及日本人神信仰延续与嬗变的系谱，对日本"人神"概念进行了重新界定，认为日本的"人神"信仰不仅包括"御灵"信仰和"伟人"信仰，还包括"祖灵"、"忠臣"和"英灵"信仰，靖国神社将"为国捐躯"者祭

---

① Fabio, Rambelli、「靖国神社と近代日本の歴史記憶の問題」、『札幌大学総合論叢』26、2008年10月。

奉为"英灵"，集中体现了日本近代"英灵"信仰之特质，但却违背了"人死后都会无区别地融入祖灵"之日本传统祖灵信仰。正是由于作者明确了上述概念，所以才能提出"靖国神社既有可能成为军国主义的还魂器，也有可能成为军国主义的封印器"之观点和结论。这种观点我是首次看到，大有耳目一新之感，相信它可为解决靖国神社参拜问题提供一种新的思考方向。

其四，该书的另一特点是为了缓解和消弭靖国神社问题造成的日本与被其加害国之间的矛盾冲突，设专章论述了日本民俗学始祖柳田国男的人神信仰论，认为柳田国男反对靖国神社合祀"英灵"，主张"把御灵信仰拉入祖灵信仰"，使战死者的灵魂返回故乡、回归祖灵，为利用靖国神社以外的形式实现"日本人文化身份认同"提供了一种可能性。因此该书对于解决"历史认识"问题与信仰文化问题交织而陷入僵局的靖国神社问题，不仅具有学术价值，也具有明显的现实意义。

诚然，由于靖国神社问题不仅是一个敏感的"历史认识"问题，而且是一个杂糅了国家政治、国际关系和民族宗教文化的复杂课题，孙敏博士作为此研究领域的新秀，要想从人神信仰文化视角将其全部把握到位而获得对立双方的认同绝非易事，所以这一课题的研究仍然任重道远。但相信本书的出版一定能为相关领域的研究提供有益的启示，也能为普通大众读者了解日本神道的知识和认识靖国神社的实质提供有益的参考。

是为序。

北京大学　刘金才

2019年5月

目 录

导　言 ………………………………………………………… 1

第一章　神社通论 …………………………………………… 13

　　第一节　神社的空间 ……………………………………… 13
　　第二节　神社的四季祭祀 ………………………………… 17
　　第三节　日本的社格制度 ………………………………… 37
　　小　结 ……………………………………………………… 46

第二章　祖灵信仰 …………………………………………… 47

　　第一节　祖灵信仰的基本内涵 …………………………… 47
　　第二节　祖灵的表现形式 ………………………………… 54
　　第三节　祖灵社——祖灵舍和末社祖灵社 ……………… 58
　　小　结 ……………………………………………………… 61

第三章　御灵信仰 …………………………………………… 62

　　第一节　从祖灵到怨灵 …………………………………… 62
　　第二节　从怨灵到御灵 …………………………………… 71
　　第三节　历史上的著名御灵 ……………………………… 78
　　第四节　御灵信仰的代表——北野天满宫和将门口宫神社 …… 82

· 1 ·

小　结 ……………………………………………………… 92

第四章　伟人信仰 …………………………………………… 93
第一节　皇族贵族信仰 ……………………………………… 93
第二节　"天下人"信仰 …………………………………… 101
第三节　藩主武士信仰 …………………………………… 106
第四节　伟人信仰的代表——鹤冈八幡宫、
　　　　晴明神社、报德二宫神社 ………………………… 111
小　结 ……………………………………………………… 122

第五章　忠臣信仰 …………………………………………… 124
第一节　从"国民"到"臣民" …………………………… 125
第二节　从怨灵楠木到忠臣楠木 ………………………… 128
第三节　忠臣信仰的代表——日光东照宫、
　　　　常磐神社、凑川神社 …………………………… 131
小　结 ……………………………………………………… 143

第六章　靖国神社的"英灵"信仰 ………………………… 145
第一节　靖国神社的历史 ………………………………… 145
第二节　靖国神社的社格 ………………………………… 160
第三节　靖国神社的空间与祭祀 ………………………… 168
第四节　靖国"英灵"信仰的神道批判 ………………… 176
第五节　靖国神社问题的思想根源 ……………………… 185
小　结 ……………………………………………………… 192

第七章　结论 ………………………………………………… 193

参考文献 ……………………………………………………… 199

附录　柳田国男人神信仰论的启示 ·················· 208

   第一节　柳田国男1943年前的人神信仰论 ············ 209

   第二节　1943年后的人神信仰论 ···················· 214

   第三节　战死者回归祖灵的文化意义 ················ 219

   小　结 ·· 222

后　记 ·· 223

导　言

　　中日两国一衣带水，中日友好源远流长，日本是中国无比熟悉又百般陌生的邻居，地缘和文化上的亲近也伴随着精神世界的无比疏远。教科书问题和靖国神社问题，一直是影响中日关系稳定的因素。从教科书问题来说，虽然日本国内依然有个别出版社在出版否认侵略历史的书籍，但日本大多数民众和知识分子都是尊重历史、尊重客观事实的。但靖国神社问题就略显复杂，日本各地都有战死者家属，其中有一部分人就希望"为国捐躯者"能以"国家祭祀"的形式祭祀在靖国神社。而这一点就被某些别有用心的政客利用，通过参拜靖国神社拉选票，实现政治图谋。可以说，在靖国神社问题中，既有政治因素，又有民俗因素。因此，从民俗角度厘清靖国神社和民间信仰的关系，就显得格外重要。

　　信仰研究是对人的精神深层的思维模式的研究，本书以日本民族极具民族特色的信仰——人神信仰为研究对象，对其进行历史的、系谱的、结构的研究。人神信仰研究不仅关系到灵魂、生死等文化心理，更关系到日本对战争、历史的认知和反省态度，是关系到日本的历史观、战争观的重要课题。目前中国对日本的人神信仰的了解大多局限于与靖国神社相关的"英灵"信仰，而"英灵"信仰只不过是日本的人神信仰在漫长发展历史中的近代衍生阶段，只有跳出单个历史阶段的局限，通时地考察人神信仰，才能客观、辩证地认识人神信仰，发现人神信仰历史流脉的思想文化特征。

一 对靖国神社问题的研究

2019年是靖国神社成立150周年，以此为契机，我们应该更加理性、深入地剖析靖国神社问题。

靖国神社问题是指由于靖国神社的祭神中包含二战甲级战犯而引起的各种问题，其不只是一个外交问题，更是涉及日本宗教、历史、国家政治的重大思想课题。尤其是日本首相参拜靖国神社的问题，极大地干扰了中日关系的健康发展，甚至导致两国民族情感的对抗。中国外交部表示，"靖国神社问题的实质是日本能否正确认识和对待过去那段军国主义侵略历史，是否能够尊重包括中国在内的亚洲受害国人民的感情。"[①] 但日本前首相小泉纯一郎曾表示，今天日本的和平与稳定来自阵亡者的牺牲，"对为国捐躯者怀有衷心的哀悼、尊敬及感谢的心情，带着不战之诺，仅以一个国民的立场，而非以总理大臣的身份去参拜靖国神社。"[②] 而且日本方面表示，参拜神社是日本神道的一种宗教习俗，是后人对先人的缅怀和安慰，是基于民间习俗表达敬意的一种方式，因此，参拜靖国神社是日本的传统文化，别国不应说三道四。于是，似乎形成了交流沟通的僵局。本书致力于中日的长久友好和平，试图从日本人神信仰史的视角切入，深入理解靖国神社和日本神道中人神信仰的关系。

从中国来看，学界从各个学科领域对日本的靖国神社参拜进行了批判，但尚比较缺少从"日本的传统神道文化"角度进行的深入细致的辩驳。第一，历史学领域，李秀石[③]对日本近代史中祭祀政治体制的

[①] 中国政府网：http://www.gov.cn/gzdt/2012-08/15/content_2204515.htm，2019年3月18日。
[②] 日本首相官邸网："小泉纯一郎2005年10月25日就靖国神社参拜问题的国会答辩书"，http://www.shugiin.go.jp/internet/itdb_shitsumon_pdf_t.nsf/html/shitsumon/pdfT/b163022.pdf/$File/b163022.pdf。
[③] 李秀石：《从神道国教化到靖国神社——论日本近现代史中的祭祀政治》，《世界历史》1998年12月。

形成做了历史梳理;鲁义[①]对战后日本首相参拜靖国神社的历史进行了梳理,并对日本国内对首相参拜的态度进行了分类整理;步平[②]从历史认识出发,指出日本右翼鼓动靖国神社参拜,本质上是为了否认侵略战争的历史。第二,政治学领域,赵京华[③]从国家神道与国体论的角度得出"祭祀之国即战争之国"的结论;武心波、张丽娜[④]从"认同"的政治文化视角指出,靖国神社是通往国家主义的精神隧道。第三,宗教文化领域,研究成果相对比较少,目前主要有刘江永[⑤]从日本神道"亡魂有善恶之分"来批驳靖国神社"人死不分善恶"的立场,指出靖国神社参拜并不符合日本传统宗教文化。综上,中国学界对日本神道的研究相对比较少,也较少有从神道宗教思想批判靖国神社参拜的研究。

从日本来看,学界对靖国神社问题的态度主要有两类,一为国家神道反思论,二为文化差异论。从第二次世界大战后(简称战后)至今,一批理性的日本学者对国家神道进行了反思,代表了战后主流思想的是历史学家村上重良,村上[⑥]认为,国家神道是近代日本国家创设的宗教祭祀体系,与历史上的神道传统没有直接的渊源联系。子安宣邦[⑦]从日本近代政治思想史的脉络中把握靖国神社,指出要从民族国家理论方面来反省近代日本国家的宗教性,认为靖国神社即国家宗教。哲学家高桥哲哉[⑧]从近代国家和靖国神社的关系角度指出,靖国神社体现了国家意识形态对个人情感的操纵,靖国神社与日本近代殖民主义

[①] 鲁义:《首相参拜靖国神社:日本人的认识与行动》,《日本研究》2005年6月。
[②] 步平:《日本靖国神社问题的历史考察》,《抗日战争研究》2001年12月。
[③] 赵京华:《祭祀之国即战争之国:子安宣邦对靖国神社的批判》,《学术评论》2007年5月。
[④] 武心波、张丽娜:《参拜靖国神社:一条通往"国家主义"的"精神隧道"——从小泉四次参拜靖国神社谈起》,《国际论坛》2004年10月。
[⑤] 刘江永:《从日本宗教文化角度看靖国神社问题》,《清华大学学报》(哲学社会科学版)2005年10月。
[⑥] 村上重良:《国家神道》,聂长振译,商务印书馆,1990。
[⑦] 子安宣邦:《国家与祭祀》,董炳月译,三联书店,2007。
[⑧] 高桥哲哉、『靖国問題』、筑摩書房、2005年。

紧密相连，有违宪法的政教分离精神。宗教文化学家梅原猛[①]则从神道信仰的内涵指出，靖国神社是对传统宗教的屠杀，真正的神道不仅要祭祀己方的战死者，也要祭祀敌方的战死者。同时，自上世纪90年代起，日本保守主义政治和历史修正主义思潮相呼应，兴起了神道重估论、文化差异论。著名评论家江藤淳[②]借助亨廷顿"文明的冲突"概念提出"文化差异"理论，以文化多元主义和文化相对主义强调日本文化的特殊性，主张靖国神社的日本文化中凝聚着日本的民族记忆，认为在靖国神社祭祀"英灵"，是和日本古来的习俗、祖灵信仰、怨灵信仰一致的，是日本传统文化。神道史学者阪本是丸[③]强调，国家神道与历史上的皇室神道、神社神道是大有渊源的。总之，日本部分学者的研究得出"参拜靖国神社是日本传统神道思想的体现"的片面结论，为右翼的参拜论提供了一定的文化土壤。

从西方国家来看，主流观点依然是从战争历史、甲级战犯来认定靖国神社的政治性，但也有少数学者认为首相参拜靖国神社是遵从日本文化的，是正当的。英国伦敦大学的John Breen[④]把靖国神社看作历史记忆的装置，批判了靖国神社参拜实施的纪念战略。而美国乔治敦大学日本文化学者Kevin M. Doak[⑤]则认为，靖国神社崇拜的并不是战犯的行为，而是他们死后的灵魂，而人死后的灵魂是由神灵来审判的，祭祀为国捐躯的人是国家的义务。意大利学者Fabio Rambelli[⑥]认为，将靖国神社问题看作国际关系问题时，东亚地政学依然以本国中心主

[①] 梅原猛、「『怨霊』と『成仏』の日本文化論」、『中央公論』122（4）、2007年4月。
[②] 江藤淳・小堀桂一郎編『靖国論集』、日本教文社、1986年。
[③] 阪本是丸、「『国家神道体制』と靖國神社——慰霊と招魂の思想の系譜・序説」、『神社本廳教學研究所紀要12』、2007年3月。
[④] Breen John, "Yasukuni and the loss of historical memory", in Breen John ed., *Yasukuni, the war dead and the struggle for Japan's past*, London: Hurst, 2007.
[⑤] Doak Kevin. "A Religious Perspective on the Yaukuni Shrine Controversy", in Breen John ed., *Yasukuni, the War Dead and the Struggle for Japan's Past*, Columbia University Press, 2008.
[⑥] Fabio, Rambelli、「靖国神社と近代日本の歴史記憶の問題」、『札幌大学総合論叢』26、2008年10月。

义、排他性国政主义为主，对日本的批判显得没有说服力。

综上所述，靖国神社问题是一个杂糅了国家政治、国际关系和民族宗教文化的复杂课题，目前各国对靖国神社的政治批判比较充分，但从日本人宗教文化传统角度进行的文化批判还处于初级阶段；因此，近几年日本保守主义政治家在靖国神社问题上倾向于打"文化牌"，试图从民族文化方面论证参拜的合理性。而从国际上来说，中国着重批判靖国神社的政治性，而对其文化解析的欠缺造成短板效应，使部分西方学者误以为中国的靖国批判是本国中心主义的、意识形态性的。因此，有必要从宗教文化角度深入对靖国神社问题的研究，只有更好地处理靖国神社问题，才能促进相互理解和沟通，推动两国关系正常发展，为东亚乃至世界的和平做出贡献。

二　对日本的人神信仰的研究

"人神"概念通常包含两种含义：一为人死后将人作为神祭祀的信仰形态；二为人生前即被当作神祭拜的信仰形态，如传递神谕的灵媒、教派的教主、被看作"现人神"的天皇等。本书中的人神为第一种含义，即只研究生前为人、死后为神的信仰，而灵媒、教主、现人神天皇等都不作为本书的研究对象。不过，历史上有些天皇死后被祭祀为神灵，如应神天皇等，这些天皇属于本书的研究对象。同时，人死后化为的人神也有狭义和广义之分。在日语的本来语境中"人神"往往用其狭义，特指怨灵，即生前受到巨大不公冤死的人在死后给人间带来巨大灾难的暴烈的神。本书中用其广义，不仅包括怨灵，也包括祖灵、伟人变成的神，还包括了目前备受争议的"英灵"。这样，将祖灵信仰、怨灵信仰、伟人信仰、忠臣信仰、"英灵"信仰连成一体，考察作为广义人神信仰的系谱和其发展过程中的演变。

神道亦称神道教，是日本的传统民族宗教，最初以自然精灵崇拜和祖先崇拜为主，属于泛灵多神信仰，大体分为神社神道、教派神道、民俗神道三大系统。教派神道分有13个教派，每派有自己的创始人；

民俗神道无严密组织,是神道与民间信仰相融合的领域;神社神道是神道的主体,因以神社为主要祭祀场所和宗教活动中心而得名。其中,民俗与民俗神道、民俗神道与神社神道之间的界限并不清晰,本书并不致力于划清这些界限,只在传统的意义上使用"民俗神道""神社神道"的概念,本书的人神信仰属于民俗神道和神社神道的范畴。同时,神道与佛教多有融合,日语中称为"神佛习合",很多神既是神道中的神也是佛教中的佛,例如德川家康死后被奉为"东照大权现"。本书中的人神包括了这种人死后把人祭祀为佛的信仰形态。

下面,我们看一下国内外对日本的人神信仰的研究现状。

首先,中国对日本的人神信仰的研究处于初始阶段,大致可分为三种研究倾向。

第一,研究神道的时候顺带提及一些人神信仰的神社和祭祀。国内学界对日本神道的研究虽然整体上来说尚处于初始阶段,但目前也出版了一些成果卓越的论著,代表性的有:刘立善[1]从神道中的神话、神道的流派与变迁、神道与日常生活等几个方面对神道进行了概况阐释;王金林[2]从历史学的角度追溯了日本神道的发展脉络,即原始神道、皇室神道、神佛融合、儒学神道、国学神道、国家神道、战后神道;崔世广[3]探讨了神道与日本文化的一些基本问题,包括神道的自然观、生命观、祭祀观、时空观等。这些论著着墨重点都在日本神道,而且重点多为神道的历史沿革、神道在佛教、儒学、日本国学之间的思想价值等,虽对人神信仰略有涉及,但多为对个别人神神社的社宫和祭祀仪式的介绍,不仅介绍比较零星,而且也未对人神信仰进行单独分类,对人神信仰的研究不仅篇幅比较少,而且在广度和深度方面都有待于进一步拓展。

第二,在批判靖国神社参拜问题时涉及人神信仰中的"英灵"信

---

[1] 刘立善:《没有经卷的宗教:日本神道》,宁夏人民出版社,2005。
[2] 王金林:《日本神道研究》,上海辞书出版社,2007。
[3] 崔世广编《日本社会文化研究丛书:神道与日本文化》,中国社会科学出版社,2012。

仰。靖国神社参拜问题一直是中日关系中的一个焦点问题，国内学界批判日本首相参拜靖国神社时多为政治学（国家神道与国体论、国家神道与国家主义）、历史学（日本近代史中祭祀政治体制的形成）等领域，同时，在宗教学、文化学领域也有少量研究成果出现，涉及人神信仰中的"英灵"信仰。比较有代表性的如刘江永[1]，他从日本神道"亡魂有善恶之分"的传统信仰来批驳靖国神社"人死不分善恶"的"英灵"信仰的立场，指出靖国参拜并不符合日本传统宗教文化。这些研究一方面只涉及了人神信仰中的一支——"英灵"信仰，另一方面对"英灵"信仰的研究也趋于零星化，缺乏系统性和一定的深度。

第三，关于日本文学作品的研究涉及人神信仰中的怨灵信仰。这些研究是日本文学研究中较小的一支，目前数量还比较少，代表性的如王欣[2]。这些研究虽然涉及了怨灵信仰，但其目的不在于信仰研究，一般是为其分析文本服务的，其关于怨灵信仰的部分也往往呈现片面、零星等特点。

综上，目前中国对日本的人神信仰的研究还处于初级阶段，此类相关研究大多零星分散在神道研究、靖国神社研究、文学作品研究中，呈现碎片化的特点，缺乏一定的系统性，在广度和深度方面都有待于进一步拓展。

其次，日本对人神信仰的研究相对比较丰富，资料也比较繁杂，但总体上来说多趋于细部研究，整体研究相对较少，关于人神信仰的研究多集中在宗教民俗学、历史民俗学等领域，主要表现在以下几个方面。

第一，日本人的灵魂观、生死观研究方面。代表性的研究有：小松和彦[3]选取了安倍晴明等日本历史上16个著名人物，探讨了这些人

---

[1] 刘江永：《从日本宗教文化角度看靖国神社问题》，《清华大学学报》（哲学社会科学版）2005年10月。
[2] 王欣：《〈雨月物语〉中人的执着性格及其悲惨结局——以〈白峰〉中崇德院的命运为中心》，《科技信息》2007年7月。
[3] 小松和彦、『神になった人びと』、光文社、2006年。

成神的条件，把这些人神分为彰显神和作祟神；山折哲雄[①]从与近代合理精神对立的角度探讨了灵魂与身体的关系，探讨了"镇魂"的历史；樱井德太郎将灵魂作祟的思想追溯至古代的万物有灵和中世的死灵观，并评析了柳田国男和折口信夫的灵魂论。这些研究大多围绕"镇魂""怨灵"等概念展开，从不同的角度对日本人的灵魂观进行了不同深度的探讨，是非常重要的前期研究基础。

第二，对人神信仰几种具体表现形式的个案研究。

（一）祖灵信仰方面。如，孝本贡[②]和竹田旦[③]主要考察了日本当代祖先祭祀的礼仪；薮田纮一郎[④]以古代律令国家的形成为背景考察古代神祇信仰的发展变化；高田照世[⑤]实地考察了奈良京都一带的民俗诸相，探讨了日本人的精神构造。对祖灵信仰的研究从数量上来说相对比较少，且多以祭祀礼仪的考察为主。

（二）怨灵信仰方面。如，梅原猛[⑥]、竹田恒泰[⑦]、山田雄司[⑧]等搜集整理了相关史料，对日本一些著名的怨灵，如菅原道真、平将门、崇德院等，对其生涯、冤死、怨灵作祟、镇魂等历史事件进行了翔实的追溯。怨灵信仰类的研究相对比较多，多采用史料学的方法进行考证，内容比较翔实。

（三）伟人信仰方面。如，曾根原理[⑨]、熊谷充晃[⑩]、野村玄[⑪]等，这些研究虽然也都在探讨丰臣秀吉、德川家康等伟人的神格化，但侧重于从历史学的角度，在日本近世政治史中，通过将军与天皇的地位变

[①] 山折哲雄、『日本人の霊魂観―鎮魂と禁欲の精神史』、河出書房新社、2011 年。
[②] 孝本貢、『現代日本における祖先祭祀』、御茶の水書房、2001 年。
[③] 竹田旦、『日韓祖先祭祀の比較研究』、第一書房、2005 年。
[④] 薮田紘一郎、『古代神祇信仰の成立と変容』、彩流社、2010 年。
[⑤] 高田照世、『祖霊と精霊の祭場』、岩田書院、2012 年。
[⑥] 梅原猛、『神と怨霊』、文藝春秋、2008 年。
[⑦] 竹田恒泰、『怨霊になった天皇』、小学館、2011 年。
[⑧] 山田雄司、『怨霊とは何か―菅原道真・平将門・崇徳院』、中央公論新社、2014 年。
[⑨] 曾根原理、『神君家康の誕生―東照宮と権現様』、吉川弘文館、2008 年。
[⑩] 熊谷充晃、『徳川家康を「神」にした男たち』、河出書房新社、2015 年。
[⑪] 野村玄、『天下人の神格化と天皇』、思文閣出版、2015 年。

化、将军的神格与朝廷的关系等来探讨伟人神格化的具体过程。

（四）"英灵"信仰方面。如，田中丸胜彦[①]在近代政治史中寻求"英灵"的本质，岩田重则[②]从祖灵信仰的角度探求人们追求的精神归处，吉原康和[③]从历史学的角度考察国家权力参与靖国合祀的过程。这些研究大多是在近代政治史的语境中解读"英灵"一词的本质。

综上，日本对人神信仰的研究比较丰富，但大多倾向于对人神信仰的某一具体表现形式的研究，其中怨灵信仰研究较多，祖灵信仰和伟人信仰相对较少，对"英灵"信仰的研究虽然数量较多，但偏于近代政治史方向。同时，从人神信仰历史流脉的整体视角进行的研究还比较少。

三　研究内容

本书试图在历时和共时两个维度上展开对日本的人神信仰的研究，考察其在历史上的系谱及演变，同时关注其在当代社会的信仰实践，考察其神社设施和四季祭祀。

第一，从人神信仰的系谱来看，本书把人神信仰分为祖灵信仰、怨灵信仰、伟人信仰、忠臣信仰、"英灵"信仰共五个发展阶段。在此发展过程中，哪些要素是共同的、一脉相承的，哪些要素由于哪些原因发生了哪些变化，在人类思想文化演变中如何认识这些要素与变化？本书要考察这些信仰的内容、信仰特色、历史延续与传统嬗变等，细描日本人神信仰的系谱。

（一）祖灵信仰。按照日本古来的传统，人刚死之时，灵魂离开肉体，这时的灵魂还带着血与死的污秽，在漫长的33年的时间里，通过子孙的祭祀灵魂的污秽不断被净化，灵魂成为清澈干净的灵体，融入

---

① 田中丸勝彦、『さまよえる英霊たち』、柏書房、2002 年。
② 岩田重則、『戦死者霊魂のゆくえ』、吉川弘文館、2003 年。
③ 吉原康和、『靖国神社と幕末維新の祭神たち：明治国家の「英霊」創出』、吉川弘文館、2014 年。

代代先祖之灵——祖灵。祖灵是一个集体之灵，个人灵体融入祖灵后，个体性消失。在祖灵信仰中，每个人死后都会无区别地融入祖灵，有共同的归宿。

（二）怨灵信仰。怨灵是最初的个人神。随着佛教传入，净土观渐入人心，祖灵信仰的内容发生了一些变化：安度天命的人死后融入祖灵；而不能安度天命、死于非命的人，由于其怀着巨大的怨念，无法成佛并荣登极乐，会在人间作祟。于是人们就把他们奉为神灵进行安抚，使其消除怒气，化为祥和之神。最初，并不是任何冤死的人都能作祟成神，只有在政治斗争中落败的皇族、贵族等身份高贵的人，才可以通过作祟显示自己的威力，并被奉祀为御灵之神，如菅原道真。武士阶级登上御灵的位子，以中世为多。著名的楠木正成一开始也是作为御灵登上人神的舞台的。至近世，庶民之御灵才登上历史舞台，其数量也寥寥可数。可以说，能否成为御灵，身份地位是非常重要的一个因素。

（三）伟人信仰。各个领域里才华技艺超群的佼佼者死后成为行业神、领域神，如冶炼之神应神天皇、和歌之神柿本人麻吕、阴阳道之神安倍晴明、木匠之神圣德太子等。伟人信仰中的人神最初多为贵族；后来武士阶级兴起之后也出现了武士，如德川家康、中江藤树、二宫尊德等；偶尔也会出现平民，如蝉丸。御灵信仰和伟人信仰最明显的区别就在于，御灵信仰中的人神是冤死的，死后有作祟的过程，而伟人信仰并没有冤死作祟的环节。

（四）忠臣信仰。在本书中，忠臣信仰主要体现在日本近代的"别格神社"中。别格神社是适应日本近代化过程中天皇中央集权的需要，把一部分御灵神社和伟人神社直接"改格"而成的。忠臣神社和伟人神社的区别就在于：伟人之所以成神，很大的原因是其个人的优秀，人们颂扬这些人神的人格魅力；而忠臣之所以成神，很大的原因是其"作为臣子的忠诚"，体现了日本近代自上而下的"忠臣"要求。

（五）"英灵"信仰。"英灵"神社特指靖国神社和日本各地的护国神社。近代以来兴起"英灵"一词，把为国捐躯的军人祭祀在神社中。"英灵"信仰之所以被看作日本神道思想的畸变，其最重要的原因在于：历史上不论人神信仰如何演变，从未改变庶民关于死后世界的想象，即人死之后都是回归祖灵回归家园的；但"英灵"信仰粗暴地把战死者祭祀为"靖国"之神，是违背了庶民"回归祖灵"的朴素愿望的。

第二，人神信仰在日本当代社会的信仰实践。历史上先后出现的几种信仰形态，在当代社会中都有具体的实践。

（一）祖灵信仰。体现在祖灵舍和祖灵社上，一般规模比较小，没有自己独立的神社区域，往往作为大神社的分社出现，甚至连神社也没有，只有山林里的一块碑石。祖灵信仰一般体现在祖先祭祀中。

（二）怨灵信仰。实例比较多，最著名的如祭祀菅原道真（贵族）的北野天满宫、祭祀平将门（贵族）和佐仓惣五郎（平民）的将门口宫神社。

（三）伟人信仰。如祭祀应神天皇（天皇）的八幡宫、祭祀安倍晴明（贵族）的晴明神社等。

（四）忠臣信仰。如祭祀德川家康（"天下人"将军）的东照宫、祭祀德川光国和德川齐昭（藩主）的常磐神社、祭祀楠木正成（武士）的凑川神社等。

（五）"英灵"信仰。如靖国神社（军人）和日本各地的护国神社。

人神神社的设施大致包含了三类：第一类是神社共有的共通设施，如鸟居、手水舍、社殿等；第二类是标记了人神的个人特色的神社设施，如绘有家徽的灯笼；第三类是个人的纪念设施，并不是神社的必备要素，如石碑、雕塑等。

人神神社的四季祭祀大致也包含了三类，第一类是神社共有的民间祭祀，一般包括与农业生产春种秋收相关的祈福祭祀，夏季规避水灾、瘟疫等的消灾祭祀，辞旧迎新的祓除仪式等；第二类是与人神相关的祭祀，一般是诞辰祭、忌日祭等；第三类是国家祭祀，主要包括了历史上沿袭下来的律令祭祀和祭祀代表日本国家的历代天皇。

四 研究方法

第一，文献法。通过夯实文献基础，理清历史流脉。通过系谱化的研究，在人神信仰的历史流脉中把握日本人神信仰的思想特征。

第二，实地调查法。将文化人类学的田野调查法引入日本神道研究领域，通过实地调查，细描这些人神神社的当代实践。通过结构化的研究，使当代人神信仰、祭祀仪礼既作为部分被具体感知，又作为整体被系统把握。

每种宗教都与道德结合，教谕着价值判断。由民族传统宗教记载并传承的民族道德构成民族文化的精髓。日本的人神信仰可以分为内外三层，最表层为信仰仪式（神社与祭祀），中间层为信仰观念，最内层为道德的价值判断。站在文化的延续与断裂视角来看日本的人神信仰史，我们会发现，靖国神社的"英灵"信仰中就巧妙地隐含了与之前人神信仰的延续与断裂。在信仰仪式层面基本为延续；在信仰观念层面有延续有断裂；在道德的价值判断层面完全断裂，传统人神信仰中有连续的、清晰的价值判断，而"英灵"信仰中价值判断变得模糊、暧昧、双重标准。正因为延续，靖国思想能在日本社会煽起共鸣；正因为断裂，信仰中埋下了被右翼利用、将日本民众再次引向歧途的隐患。

本书从宗教文化的视角出发，以日本神道中的人神信仰为切入点，考察人神信仰的流脉以及靖国神社"英灵"信仰中的承袭与变质，剖析靖国神社与日本人神信仰的"延续与断裂"。

第一章　神社通论

穿鸟居，沿参道，洗手口，拜神域。神社的空间里布满了神灵的符号，而人神神社中就交替杂糅着神与人的气息。一年四季，斗转星移，神社的时间在"盛大的日子"（ハレの日）和"普通的日子"（ケの日）中交替。盛大的日子就是祭祀的日子，祭祀的日子就分布在春夏秋冬里。

人神信仰是日本神道的一个分支，在信仰层面上，既和一般神道思想有着千丝万缕的联系，又有着鲜明的自身特色。同时，人神神社也是日本神社的一个分支，在空间设施、祭祀仪礼方面，不仅具备与一般神社相同的因素，而且也时时处处体现出独具个性的人神特征。因此，本章从一般神社的普遍性特征入手，探讨神社共同的空间、时间要素（这些共同要素同时也是人神神社祭祀的基底），同时，关注神社的不同社格，厘清神社的发展脉络。

第一节　神社的空间

日本大大小小的神社，其空间构造各不相同，但在其中，作为神道设施的基本元素却是大同小异的。神社空间大致包含了以下基本构造要素：鸟居、参道、灯笼、手水舍、神乐殿、社务所、授予所、纳札所、绘马悬挂处、摄社末社、狛（音：bó，古书上说的一种似狼而有角的野兽）犬、拜殿、正殿等。下面我们来具体看一下。

鸟居。鸟居是神社中用于区分"神域"和"俗界"的结界，用来标示神域的入口，是一种"门"。大一些的神社会有"一之鸟居"、"二之鸟居"、"三之鸟居"，即有三道门，小一些的神社往往只有一处鸟居。鸟居作为神域的入口，是神社中必不可少的元素。关于鸟居的起源有很多种说法。有一种说法认为，在日本神话中，太阳之神天照大神躲藏到天岩户时，八百万神灵为了让天照大神现身，就载歌载舞，故作热闹，并让公鸡啼叫，那时公鸡所停留的枝头就是现在鸟居的原型。也有其他说法认为鸟居是从海外，如中国、朝鲜等地传入日本的（图1-1、图1-2、图1-3）。

参道。古时候的神社往往在山上，整座山都是神域，所以会有无数的台阶和长长的参道，并以此表示对神灵的虔诚恭敬。神灵降临、请神等隐秘的仪式往往在深夜，因此，参道两边会安置灯笼。后来神社慢慢迁入街市，台阶逐渐消失，只留下或长或短的参道，以及各式各样或实用或装饰的灯笼。在狭义上，参道仅指进入鸟居之后神社内的道路；在广义上，熙熙攘攘的街市中通往神社的道路都可以说是参道。也有不少神社有多条参道，其中最主要的一条参道被称为"表参道"。东京市内的"表参道"一带以前就是明治神宫的参道，街道两旁还遗留着两尊巨大的灯笼。参见图1-4、图1-5、图1-6、图1-7。

灯笼。当代神社的灯笼也各式各样，有安置在参道边、庭院里用于照明或作为装饰的，有作为献灯奉纳给神社的，有作为"御灯"供奉在神前的，也有出现在祭礼活动中增添节日气氛的。降神、送神、迁座、神葬祭[①]等隐秘肃穆的神事需要熄灭灯火在黑暗中进行，这时会使用尽量微弱的照明灯笼。灯笼从材质来说，有木灯笼、纸灯笼、铜灯笼、石灯笼等；从样式来说，有落地灯笼、悬挂灯笼等。参见图1-8、图1-9、图1-10。

手水舍。手水舍是参拜者为了拜神而洗手漱口的设施，一般位于

---

① 神葬祭即神道式的葬礼。日本的葬礼主要包括佛教式与神道式两种，当代大多采用佛教式。

参道旁或社殿旁。拜神前要斋戒沐浴、清净身心，这和中国的习俗是一样的，随着时代变迁，仪式简化，只留下手水舍，供游人和参拜者洗手漱口，表达敬神之意。洗手漱口是参拜前必须进行的仪式，这一简单的行为，更重要的宗教意义在于以一颗真诚的心敬神。或者说，通过洗手漱口，要达到的更重要的目的是"洗心"。如，东京神田神社手水舍的水盘上写着"真心"（图1-11），日光东照宫手水舍的水盘上写着"洗心"（图1-12）。

神乐殿。神事中向神灵奉纳时表演的歌舞叫作神乐，表演神乐的社殿就是神乐殿。神乐的表演形式在平安时代中期被固定下来，现存神乐歌约90首。神乐主要在神社的祭礼活动中演奏，如果神社中有神乐殿，神乐就主要在神乐殿中演奏。有的神社没有神乐殿，神乐就在拜殿演奏。神能殿是神乐殿的一种，表演与神相关的能乐。能乐最初起源于神社里祭神的艺术，后来独立出来，成为日本人的代表性艺能。参见图1-13。

社务所。也叫作参集所、参集殿，指神社的事务所或办公室，是处理神社事务的地方。如有祈祷、参拜等事宜，都须提前和社务所联系，这里也是为祭祀活动做准备的场所。参见图1-14。

授予所。也叫作神札所。"札"在日语中是神符、护身符之意，授予所是神授予护身符的地方，常常表现为纪念品售卖处，销售护身符、绘马、除魔箭、小铃铛、钥匙扣等。参见图1-15、图1-16。

纳札所。纳札所是指奉纳神符的地方。神符日语叫作"神玺"，本意是"神灵附身物"，作为保护神请回家供奉起来。按照日本的惯例，每到新年，都要到神社里求新年的神符，因此，就把旧年的神符送回神社，回收后由神社统一处理，很有一派"总把新桃换旧符"的意味。有的神社的"纳札所"是一个箱子，放在授予所的一个角落里。参见图1-17、图1-18、图1-19。

绘马悬挂处。绘马是人们向神社祈祷时或还愿时奉纳的一种画有图案的木板。神道中认为，神灵是骑着马从山中降临的，因此，向神灵奉纳马匹以供乘坐。在民俗信仰中请神的时候，人们会让一匹马跑进山里，等马跑回来的时候，人们就认为马驮着神灵回来了。奈良时代（710~794年）的《续日本记》中，有奉纳神马作为神灵坐骑的记载。根据《常陆国风土记》的记载，从崇德天皇①的时代开始，出现了在神事时进献马的习俗。于是，没有钱财向神灵供奉真马的人，逐渐开始用木、纸或土等材料做成马的样子，代替真正的马奉纳给神灵。从奈良时代开始，出现了画着马的图案的板子。进入室町时代（1336~1573年）后，出现了匾额式样的大型绘马。画的主题也不再局限于马，出现了各式各样的图案，如稻荷神社的绘马上会画着稻荷神的使者狐狸的图案。另外，人物像、建筑物、生肖等，甚至文殊菩萨的形象也出现在了绘马上。参见图1-20、图1-21、图1-22、图1-23、图1-24。

摄社、末社。"摄社"和"末社"是指在神社境内或神社附近的、由神社管理的小规模神社，即附属神社。一般来说，摄社供奉的是与该神社本社祭祀的神灵有密切关联的神灵，大致有三类：其一为主神的妻神、子神、仆神等；其二为主神的荒魂，即神灵暴虐的一面；其三为本地氏神。末社供奉除此之外的神灵，如《古事记》中的八百万神。从等级上来说，本社的等级最高，其次为摄社，最后是末社。在本社的境内的摄社、末社叫作"境内社"，在神社境外拥有独立土地的被称为"境外社"。参见图1-25。

狛犬等。狛犬是日本传说中一种长得很像狮子和狗的野兽，是神的使者。通常，无角的狮子和有角的狛犬算作一对，一般面对面放置在神社入口或社殿入口的两边。狮子在左边，张着嘴，狛犬在右边，闭着嘴。在神道中，有很多动物都是神的使者，有哺乳类、鸟类、爬虫类或者想象中的动物。如稻荷神的使者是狐狸，春日神的使者是鹿，弁财天的使者是蛇，毗沙门天的使者是老虎，八幡神的使者是鸽子等。参见图1-26、图1-27。

---

① 崇德天皇（1119~1164年）是日本第75代天皇（在位1123~1142年）。

拜殿和正殿。正殿是神社最中心的建筑，用于安放神灵的神体或神座。拜殿在正殿前面，是人们参拜的场所。有的时候，正殿和拜殿之间还会有币殿，用于奉纳各种供品。瑞垣是围绕在正殿和拜殿周围的栅栏，有石头栅栏，也有木头栅栏，是神灵所在的标志。正殿只用于安放神体，如岩石、镜子等，不对外开放，所以一般会比拜殿小，平时也看不到正殿的内部。有些神社直接将山作为神灵的本体来祭拜，所以没有正殿，只有拜殿，有的神社甚至连拜殿都没有。参见图1-28、图1-29、图1-30、图1-31、图1-32、图1-33。

拜殿是用于举行祭礼诸活动的神殿，祭祀时神职人员会在拜殿入座，所以拜殿多为开放式结构。拜殿一般要比正殿大，有时也兼具神乐殿、社务所的功能。拜殿前放有"赛钱箱"，类似于中国寺庙中的功德箱。一般人们去参拜神社时看到的都是拜殿，人们在拜殿前拍手祈祷，常常注意不到正殿，因此很多参拜者都会误以为拜殿是神社的中心建筑。

当然，因神社规模、等级不同，其结构的繁简也会不同，也会出现诸多形式的改变。简单的神社，甚至只有一个小小的祠箱作为正殿。参见图1-34。

在后文各个神社的具体分析中，我们把神社的空间设施分为共性设施、中性设施、个性设施。共性设施是神社共通的设施，没有很多的人神色彩；中性设施也是神社共通的设施，但是其中具有较多的所祭祀人神的个人色彩；个性设施并不是神社共通的设施，而且具有强烈的所祭祀人神的个人色彩，因此在某种意义上来说，也可以看作神社中较为异质的纪念设施。另外，还有一些神社的附属设施，如会馆、资料馆、展览馆、茶室等。

第二节　神社的四季祭祀

神社的祭祀分为两类。一类是民众的平时参拜和正式参拜，比较简单朴素；另一类是神社的节日祭祀，一般非常烦琐、华丽。

一　民众的平时参拜和正式参拜

日本人的平时参拜比较简单，大致就是"二拜二拍手一拜"，参见图 1-35；正式参拜略微复杂一点，加入一些祓除仪式、玉串供奉等。

（一）平时参拜

神道虽然没有严密的教义和戒律，但也十分重视仪礼程序。虽然平时的参拜不需要很正式，但依然有一些注意事项。日本的神灵讨厌污秽，如死秽、血秽等，因此，若家中有亲人去世，50 日后才可以到神社参拜，女子生理期时也不宜参拜神社。另外，人们认为每月的 1 日和 15 日适宜参拜，神社内禁止吸烟、禁止饮食，如果喝水需要移步休息室，禁止携带宠物。最好穿正装，不能穿暴露性的服装。

鸟居是神域入口的标志，一旦穿过鸟居，就进入神圣的领域了，因此一般在穿过鸟居前先整理一下衣服，摘下帽子。然后通过参道前往神前参拜。此时，应避免走参道的中央。参道的中央被称为"正中"，人们认为这是神通行的地方。神社内一般有盛开的花木，可以一边欣赏美景，一边平静身心，沉浸入神圣的心境。

参拜之前必须在手水舍处洗手漱口。洗手漱口是古代禊（用河水清洁身体）的仪式的简略化形式，因此，通过洗手漱口，更重要的是实现了身心的洁净。洗手漱口的规矩是：一，用右手持勺柄，清洁左手；二，换左手持勺柄，清洁右手；三，换回右手持勺柄，将水倒入左手，用左手捧水漱口，同时注意，禁止勺子与口直接接触；四，再次清洁左手；五，用剩余的水清洁勺柄，并将勺柄放回原处。洗完手后，用事先准备好的手帕或纸巾擦拭干净。

洗手漱口之后，来到正殿神前。首先在神前一拜，作为给神的供奉，把钱投入赛钱箱。钱是供品的变化形式，日语中叫作"赛钱"、"初穗料"、"神馔品"等。"初穗料"即"相当于第一次收获的稻谷的钱"，"神馔品"即"奉神的食物"。然后，摇响赛钱箱附近的摇铃。铃声是召唤神灵的标志，意在赶走邪气。据说，如果摇铃的音色很美，愿望就能实现，因此一定要尽力摇得悦耳动听。摇铃后进行拜礼，拜礼的规矩是"二拜二拍手一拜"。

深鞠躬为"拜"，双手相拍为"拍手"。拜和拍手都是从古时候一直流传至今的礼法仪式。据《魏志·倭人传》记载，拍手表示对贵者的敬礼。具体做法是：一，前往神前，规范站姿；二，直背弯腰90度，深鞠躬两次；三，在胸前双手合并，右手指尖稍微下错，双手左右分离至肩宽，拍两次手，呼唤神灵；四，许愿，许愿时神灵会来到参拜者身边；五，许愿完毕，最后再深鞠躬一次，送走神灵。[①]

普通的参拜拜词比较简单，就是"请为我祓除，请给我清净，请给我带来神灵之魂"，一般连诵三遍。参见图1-36。

（二）正式参拜

有特殊祈愿时，或者节日时，参拜者一般会到社务所提出申请，预约登记，由神职人员为其举行正式参拜仪礼。日本人常常在以下三种情况下举行正式参拜仪式。

第一，个人仪礼。如祈求顺产、孩子起名、百日参拜、七五三[②]、入学、毕业、求职、成人式、结婚、过寿[③]、除厄免灾等。

第二，家业仪礼。如祖先祭祀、祈求家宅安全、家业繁盛、交通安全等。

第三，建筑工事方面。如奠基仪式、开工仪式、上梁仪式、竣工仪式、开业典礼等。

---

① 新宫館、『神社の基礎知識』、新宫館、2017年、第26-27頁。
② 七五三是每年11月15日举行的庆祝和祈祷孩子健康成长的日本节日，在三岁（男女）、五岁（男孩）、七岁（女孩），都要举行庆祝仪式。
③ 日本人庆祝的寿辰主要是六十还历、七十古稀、七十七喜寿、八十八米寿、九十九白寿等。

正式参拜仪式的具体过程如下。①

一、进入拜殿后，参拜者先行礼，然后由神职人员举行祓除仪式，即手持大麻左右挥动，净化参拜者。参见图 1-37。

二、神职人员在神前吟诵拜神词。内容一般是歌颂神灵，表示感谢。参见图 1-38。

三、参拜者向神社供奉叫作"玉串"的杨桐树枝②。玉串是系着白色纸垂的杨桐树枝，其意义是神馔，即供奉给神灵的盛宴，参见图 1-39。同时，日语中，"玉"和"灵"的发音相同，都是"たま"，玉串也是神灵的附着物。供奉玉串时，先右手持玉串根部，左手持玉串前端，玉串与身体平行，然后顺时针旋转 90 度，即右手持玉串根部靠近自己的身体，左手持玉串前端指向神灵；然后移动左手，双手握住玉串根部，向神灵祈祷；然后右手挪至玉串前端，将玉串旋转 180 度，变为左手持玉串根部指向神灵，右手持玉串前端靠近身体；然后将玉串奉献于神前。③

向神灵供奉玉串的拜礼叫作"玉串拜礼"。在记纪神话和神宫祭祀中，玉串是作为祭神的附体之物的，因此也会插在地面上，也有的插在水瓶中。明治元年（1868）天神地祇誓祭时，明治天皇亲自供奉玉串作为币帛，这是公式祭典中供奉玉串的嚆（音：hāo）矢。明治 8 年（1875），在《神社祭式》中明文化，"奉玉串行拜礼"，即为玉串拜礼。之后，在天皇祭祀中，除了奉币、上奏告文之外，天皇还要亲自行玉串拜礼。在神社的祭典中，地方官、神社宫司、献币使、参加者等，也常常行玉串拜礼。关于这一仪式的名称，明治 40 年（1907）内务省告示"神社祭式行事作法"中称为"玉串奉奠"，昭和 17 年（1942）改为"玉串拜礼"。战后，玉串成为人们向神祈愿、期待神威时的供奉之物。④

---

① 新宮館、『神社の基礎知識』、新宮館、2017 年、第 15 頁。
② 杨桐树日语写作"榊"。杨桐树四季常青，同时从日语表记也可以看出，杨桐树是神灵栖息之树。
③ 米澤貴紀、『神社の解剖図鑑』、エクスナレッジ、2016 年、第 142 頁。
④ 沼部春友・茂木貞純編著『新 神社祭式行事作法教本』、戎光祥出版、2016 年、第 242 頁。

四、行"二拜二拍手一拜"之礼。现在神社祭式中的拜礼一般都是二拍手，但也有些神社例外，如出云大社是四拍手，伊势神宫是八拍手。①

五、享用神馔。参拜后，神社会提供一点神馔，如浅浅的一斟神酒，通过食用饮用供奉给神灵的食物、神酒，可以获得神的力量和护佑。接受神酒或开始用膳前，也要拍手，这时是一拍手。现在餐前一拍手已经成为日本人的日常生活习惯，这一习惯原本是来自神道的，餐前"我要开动了"这句话的本义也是"感谢神灵赐予我食物"，用的是拜神的敬语。

整个参拜过程，洗手、祓除称为前仪，祝词、拜礼称为本仪，享用神馔称为后仪。②

二　神社的节日祭祀

日本神社的祭祀给人的印象是纷繁绚丽，热闹非凡。祭礼中有灯笼，有旗帜，有神轿游行，有各种华美的队列。神灵降临祭场有金碧辉煌的神轿和神马。有人山人海的游客来参观游玩，欢声笑语，庄严的祭祀和欢娱的世俗世界毫无违和感地交融在天地之间。

民俗学者柳田国男认为，神社的祭祀主要分成两部分，一部分是祭日之前的准备时期，主要是禁忌与禊祓；另一部分是祭日里的祭祀仪式和活动。在《日本的祭祀》中，柳田国男把祭日里的祭祀活动解构为五要素，即：①祭日，即举行祭的时间；②祭场，即举行祭的场所；③祭司，即祭的执行者；④祭品，即供奉给神的供品，如神酒、生馔、熟馔等；⑤祭礼，即与神的互动娱乐。③因此，这里把节日祭祀

---

① 沼部春友・茂木貞純編著『新　神社祭式行事作法教本』、戎光祥出版、2016年、第91–93頁。

② 沼部春友・茂木貞純編著『新　神社祭式行事作法教本』、戎光祥出版、2016年、第14頁。

③ 柳田国男、「日本の祭」（1942）、『柳田国男全集13』、筑摩書房、1998年、第384–455頁。

分为六要素：禁忌与禊祓、祭日、祭场、祭司、祭品、祭礼。

（一）祭祀的准备：禁忌与禊祓

日本人认为，神灵喜好清净，厌恶污秽，所以祭祀的准备就是祓除污秽，进入适合祭祀的身心清净的状态。这包括两种方式，一种是消极的，即禁忌；另一种是积极的，即禊祓。

禁忌是指住进与世隔绝的地方，谨言慎行，不接触污秽忌讳之物，使身心达到平和的状态。其居住的地方，或者是临时搭建的小屋，或者是一处彻底打扫清洁的农家，或者是神社的拜殿。今天的拜殿、社务所就常常用作禁忌。禁忌的期间以前一般是七八天，例如从上弦月到满月期间，随着生活节奏的加快，禁忌期间就缩短为一两天了。现在禁忌变得很宽松了，除了特别的有严格老规矩的的神社，其他的都只是在前一天下午进入禁忌。而且，原本是全体村民都要参加禁忌的，后来也改为只有神职人员参加了。禁忌生活的内容一般是白天睡觉，晚上打坐，饮食生活中要进行斋戒，重视食物和火的洁净。与佛教的素食主义不同，神道祭祀的禁忌主要侧重于身心的清洁，是可以吃鱼吃鸡的，只是要注意火不要被污染。神道中特别注意对火的选择，从进入禁忌期间就另外生起"洁净"的火来煮饭吃。为了制作供神的食品和甜酒，许多神社都用古老的钻木取火法生火。另外，禁忌生活中，一般不许出大声音，不出门打水，不穿鞋子，不高声谈笑，不结发，不拿针，等等。

在禁忌生活中，如果有一些违忌的事项，就需要通过一些仪式清除污秽，回复清净，这就是禊祓。

"禊"是指在河里或者海里冲洗身体，用清水除去身体和精神的污秽。在日本神话中，伊邪那岐神从黄泉国逃出，就是用清水使自己身心变得洁净。佛教中重视香火的净化作用，而在神道中，清除污秽主要有两种方法，一是用水，二是用火。水恒常是清净的，通过水进行清洗是十分容易的事情，也比较常见。通过火烧驱除污秽则相对比

第一章 神社通论

较困难，而且日本人认为火本身就是极容易被污染的东西，例如有丧事的人家里的火就会带有死的污秽，因此神道中更重视水的净化作用。古时候，在参拜之前都要在神社门前的河流（见图1-40）、水池或海边洗身，现在日本全国也都可以看到用海水洁净身体的习惯，而且进神社参拜之前都要在手水舍洗手漱口，这都是以前禊的残留形式。

在祭祀当日，也会摆放临时的洗手用具，包括手水桶、接水盆、拭纸等。为防止洗手时水花飞溅，可以在接水盆里放上杉叶等植物叶子，这时避免使用杨桐树的枝叶。参见图1-41。

"祓"是指通过某种仪式祛除精神上的污秽，与咒术类似，举行祓的仪式，称为修祓。一般会用竹竿、木棍等支起四角，上面挂起注连绳和纸垂，标志着其中的区域已经经过神力的净化，成为至纯至净的圣地，形成祓场。参见图1-42、图1-43。

举行祓除仪式时，神职人员会首先咏唱祓词，然后在参加仪式的人们头上，以及供奉的神馔上分别以左右左的顺序挥动祓串（大麻），祓除污秽。同时，根据仪式不同，也会用杨桐树枝挥洒沸腾的盐水。大规模的祓除仪式每年举办两次，即6月和12月下旬举行的所谓大祓式。在大祓式中，通过咏唱记载了禊与祓两大内容的大祓词，可以将人们身心沾染的污秽，或无意识犯下的罪孽与过错全部祓除，以避免灾祸。参见图1-44。

大麻为修祓时的用具之一，以前是用棉或麻，后来是用纸张制作而成。据《神社有职故实》[昭和26年（1951）]记载，杨桐树枝上系上麻，或者再缠上纸垂，称为大麻；而用木串、细木、竹子制成的称为小麻。"币"为麻的古代称谓，币和麻在日语中的读音相同，都读作"ぬさ"，因此大麻也称为大币，也叫作祓串、币串。现在常见的大麻是在杨桐树枝上或者白木棍上缠上纸垂或麻苎，而只有纸垂的是简化后的样式。参见图1-45、图1-46。

经过一段时间的禁忌生活和一定的禊祓仪式，人们的身心就都达到了清净的状态，就可以进行正式的祭祀了。

（二）祭日

祭日即祭祀的日期。祭祀一般包括两部分，第一部分从前一天的傍晚开始，到第二天早晨，是祭祀中非常重要的部分，是"秘祭"，用酒食招待神灵，并侍坐在神前，日语叫作"宵宫"，即"夜里的祭祀"之意。黑夜里的祭祀主要是在室内，或者在庭院里燃起火焰，众人身着干净的装束，彻夜奉仕。日语中的"祭"一词，读音为"まつる"（祭），即"まつろふ"（侍），即侍奉于侧，具体来说，就是察言观色、有求必应、恭敬奉仕的态度。神灵在黑夜里降临，这是祭祀中极为神圣的部分，除了具备特定条件的奉仕者之外是不能看的。到了白昼，则进入第二部分，即神灵与凡人娱乐的部分，祭祀活动也从室内转移到室外。人们抬起神轿，在华丽的花车上载歌载舞，喧闹游行。在一些著名的大神社，则有朝廷的敕使前来参拜、供奉币帛。世人常常将游行娱乐当作祭祀的主体，其实深夜里的宵宫才是更重要的部分。

一年四季，春夏秋冬，祭祀不止。祭祀大致可以分为春秋冬季的农耕系统和夏季的防灾系统。①

春秋的祭祀主要是围绕农耕展开的。在氏神信仰中，人们认为氏神在春季从高山上降临到村落里化身为田神护佑稻作，在秋季收获后，氏神又回到山上化身为山神。因此春秋的两次大祭属于农耕系统，大致是以农业上稻作的开始与结束为时间标准的。春祭在春天开始农作时举行，是迎神之祭，将神灵从山上迎接到田间，占卜农作物收成、祈求丰收，也叫作祈年祭（参见图1-47）。秋祭是秋天水稻收获后庆贺丰收的祭祀，也叫作新尝祭，是感谢神灵的送神之祭，欢送神灵返归山林。这时农作物丰收，供品非常丰富，是一年中规模最大最热闹的祭祀。

冬季主要是火祭和雪祭，在寒冷的山村很兴盛。在火祭和雪祭都

---

① 柳田国男・中野重治、「文学・学問・政治」（1947）、『柳田国男対談集』、筑摩書房、1964年、第142頁。

会燃起熊熊大火，以前以篝火为中心，后来慢慢变成以音乐为中心。寒冷的地区更迫切地等待春天，因此会更重视冬祭。

春祭和秋祭属于氏神系信仰，是趋利性的，与此相对，夏祭属于御灵系信仰，主要是避害性的。夏季多发水灾瘟疫等，人们希望通过祭祀减少各种灾祸，因此夏祭多为水神祭、瘟神祭。在关东，瘟神一般称为天王，在京都叫作祇园，也叫作牛头天王，是同一个神灵。牛头天王座下有八个子神，称为八王子。京都夏祭的典型代表是石清水八幡宫、北野神社、祇园八坂神社。石清水的祭日是在8月15日，北野是在8月4日或5日，祇园是在旧历六月朔日至十四日。在御灵信仰中，灾害神如水神、瘟神等，是一些易怒的小神，人们不仅要抚慰祂们，平息祂们的怒气，而且更重要的是向统御这些小神的强大的天神祈愿，希望祂们制服小神，制止灾害，因此会有天神祭。除了御灵系统的神，也有住吉神和惠比寿神，其中也有攘除疫病的意思。

（三）祭场

祭场是举行祭祀的场所，同时也是神灵降临的地方。因此，祭场往往选在高山、森林、树林、海边、河边等地，一看就是神圣的清净之地。祭场的标识是大树，树木就是神的依附体。人们把某些特定树种的木头看作是神灵依附的地方，如樱树、银杏、杨桐树等（参见图1-48）。

特别是樱树，在日语中的发音是"さくら"，さ是神灵之意，くら可以写作"仓"，是"神座、依附体"的意思，因此，さくら的本义为"神灵依附体"的意思。自古以来，日本人就非常喜爱樱花，把樱花移植到全日本的角角落落，这应该是和"把神迎接到这里"的意识密切相关的吧（图1-49）。

树木后来渐渐演变为自然生长的树枝、用木材削制而成的木棒，如旗帜、木棒、竿子等。还会用绿树的枝干加工成棍子或柱子，并在其顶端加以装饰。例如，将石楠花等自然的花枝捆在竿子的顶端，并高高地树立起来。这些木制的竿子高高竖起，有的地方还在即将祭祀的时候在周围插上神圣的植物，以标识神域，表示从现在开始以木竿、植物为界，截断外部的污秽，此处成为清净之地，成为迎接神灵降临的祭场。为了让神灵从天空降临时容易识别，竿子上会系上纸条、麻绳、布类等。或者在竿子顶端挂起幡，幡上写上字，幡的顶部系上杨桐树枝。夜晚则燃起火束、点亮灯笼，也在竿子上挂起灯笼等。这些标识渐渐演变为蜡烛、电灯等，变得越来越花哨。从古来意义上说，幡不仅仅是装饰，更是迎神的标识。参见图1-50。

后来，随着神社宫殿的发达，殿堂越来越华美，神社成为常设的固定祭场，神树就逐渐退却到从属物的地位。当然，依然有很多地方在神社里最引人注目的一棵老树上张挂注连绳，在其前面举行祭祀仪式。[1]参见图1-51、图1-52。

随着神社的常设，也产生了神常驻于神社的观念。一个神社往往是由两处地方构成的，一处在山顶，称为山社；另一处在村里，称为村社。山社和村社也称为上社和下社、上宫和下宫、山宫和村宫、本宫和前宫等。此外，也将处于深山的社殿称为奥社、奥宫、奥院等。相较于身处偏远位置的元宫，新建在村落附近的称为新宫。两处神社之间会有一些叫作"御旅所"的临时祭神处，是祭祀途中停下来让神灵休息的地方。这种将神社分为上下两社的"二社制"十分常见，同时也有分为上、中、下社，即所谓"三社制"的存在。这些上下社的祭神有时不是同一个，因此其中一处神社可能是另一处神社的若宫，也有祭祀本宫配偶神的情况。

另外，普通人家的祭场一般不是神社，而只是一片神地，或树林里的一个神箱，或家里的神龛，也有很多农户在自家院子一隅栽种榎树，以此为祭场。名门望族的祭场往往是一个神社，而在历史的长河中，这一神社也常常不再是一家一门的神社，而成为村社、县社等，成为当地共同体的神社。

---

[1] 柳田国男、「日本の祭」（1942）、『柳田国男全集13』、筑摩書房、1998年、第410-411頁。

（四）祭司

祭司是祭祀的执行者，从古至今，担任祭司的人经历了由巫女、族长、头家，到神职的演变过程。[①]

古时候，人们认为神灵依附在巫女身上，神灵通过巫女宣布神谕，所以，巫女是神灵的代言人，人们向巫女供奉饮食，从巫女那里听取神的口信。巫女的日语发音为"みこ"，みこ也可以写作"御子"、"神子"，是神之子之意。巫女一开始是盲女，后来渐渐变为明目女。在现在的神社里，巫女主要担任神舞的职责，身着白色和服红色裙子，于神前摇铃起舞，看起来似乎只是祭祀的辅助，但究其根源，巫女曾是与神灵最为接近的存在。参见图1-53。

到了大家族时代，握有祭祀权的是继承了正统直系血缘谱系而成为大家族中心的族长。拥有对氏神的正统祭祀权，既是族长的义务，也是族长的权利，这种祭祀权反过来又提高并强化了族长在大家族中的地位。

中世以后，随着大家族的解体，村落共同体形成，于是形成了轮流主持祭祀的"头家制度"，即祭司一职的轮流制。头家也写作"当屋"、"当人"，"当"即当值、当班。在头家制度下，由村里的几户主要人家组成祭祀组织"宫座"，参与神事和神社经营等事务，每年从宫座中选出一家作为头家担任祭司。头家的选定依据宫座里的年龄顺序、家格顺序以及神前的抽签等。担任头家既是一种荣誉，也是一种特权。头家的任期一般是一年，一般在祭祀的第二天或是一年的年初，决定下一个头家接替。

进入近世，随着职业的多样化和社会交流的多元化，由普通劳动者来担任祭司的头家制度开始瓦解，将祭祀执行权委托给职业神职的倾向逐渐增强，慢慢变为由专门的神职人员来主持祭祀了。神社中通常设有宫司、祢宜、权祢宜等职位，原则上每个神社设有宫司、祢宜

[①] 柳田国男、「日本の祭」（1942）、『柳田国男全集13』、筑摩书房、1998年、第399-412頁。

各一名。宫司统领神职以及巫女，相当于神社的最高领导。一般的神社里，宫司下一级为祢宜，但在明治神宫等一部分大神社里，宫司与祢宜之间还设有"权宫司"。宫司为神社祭祀的负责人，又是神社事务以及神职人员的管理者。简单来说，宫司是神社的代表，权宫司是副代表，祢宜是宫司的辅助人员，而权祢宜则是一般职员。巫女的职责为舞蹈、占卜等，是辅佐性的神职人员。见图1-54。

（五）祭品

祭品是供奉给神灵的食物，在神道中又称馔，为神明献上食物也称献馔。神道的祭品包括米、米饭、三角饭团、糯米团子、水、酒等，另有盐、蔬菜、水果、鱼（生鱼、海鲜干货）等，在正月还会供奉镜饼（双层糯米饼）。供品中最重要的东西是米，参见图1-55。古时候，把收获的第一束稻穗捆起来供奉给神灵，或者挂在神社的墙上，称为"初穗奉纳"。日本人认为米是连接神灵的纽带，在日本很多文学作品、传说、民间故事中，都会出现作为神的食物的饭团。如《桃太郎》中，桃太郎就是与鸡、狗等动物分享了饭团，从而形成了具有神力的战斗团体。

祭品不仅仅是将各种丰收品作为神灵的食物供奉起来，而且也是为了让神和人共同进餐。这种向神进献供品，随后神和人共同分享供品的礼仪，是日本民间信仰中必不可少的部分，称为"直会"。通过吃同一个锅里煮出来的米饭，同一个臼子捣出来的年糕，喝同一个瓮里的酒，人就会由此获得神灵的庇护，拥有神灵的力量。由于是人神共食，所以原来是供奉做好的可以直接吃的食物，供奉的大米也是熟的；但现在供奉的祭品多为生的谷物、鱼、蔬菜了。

人神共食的礼仪现在也保留在神社的祭礼中，祭祀尾声时，参加祭祀的人员就会一同享用神酒与神馔。

（六）祭礼

祭礼在日语中叫作"神事"，指的是与神明相关的庆典、仪式，是

第一章　神社通论

为了款待和犒劳神灵,并揣测神意。祭礼一般包括三部分,其一为宫司和祢宜负责的禁忌、祈祷(祝词)、禊、祓等;其二为巫女负责的神乐、神舞、神签等;其三为信奉者氏子集体负责的娱神和占卜活动,如游行、神能(能乐)、狮子舞、射箭、骑射、拔河、相扑等。

禁忌和禊祓在前文中已经讲述过,是属于祭祀的准备阶段的重要工作。在祭日当天,宫司和祢宜主要负责念诵祝词,祈祷福瑞。祝词在神道中指的是歌颂神德、表达崇敬的祷词,借以希望得到神明庇护或利益。祝词由神职人员以独特的曲调吟唱,在文体、修辞、书写形式上都有独特的特征。

神乐为日本神道祭祀仪式中供奉给神明而演奏的歌舞,我们常常会看到巫女手执花枝、摇铃等跳起神舞。神舞不是普通的舞蹈,其主要行为是唱或者说,是随着音乐不知不觉中舞起来,手足的行动只是一种副产品。舞和蹈不同,舞是与信仰密切相关的,而蹈是单纯的动作,人们的种田舞蹈等是蹈,而不是舞。一般情况下,在横笛和太鼓朴素的音乐中,举行问汤仪式。问汤仪式是在神前立起大釜,将水煮沸,用小竹枝蘸热水洒向周围,是一种净化仪式。古时候,人们认为在洒水的时候,神灵就会降临到巫女身上,并说出神的旨意,因此只在有需要询问神意的事情时才举行问汤仪式,后来常常只吹奏音乐,而把问汤仪式省略了。

现在神社里的巫女还负责神签的发放。日本神社的神签一般分为大吉、吉、小吉、凶,个别神社会有大凶。日本人考大学、找工作、恋爱、结婚,也都到神社去抽签,如果得到了吉签,心里一块石头落了地,就感觉很安心,高高兴兴带着神签回家。如果求的是凶签,只要把神签系在神社的树上、绳子上,神灵便自然会帮忙免去灾祸,逢凶化吉。参见图 1-56、图 1-57。

对游客来说,祭祀中最显眼、最引人注目的部分就是游行队列(参见图 1-58、图 1-59、图 1-60)。游行是神灵在信众地域内巡行的仪式,即把神灵从山里请上神座,浩浩荡荡前往村社,并在村子里巡行,队列经过的地方都会得到神灵的净化。氏子们不仅仅是抬着神灵走,还要配合指挥做高低起伏、左右摇摆的高难动作,极尽游乐。神灵游行的中心是神座,即神的座位、神的依附体。神座有各种形式,如杨桐树枝、纸串(御币)、神轿(神輿)、神马、神车、人(童男童女)、人偶等。

古时候神的座驾是十分朴素的,最主要的方式是神树枝,最常用的是杨桐树枝,被认为是神之所依。日本祭祀中的杨桐枝神轿,实际上只是在白乳木做的台子上,插上杨桐的树枝而已,还可以在下面安上轮子拉着走,神官称它为神籬(かごめ)。日本动漫《犬夜叉》中的女主人公名字叫作"日暮かごめ",中国大陆音译为"日暮戈薇",台湾意译为"日暮籬","籬"的本义就是"神灵的依附体",是暗含了女主人公作为灵力所在的身份设定的。在神灵巡游的时候,杨桐树枝又成了坐骑。因此,在巡游队伍中,负责搬运、照顾杨桐树枝的人就成为队伍的中心,有时候甚至表示神体,即此人成为神灵的附着物,拿着的杨桐树枝只是表示此人处在最神圣的状态。这就是神座的另一种表现形式,即神以人为神座,依附在人身上。

人是神的又一种附着体,作为神座的人,也出现在祭祀的游行队伍中。他一般会骑在马上,坐在山车上,或者手持作为神座象征的杨桐树枝或白纸串御币。把这种神圣象征带在身上的人就是作为神座的人,他是整个祭祀游行的核心。在日本人的观念里,小孩子被认为是与神灵很接近的存在,所以在祭祀的游行中,人们也常常让童男童女斋戒沐浴骑在马上、坐在车上前行。后来人们开始用人偶代替童子担当神座,让人偶骑在马背上前行。

现在最普遍的是白色的纸串,日语中叫作"みてぐら",汉字写作御币。御币在后世演变为币帛之意,是奉纳给神灵的各种财物,但みてぐら的本意并非如此。みてぐら按照其发音,汉字可写作"御手仓"。古时候是在一棵固定的大树下祭神,这种在固定场所、无法移动的、天然的树木,叫作"仓",即神座之意。后来"仓"变得可以移

第一章　神社通论

动，而且渐渐把神劝请到各地。"御手仓"即祭祀之人手执之仓，即手执之神座，因此，"みてぐら""御手仓""御币"的本义应该是靠手执而移动的神座。而手持"御手仓""御币"的人是接受神的指令的人，是祭祀中最主要的职位。在祭祀中，把御币的抖动作为神灵依附到神职身体的征兆。[①] 参见图 1-61、图 1-62。

游行队伍中最引人注目的是高高的、华丽的山车。在祭祀中，把以柱子为中心立着的、能够移动的、高高的装饰物叫作"山"或"山车"，有时候旗、矛也会加入其中。从山车上垂下白纸串、白垂穗等，表示无比纯净。山车也会作为神灵的依附体，有时候，代表神灵依附体的童子也会坐在山车上。山车要尽量在华美风格上下功夫，表现"风流"之美。日本庶民之美中有"不易与流行"，"不易"的是精神与信仰，而"流行"之美就尽数表现在这华丽的"风流"之中。山车就是这种"风流"之美的集中体现，特别是向神明奉纳时，氏子所在的各町会费尽心思使表演更加华丽有趣，而且会互相竞争，赛歌赛曲。夜间举行的游行则会增加提灯行列，人们会在山车上装上灯饰，使其闪闪发光。聚集在山车下，人们跳起舞，融入欢乐的祭祀中。参见图 1-63。

游行队列中还会有狮子舞以及其他舞蹈，都是作为神事舞和奉纳舞，表现与神同乐的宗旨。日本的狮子舞充满了朴素的情感，各地的狮子姿态各异，并不完全相同，参见图 1-64、图 1-65。游行途中的音乐也多种多样，常见的有由神职演奏的雅乐，由氏子演奏的笛子、太鼓、钲等。

游行队伍在村落巡行完毕会回到神社。神社里搭建着吟唱歌谣的临时舞台，上面坐着穿着绉绸衬衫、系着白色印染头巾的人，吟唱着各地的祭神歌谣，旁边挂着红色的燃烧着火苗的灯笼。这种吟唱歌谣的临时舞台在很多地方都是祭祀的重要角色（图 1-66）。

同时，神社里能乐殿上会上演与神灵相关的能剧，叫作神乐能。

[①] 柳田国男，「日本の祭」（1942）،『柳田国男全集13』、筑摩书房、1998 年、第 403-412 页。

表演者戴上面具的一刹那，神灵就降临到人身上，人便化为神灵（图1-67）。能剧现在是日本传统艺术的典型代表之一，其起源就来自为神上演的剧目，当代能剧中的梦幻能，其题材依然是以神灵故事为主。代表神灵的，依旧是戴着面具的那一位。参见图1-68。

祭祀中还会举行各种含有竞技意义的活动，即为占卜。在询问神灵的旨意时，会选出选手进行竞技，通过比赛双方胜负情况来占卜农业与渔业的丰收形势，指导生产生活。常用的竞技有射箭、骑射、拔河、相扑等。①骑射日语中称为"流镝马"，是驰骋快马，并将弓箭射中箭靶的竞技活动，参见图1-69。向神灵供奉马也是一种祈祷仪式，如祈求晴天供奉红马，祈求降雨则供奉黑马。后来，其中的竞技要素逐渐消失，这些竞技成为吉祥的祝福仪式，或成为表演形式，祈祷天下太平、子孙繁荣、五谷丰收、渔业昌盛等。

现在，很多活动或成为表演艺术，或成为体育竞技，究其根源，都是脱胎于神社祭祀的。

三 祭祀的种类

从总体上来说，祭祀包括两个体系，一个是源自民间的，其目的是保障农业生产、防灾除害、维护现世利益等；另一个是源自朝廷和皇室的，虽然其主要目的是实现国家统治，但同时也将民俗文化吸纳其中，因此朝廷祭祀同时具有民俗的一面和国家的一面。

（一）律令祭祀

天武天皇时期（672~686年）是国家祭祀形成的重要时期，国家祭祀的原型在这一时期基本形成。②大尝祭、祈年祭是天武天皇时期创设的，天武二年（673）举行了第一次大尝祭，天武四年（675）年举

---

① 柳田国男、「神社のこと」（1948）、『柳田国男全集32』、筑摩書房、1997年、第144-145頁。
② 中村英重、『古代祭祀論』、吉川弘文館、1999年、第18-19頁。

行了第一次祈年祭。① 在天武时期，伊势神宫作为国家宗庙确立了其特殊的地位，在祈年祭、月次祭（六月和十一月）神尝祭时，一年四次，朝廷都会派出敕使奉币。

国家祭祀是基于律令祭祀形成的。② 律令祭祀是律令国家基于国家目的而制定的国家主导执行的诸种祭祀，主要是"神祇令"中规定的祭祀。"神祇令"中现在保存着全文的只有养老令，在养老令中规定了以下19次国家祭祀，分别为：

春，祈年祭、镇花祭；

夏，神衣祭、大忌祭、三枝祭、风神祭、月次祭、镇火祭、道飨祭；

秋，大忌祭、风神祭、神衣祭、神尝祭；

冬，相尝祭、镇魂祭、大（新）尝祭、月次祭、镇火祭、道飨祭③。

祈年祭是每年二月日本全国神社举行的年初祭祀，祈祷风调雨顺、作物丰收和国泰民安，是基于农业方面的预祝祭祀形成的。祈年祭在《延喜式》中为二月四日。《皇太神宫仪式帐》中记载，在伊势神宫二月十二日由朝廷派出"祈年币帛使"奉币，之后开始"种田"仪式，之后"诸百姓始耕田"。这里祈年祭的朝廷奉币和神社"种田"仪式是同时出现的，也可以看出祈年祭是农耕的预祝祭祀。一般农业上的种田始自五月，日本全国大多春天的氏神祭祀是在四月，同时也作为春天的农耕预祝祭祀。伊势神宫是早稻，因此在二月进行。④ 柳田国男也曾在《祭日考》中指出，日本氏神体系的春天农耕预祝祭祀，大致都是在二月和四月进行。新尝祭是每年十一月举行的收获祭，由天皇向神灵供奉新谷，是丰收感谢祭。尝，即尝新谷之意，因此，尝祭是

---

① 中村英重、『古代祭祀論』、吉川弘文館、1999年、第13頁。
② 关于律令祭祀和国家祭祀，参考了：中村英重、『古代祭祀論』、吉川弘文館、1999年、第49-81頁。
③ 岡田荘司、『日本神道史』、吉川弘文館、2015年、第101-102頁。
④ 中村英重、『古代祭祀論』、吉川弘文館、1999年、第22頁。

指秋祭。祈年祭和新尝祭是一对祭祀，春种秋收，春天祈愿秋天感谢。大尝祭是新皇登基当年的新尝祭，仪式更加隆重。相尝祭是各个神社举行的、向众神奉献新谷、众神一起品尝的祭祀。

神衣祭和神尝祭是由伊势神宫举行的祭祀。神衣祭于九月十四日举行，是向天照大神供奉织成的神衣的祭祀，神尝祭于九月十六日举行，是供奉初稻的收获祭。

镇花祭由大神社和狭井社在三月举行，供奉疫病神，镇除疫病。三枝祭由率川社在四月举行，与镇花祭相同，是供奉疫病神、镇除疫病的祭祀，不同的是，镇花祭以大和国内为对象，三枝祭以平城京内为对象。大忌祭由广濑社在四月和七月举行，祈祷五谷丰登，风神祭由龙田社在四月和七月举行，镇除风灾。这些祭祀是由各个神社举行的祭祀。

月次祭具有天皇家祖灵祭祀的一面，由天皇奉币和神人共食的仪式"神今食"组成，祈愿天皇身体健康、国家安泰。

镇魂祭是强化当世天皇生灵的祭祀。通过祭祀，强化天皇灵魂的活力，从而增强身体的活力，安定精神，实现天皇的身心健康和长命百岁。不过，天皇的身体并不只代表天皇一个人，天皇的身体是包含了自然、社会、国家的"宇宙的身体"，因此，如果天皇身体健康，就意味着风调雨顺、农业丰收、社会安定、臣子忠诚、国家繁荣。

镇火祭是在宫城四隅举行的防火祭。供奉火神，祈愿不要降下火灾。镇火祭一年两次，于六月和十二月举行。

道飨祭是在京城四隅举行的、防止鬼魅从京外侵入京城的祭祀，祭祀对象是鬼魅。属于御灵系的防灾祭祀。道飨祭一年两次，于六月和十二月举行。

中村英重对这19次祭祀分类如下。

①国家祭祀，祈年祭、月次祭、大（新）尝祭。目的是国家繁荣。

②圣体祭祀，镇魂祭。目的是天皇圣体健康。

③都宫祭祀，镇火祭、道飨祭。目的是驱除瘟疫、邪灵，防火防灾，保障都宫安全。

④神宫祭祀，神衣祭、神尝祭。是伊势神宫的祭祀。

⑤神社祭祀，镇花祭、三枝祭、大忌祭、风神祭、相尝祭。是各个大社举行的祭祀，祭祀时会有朝廷的奉币。

律令祭祀都有明确的国家目的，中村英重在《古代祭祀论》中将其分为三个层面：

①生产关系层面，农业丰收；

②社会秩序层面，防御灾害、国土安全、社会安定；

③国家王权层面，国家繁荣、天皇安泰。

在这里，我们按照其祈愿的直接目的，可以把这些祭祀分为如下两大类：

①民间祭祀

农业生产祈福类（祖灵系）：祈年祭、新尝祭、相尝祭；

农业生产防灾类（御灵系）：镇火祭、道飨祭、镇花祭、三枝祭、大忌祭、风神祭。

②朝廷祭祀

月次祭、镇魂祭、神衣祭、神尝祭。

（二）皇室祭祀

另外，还有专门的皇室祭祀，包括岁旦祭、元始祭、纪元祭、祈年祭、皇灵祭、神武天皇祭、大祓、神尝祭、新尝祭、天长祭。

岁旦祭。1月1日，在皇居宫中三殿，即贤所、皇灵殿、神殿举行祭祀，庆祝新年。以伊势神宫为首，全国的神社都举行祭祀，祈愿皇统繁荣、五谷丰登、国民安康。

元始祭。1月3日，天皇亲自在皇居宫中三殿举行祭祀，庆祝皇位元始。

纪元祭。2月11日，是现在的建国纪念日，即日本的国庆节。据《古事记》和《日本书纪》记载，日本的初代天皇是神武天皇，他于2月11日即位。明治6年（1873），日本设立纪元祭，是一个近代的节日和祭祀，昭和23年（1948）废止。昭和41年（1966），设2月11日为建国纪念日，成为法定假日。

祈年祭。2月17日，祈祷一年的五谷丰登。

春季皇灵祭。也叫作春季神殿祭，于春分举行。祭祀历代天皇、皇后、皇亲之灵。秋分时举行秋季皇灵祭。在日本人的传统中，春分和秋分叫作"彼岸"节，是祭祀先祖的日子。

神武天皇祭。4月3日，祭祀神武天皇。据说，神武天皇在4月3日驾崩。

大祓。每年两次，于6月和12月的晦日举行，按照新历是6月30日和12月31日。祓是神道的净化仪式，日常时举行。大祓是祓除天下万民之罪秽之意。

秋季皇灵祭。秋分时举行。

神尝祭。10月17日举行。向天照大神供奉收获的第一束稻子，感谢丰收。

新尝祭（大尝祭）。11月23日，天皇向天神地祇供奉五谷的新谷，感谢丰收。大尝祭是天皇即位后举行的第一次新尝祭。现在日本11月23日是勤劳感谢日，是法定假日。

天长祭。庆祝平成天皇的生日。

大祓。12月的晦日举行。

（三）祭祀的种类

律令祭祀和皇室祭祀属于日本的国家祭祀，其中都包含着源自农业生产的祈年祭、新尝祭等，我们把源自农业生产的、源自民间的节日还原至民间祭祀，可以把日本的国家祭祀分类如下。

①民间祭祀

A.农业生产祈福类（祖灵系）：祈年祭、新尝祭、相尝祭；

B.农业生产防灾类（御灵系）：镇火祭、道飨祭、镇花祭、三枝祭、大忌祭、风神祭、大祓；

②国家祭祀

　　A.朝廷祭祀：月次祭、镇魂祭、神衣祭、神尝祭；

　　B.皇室祭祀：岁旦祭、元始祭、纪元祭、皇灵祭、神武天皇祭、天长祭。

　　在后文中，将以此为基础，把一年四季纷繁复杂的神社祭祀分为民间祭祀、人物祭祀、国家祭祀。民间祭祀是指源自农业生产的、祈福类、防灾类祭祀，如祈年祭、新尝祭，包括祈求各种现世利益的祭祀，也包括一年四季应时的风物观赏祭等；人物祭祀是指纪念祭神的祭祀，如人物诞生祭等；国家祭祀指朝廷祭祀和皇室祭祀，是有志于国家共同体建设的祭祀。

第三节　日本的社格制度

　　日本千千万万的神社是有一定的等级区分的，这集中体现在社格上。所谓社格，是由朝廷制定制度规定的神社的规格、等级。按照时代演进，可以分为古代社格制度、中世社格制度、近代社格制度以及现代社格制度。

一　上古社格制度

　　上古社格制度比较简单，神社主要分为两类，即天神社和地神社。在《古事记》的神话中，神灵按照天神地祇的二分法进行了序列化，因此官社制度也大致进行了天神地祇的谱系划分。在天武天皇时期的史料中，关于官制社的记载有"天社、地社"、"天社、国社"、"天津社、国津社"这三种表记。[①]

　　据《古事记》的神话记载，日本诸神大致分为天津神和国津神，

[①] 中村英重、『古代祭祀論』、吉川弘文館、1999年、第22-25頁。

即天神和地神。天神社是祭祀天神（居住在高天原的诸神）的神社，地神社是祭祀地神（居住在国土上的诸神）的神社。天神为高天原诸神以及祂们的子孙，典型代表为天照大神，祭祀天照大神的神社伊势神宫就属于天神社的体系；地神为国土诸神，典型代表为大国主命，祭祀大国主命的神社出云大社就属于地神社的体系。

二 古代社格制度

古代社格主要包括"式内社"、"官币社"、"国币社"、"名神大社"等。

第36代孝德天皇大化改新之后，大宝元年（701），大宝律令不再沿用二分法的神社分类，而规定，位列官社的神社在祈年祭时由朝廷奉币，由此区别开官社和非官社，这就是社格的起源。关于哪些神社属于官社，在延长五年（927）颁布的《延喜式》的"神名帐"中记载有这些官社的目录。由于其记载于《延喜式》，因此也称为"式内社"，共有2861社。这些式内社是当时备受朝廷重视的神社，自古以来十分灵验的神社全部名列其中。"式内社"作为社格昭示着这些神社具有很高的等级，在后世备受重视。[①]

最初，官社全部由朝廷负责祭祀的神祇官奉币，但有的地方太远，路上要花很多时间，渐渐就变成由地方行政官国司[②]代理奉币，因此就有了官币社和国币社之分。官币社是由中央神祇官奉币的神社，国币社是由地方官国司奉币的神社。当然，其中也有虽在远方但非常重要的神社依然是官币社。官币社和国币社分别有大、小之格，按照社格高低，分别是官币大社、国币大社、官币小社、国币小社。据《延喜式》"神名帐"记载，官币大社有198所，国币大社有155所，官币小社有375所，国币小社有2133所。

[①] 大隅和雄，『日本文化史講義』，吉川弘文館、2017年、第23頁。
[②] "国"指律令国，也叫作令制国，是基于律令制而设置的日本地方行政区划，是从奈良时代到明治初期日本地理区划的基本单位。国司是由中央派遣到地方的行政官。

名神大社也是日本古代的一种社格。名神大社是日本律令制下祭祀名神的神社，所谓名神是指日本众神中自古以来就格外灵验的神。名神大社全部位列官国币大社，因此得名"名神大社"。名神大社也记载于《延喜式》的"神名帐"中，因此，名神大社都是式内社。据《神名帐》中记载，名神大社有226社。

三　中世社格制度

中世社格主要包括中央的"二十二社"、各地的一宫。

虽然在《延喜式》"神名帐"中规定了在祈年祭等祭祀时由朝廷奉币的神社，但随着律令制的衰弱，中央和地方的联系并不频繁，有时候就疏于对远方大社的奉币。同时，桓武天皇迁都平安京（现京都）后，许多神社由于位于京城周边，就被尊为皇室祖先神、外戚祖先神，或被有势力的氏族奉祀，并被作为为民众招福除灾的名社，受到特别的崇敬，从而取得显著的发展。这样，朝廷的奉币就渐渐固定到京都附近少数的特定神社范围。最终于白河天皇时代的永保元年（1081），22个神社的地位被固定下来，称为"二十二社"。

这"二十二社"，是由朝廷奉币的非常有势力的22社，作为社格制度，在国家有重大事件或天地异变时朝廷还有"特殊奉币"。二十二社都离京都不远，主要集中在畿内地区，包括上七社、中七社、下八社。其中上七社为伊势神宫、石清水八幡宫、上贺茂神社、下鸭神社、松尾大社、平野神社、伏见稻荷大社、春日大社；中七社为大原野神社、大神神社、石上神宫、大和神社、广濑大社、龙田大社、住吉大社；下八社为日吉大社、梅宫大社、吉田神社、广田神社、八坂神社、北野天满宫、丹生川上神社、贵船神社。

而在地方，最有势力的神社被称为"一宫"。国司到地方上任时需要巡拜当地的神社，而且要最先参拜其中的一宫，有的地方还有二宫、三宫。国司要把当地的神社巡拜一遍需花很多时间和心思，因此会把神社合祀在国府附近，这种合祀神社称为"总社"。国司巡拜神社的目录称为

"国内神名帐",记载在各地"国内神名帐"上的神社就是国司奉币社。

四 近代社格制度

明治四年（1871）7月1日太政官发布名为《官社以下定额、神官职制等规则》的布告，模仿《延喜式》重新把神社等级化，由此形成近代日本全国范围内金字塔式的神社体系。

（一）金字塔式的近代社格制度

在近代社格制度中，伊势神宫被置于全部神社之上，是没有社格的特殊存在，神社社格分为官社、诸社（民社）、无格社。

官社分为官币社与国币社，也合称为官国币社。官币社主要是与朝廷渊源深厚的神社，如二十二社、祭祀天皇和皇族的神社等。国币社主要是各地的一宫和非常有势力的神社，主要祭祀对经营国土有功的神。同时，仿照律令制社格，官币社和国币社都分为大社、中社、小社三个等级。另外，还设有别格官币社。别，即特殊、特别之意；别格，即特殊等级之意。在古代社格制度中，官币社由中央的神祇官奉币，国币社由地方官国司奉币，到了近代社格制度中，官币社和国币社没有实质性的差异。在例祭①时，官币社由皇室（宫内省）、国币社由国库供奉币帛②，但在祈年祭和新尝祭③时都由皇室奉币。另外，靖国神社由陆军省奉供进金。最初只有官币社可以在社殿装饰中使用菊花纹章，从明治7年（1874）始，国币社也可以使用。

诸社也称为民社，分为府县社、乡社、村社三个等级。官国币社之下是府县社，府县社由府或县奉币。位于东京、京都、大阪三府的

---

① 例祭是神社每年举行的祭祀之中最重要的一个祭祀。例祭多为和祭神或神社有特殊渊源的日子，祭祀人物的神社多在其人的诞辰或去世的日子举行。有的神社也以春祭或秋祭为例祭。
② 币帛是神道祭祀中奉献给神灵的供品的总称，包括布帛、衣服、武具、神酒、神馔等。
③ 祈年祭与新尝祭被看作一年中的一对祭祀，祈年祭2月举行，祈祷一年的五谷丰登，新尝祭11月举行，庆祝丰收。

神社是府社，其他各县的神社是县社，北海道虽然不是县，也被认定为县社，而昭和18年（1943）东京改称为都，也并不叫都社。乡社由府县或乡（市）供奉币帛。村社由村供奉币帛。

无格社是法律承认的神社中没有到达村社级别的神社，无格社不是正式的社格，是和有社格的神社相区别的称呼，不过由于无格社的级别非常低，所以也可以看作一种社格。规模非常小的众多无格社，在明治末期的神社合祀运动中被废止了。

近代社格制度的社格序列如下。①伊势神宫作为最尊贵的神社独立于社格制度之外，超越社格。②官币社比国币社等级高，它们按照大、中、小的顺序等级依次列级。根据《神道辞典》，依次为官币大社、国币大社、官币中社、国币中社、官币小社、国币小社、别格官币社。官国币社中包括：官币大社62社，国币大社6社，官币中社26社，国币中社47社，官币小社5社，国币小社44社，别格官币社28社。③诸社包括：府社、县社、藩社①1148社，乡社3633社，村社44934社。④无格社记载在神社明细中，其存在受到公认，但没有社格，有59997社。总计109712所神社，这样就形成了金字塔式的近代社格制度。②参见第一章附图（第46页图1-附）所示。

（二）别格社

别格官币社是近代日本国家为表彰对国家有功之臣，在近代社格制度中设立的祭祀人的"灵社"。所谓灵社，即是把死者当作神灵来祭祀供奉的神社。从别格官币社格设立的原则来看，祭祀的是平定国乱、殉于国难、辅助国家中兴大业等并受到万民景仰的功勋之臣，其所祭祀的对象是臣子，所以该社格中没有以天皇皇族为祭祀对象的神社。

别格官币社的思想起源是水户学的"大义名分"论。"大义名分"提倡坚守臣子应有的本分的理念，通过《太平记》等书籍，南朝英雄

---

① 废藩置县后，藩社改为县社。
② 大隅和雄、『日本文化史講義』、吉川弘文館、2017年、第151頁。

楠木正成被当时的知识分子所熟知。在此背景下，尊皇攘夷派的志士开始了推翻幕府、建立以天皇为中心的新国家的探索。而发誓"七生报国"的楠木正成就顺应了时代要求，成为尊皇攘夷派理想的标志人物，被祭祀供奉在神社中，并开始了一系列神格化运动。地方各政治集团也对此加以利用，将楠木正成等古代忠臣与地方战争中己方牺牲者都视为神灵，举行慰灵祭典等政治性纪念活动。

其时正值戊辰战争，明治政府极其重视对天皇的忠诚，就开始积极地参与、推进和管理各地神社的建立与修缮。其中，尤其被明治政府重视的是祭祀楠木正成的凑川神社和祭祀明治维新中牺牲者的靖国神社。两家神社均是在中央政府的主导下创建而成，可见其受重视的程度。此后，明治政府又相继创建或修缮了更多性质相同的神社，这就是"别格官币社"。"别格官币社"是"特殊的、不一样的"官币社，因为这些神社都带有其他官国币社没有的个别性质，即把死者神格化。近代社格制度是以古代官社制度为蓝本的，其鲜明的近代特色就是增设了"别格官币社"。

"别格官币社"共28社，按照神社祭祀对象的时代，可以分为六类。

第一，祭祀奈良平安时代的忠臣。包括谈山神社（藤原镰足）、护王神社（和气清麻吕）、唐泽山神社（藤原秀乡）。

第二，祭祀中世南朝忠臣。包括凑川神社（楠木正成）、四条畷神社（楠木正行）、灵山神社（北畠亲房、北畠显家、北畠显信、北畠守亲）、阿部野神社（北畠显家、北畠亲房）、北畠神社（北畠显能）、小御门神社（藤原师贤）、藤岛神社（新田义贞）、名和神社（名和长年）、菊池神社（菊池武时、菊池武重、菊池武光）、结城神社（结城宗广）。

第三，祭祀中世战国武将。包括丰荣神社（毛利元就）、上杉神社（上杉谦信）、尾山神社（前田利家）。

第四，祭祀近世的"天下人"。包括建勋神社（织田信长）、丰国神社（丰臣秀吉）、日光东照宫（德川家康）、久能山东照宫（德川家康）。

第五，祭祀对明治维新有功绩者。包括常磐神社（德川光国、德川齐昭）、照国神社（岛津齐彬）、梨木神社（三条实万、三条实美）、野田神社（毛利敬亲）、福井神社（松平庆永）、佐嘉神社（锅岛直正）、山内神社（山内丰信、山内丰范）。

第六，靖国神社。

从这六类可以清晰地看出，别格神社的突出特征是，此人生前"对天皇"的忠诚，他是"天皇的忠臣"。由于南朝被认定为皇室正统，因此南北朝对立时期就都选择了南朝忠臣，同样，战国乱世，皇室衰微，这一时期的忠臣都选择了支持天皇家的武将。近世所谓"天下人"是将自己的势力范围覆盖日本全境的政治家。被列格于别格官币社的条件是被祭祀对象要有尊崇皇室的事迹，因此"天下人"按理来说原本并不属于其中。但是这些社的列入，其实可以看出明治天皇的某种政治考量。将在江户时代民众心中德川家康的"神君"地位，转换为以天皇为中心的现代国家之中被天皇表彰的"臣子"地位，将权倾天下的"天下人"变为代替天皇治国理政的臣子，这大概可以说是德川家康被列入别格官币社的意义之所在。建勋神社和丰国神社在前代被毁，却于明治时代复兴，其中也充满了以织田信长和丰臣秀吉抵抗德川家权威的意味。明治维新的功臣和靖国神社里的战死者，也是延续了这一"效忠天皇"的主题。

（三）敕祭社

除了上述金字塔式的近代社格制度之外，还有敕祭社制度。所谓敕祭社，是在祭礼时由天皇派遣敕使的神社，敕祭社也作为某种意义上的社格而使用。伊势神宫作为凌驾于社格制度之上的存在，虽然在每年五大祭时由天皇派遣敕使，但并不包含在敕祭社中。

上文提到，记载在《延喜式》中的自古以来的大神社分布于日本全国各地，到了平安后期，随着律令制的衰退，奉往远方大社的奉币逐渐懈怠，而京都附近的神社则受到贵族和民众的崇敬，渐渐形成新的社格制度"二十二社"。但是，对二十二社的奉币也于室町后期中断，虽然在江户时代有好几次试图复兴，但都无果而终。之后，随着国学的兴盛和复古神道的高涨，明治元年（1868），明治天皇定都东京，于10月17日定冰川神社的例大祭为敕祭，这是近代敕祭社之始。明治16年（1883），贺茂神社的贺茂祭（葵祭）和石清水八幡宫的石清水祭被定为敕祭，成为自古延续至今的敕祭社，之后，敕祭社的数量不断增加起来。

昭和20年（1945）日本战败时，敕祭社共有17处，分别是贺茂神社（贺茂别雷神社、贺茂御祖神社）、石清水八幡宫、春日大社、热田神宫、出云大社、冰川神社、鹿岛神社、香取神宫、橿原神宫、近江神宫、平安神宫、明治神宫、靖国神社、宇佐神宫、香椎宫、朝鲜神宫。其中朝鲜神宫位于京畿道京城府，在现在韩国境内，日本战败后朝鲜神宫成为废社，因此现在敕祭社共有16处。

总之，从社格制度的演变来看，近代以前的社格制度强调神社的灵验和在朝廷的地位，近代社格制度在此基础上发生了两大变化，一是，将众多民间小社，包括村社、无格社等，均纳入社格制度，形成了金字塔形的神社体系，即形成了国家神道体系，将神社神道吸纳其中；二是，人神在神道的神灵体系中一直地位极低，一般是"被统御神"、"若宫"等，但在近代社格制度中，人神中的一部分被择为"忠臣"，其神社也破格（"别格"之意）列入官币社，称为别格官币社，位置也由神社体系的底部升至中部。可以说，国家神道和别格神社都是明治国家"忠臣"创设的手段。

五 现代的别表、单立制度

现代日本神社主要分为别表神社、单立神社，别表和单立都不是真正意义上的社格，都是在事务手续方面和其他神社不同，但有时候也把它们作为准神格对待。

　　二战结束后，昭和 21 年（1946）2 月 2 日，联合国军最高司令官总司令部发布《神道指令》，在废除国家对神社的管理的同时，废除近代社格制度，所以今天以"旧社格"作为表示神社等级的大致标准。社格制度废止后，规定除伊势神宫外，全部神社地位平等，但神社本厅认为，在神职人员的任职方面，旧官国币社和部分大社如果与一般神社同等待遇的话，会有很多不合适的地方，因此昭和 23 年（1948）在《关于神职人员任职的规程》中给予特殊要求。[①] 这些神社记载在规程的附表中，因此被称为"记载在附表中的神社"，即为别表神社。别表神社最初都是旧官国币社，昭和 26 年（1951）发布《关于别表神社选定事宜》，明示了除旧官国币社之外新增加的别表神社的选定标准，如神社来历、神社现状、神职人员人数、最近三年的经济状况等。根据这一规定，别表神社数量逐渐增加，截至平成 18 年（2006）为 353 社。别表神社并不是社格，只是神职人员人事方面的区别，但成为别表神社的神社在社殿情况、神职人数等方面都拥有较大规模。

　　单立是指不属于统摄性宗教团体的独立宗教团体，如佛教的单立寺院、神道的单立神社、基督教的单立教会等。传统的寺院、神社、教会等默认自己属于某种宗派、教派、上位组织等，而单立没有这种"默认"，是"特例性"的存在。因此，单立神社就是不属于任何统摄性神道团体的独立神社。虽然单立神社在组织上具有自己的独特性，但并不意味着其在思想、信条方面具有独特性。许多神社叫作某某派单立，寺院叫作某某宗单立，其教义、礼仪是遵循传统教派的规定的。也有许多神社是为了摆脱人事纷扰而脱离统摄性宗教团体的。

　　别表和单立都不是严格意义上的社格，别表神社一般是较大的神社，而单立表明该神社在人事方面或其他某方面具有特殊性。

---

① 别表神社在人事方面施行特殊要求，如对宫司、权宫司等神职人员的任职条件等做了规定。

小　结

在空间和时间的维度里，神社的传统源远流长。神社在空间方面包含着基本的空间元素，同时在时间方面举行着四季的祭祀，祭祀有各种固定的仪式，内含了民间祭祀和国家祭祀。同时，每个神社有其带着历史烙印的社格，其中，近代社格影响深远，别格社更是极具日本近代的时代特色。

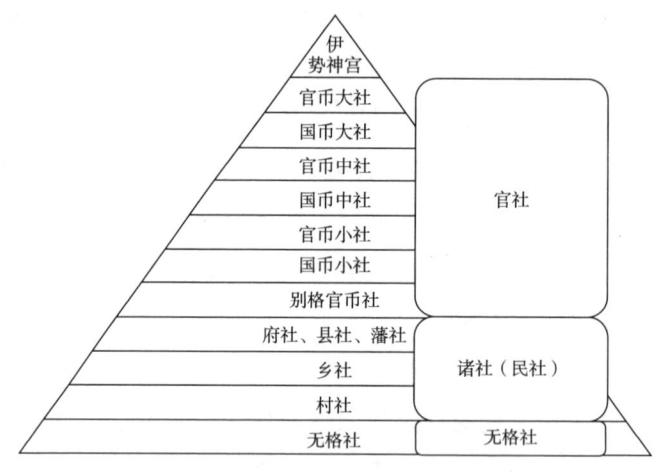

图1-附　日本近代金字塔式社格制度

第二章 祖灵信仰

在日本神道传统观念中，关于灵魂的概念自古以来大体分为两种，日语称为"和魂"与"荒魂"，即"善魂"与"恶魂"。前者是与"祖灵"相通的平安之神，后者则是与"怨灵"相通的灾厄之神。前者可带来安宁，后者则会带来灾厄，荒魂经过祭祀可转化为和魂。对和魂的祭祀称为"慰灵"，对荒魂的祭祀称为"镇魂"。和魂信仰的代表是祖灵信仰，荒魂信仰的代表是御灵信仰，祖灵信仰与御灵信仰为人神信仰的两大源头。

第一节 祖灵信仰的基本内涵

在绳文时代，日本人的生活以烧田农耕、狩猎、捕鱼、采摘为主，灵魂观是万物有灵。所谓万物有灵，就是森罗万象，悉皆有灵，即自然界的万事万物都各有灵魂，如山石树木，都是神灵。在日本，很多神社的神灵都是以山岳为神体的，岩石、古树也常常会缠绕上注连绳，作为神灵降临的磐座。参见图2-1、图2-2、图2-3。

祖灵信仰，也称为氏神信仰、祖先神信仰。关于祖灵，《日本民俗大辞典》（吉川弘文馆）的"祖灵"词条中说，祖灵是清澈的祖先灵魂，叫作"みたま"。考古学证明，祖灵信仰大致是从弥生时代开始的。弥生时代，人们生活逐渐安定，以定居稻作为主，并开始了大规模耕作。在定居农耕过程中，需要共同劳动、土地会传给子孙，在此基础上产生了家族制度，因此会祈祷家族永续、成员幸福，这是形成祖灵信仰的重要基础。

下面，我们具体来看一下祖灵信仰的基本内涵。

一　本地氏神与外来氏神

氏神这一概念错综复杂，简单说来，呈现出二重构造。

首先，氏神的的基本含义是祖先神。祖先神是护佑"我"的本地神灵，根据"我"所归属的共同体的不同，体现为村神、族神、家神三种形态。所谓"氏"，原本是指具有血缘关系的一个族群，因此，最初的氏神即为族神，是一个以血缘关系为基础的神灵。随着社会的发展，地缘关系渐渐超越了血缘关系，社会的共同体也逐渐由族群变为村落。在这种情况下，大家族的族神渐渐成为村落共同体的氏神，即大家族的族神升格为村神，而同时小家族的族神降格为小家的家神。在这种发展变化中，氏神就有了村神、族神、家神等多重意义。

其次，氏神除了本地氏神，还外括了作为氏神存在的外地大神。从历史上来看，朝廷诸神一般是登记在官方籍册的，是日本众多大神社里的神灵，其神社的殿堂一般非常宏伟。祭祀一般也是官祭，有官方的财力、物力的支持，在春秋大祭时，官方还会派遣使者进呈各种币帛与供品，因此祭礼常常格外华丽热闹。而民间诸神没有官方的财力支持，往往殿堂比较矮小，祭礼也比较朴素。朝廷诸神发展比较快，威望比较高，信仰地域比较广，可称为大神；与此相对，民间诸神可称为小神。氏神是护佑本地的神灵，随着各种灾害增多，人们开始向远方寻找力量更强大的庇护者。同时，随着外来佛教文化的影响，"劝请"①逐渐流行，这样，氏神信仰慢慢发生了变化，人们认为朝廷的大

---

① 劝请本是佛教里的词语，是指劝说、请求佛的降临，并祈愿佛施以教化。在日本，劝请是指从远方迎接神佛之灵并把祂分祀在本地。

第二章　祖灵信仰

神拥有更大的神威，因此除了本地氏神，许多地方也从全国著名的大神社劝请一些大的神灵，使其成为当地的保护神，即把外地的大神迎至本地作为氏神，而本地原来的氏神就作为小神，成为大神的附属神灵。这样，很多朝廷的大神通过劝请遍布日本全国。劝请到各地的小神社大多采用与大神社相同的神社名，如八幡社、熊野社等，在日本全国分布较广的神大都是从大神社里劝请的神。"虽然人们自古以来的风习是以村里最有声望的人家的祖灵为中心在产土社[①]统一进行祭祀，但后来更普遍的做法是把八幡、天满等人们坚信拥有统御灵魂的最大的力量的神灵劝请到当地，使其和产土神形成主从关系。"[②]这种神通广大的劝请神经常是和本地的氏神一起祭祀的，有时也渐渐演变成为村子的守护神，发挥着产土神、村神的作用。如贺茂、春日、八幡、北野、白山等神社，都是劝请了日本有名的天神作为自家保护神的神社。因此，氏神的名号之下，其实包含了朝廷大神和本地氏神两种性质完全不同的神灵。

众所周知，按照《古事记》的记载，天照大神派遣天孙降临苇原中国，形成天皇一系，因此，天照大神作为皇室的氏神受到尊崇，伊势神宫作为皇室的宗祠，地位崇高。春日大社的祭神春日明神被日本平安时代的贵族藤原氏奉为族神。梅宫社是楠氏的族神神社，贺茂社是贺茂氏的族神神社。在被称作二十二社的重要古社中，有好几个都是由族人创立的、奉天神为族神的神社。八幡神是日本信仰十分广泛的神灵，在日本全国各地，前边冠以地名的某某八幡十分常见。八幡神信仰源自九州的宇佐，宇佐八幡是日本全国八幡神的总本家，其主神是八幡神。八幡神被日本的源氏尊为氏神，所以中世以后，八幡神

[①] 与氏神相近的概念有产土神、镇守神。氏神源自氏族的祖先神，后来氏神与其成员之间的血缘纽带演变为地缘纽带，住在同一村落共同体的人都供奉同一个氏神。产土神是所出生的土地上的神。镇守神是镇守当地的神。氏神、产土神、镇守神有时是合一的，有时是分立。产土神所在的神社叫作产土社，镇守神所在的神社叫作镇守社。

[②] 柳田国男、『明治大正史　世相篇』（1931）、『柳田国男全集5』、筑摩書房、1998年、第512-513頁。

也作为武神受到供奉。

综上所述，氏神中包含了朝廷大神（天神地祇）和本地氏神（村神、族神、家神）这种二重构造。本书的研究对象是人死后成神的人神，因此，天神地祇并不在其中。本地氏神中，村神是某大家族的族神，家神是某小家族的族神，因此，本地氏神究其根本是族神，即祖先神，是由故去的祖先化为的神灵。

二　氏神信仰的基本内涵

日本民俗学之父柳田国男认为，日本的神道就是氏神的传统，不谈及祖先，就无法解说神道。[①]可以说，氏神信仰是日本神道的重要基础，是日本人所有信仰的基底，是日本人人神信仰重要的文化基层，也是日本人精神世界的根本所在。

祖灵"みたま"是代代祖先的灵魂群体融合而成的一个清净的灵体，它并不是所有祖先的灵魂群体的集合，也就是说，祖灵是一个灵体，而不是很多灵体。按照神道的观念，人刚刚死去的时候，死者的灵魂是充满死的污秽的，叫作"ほとけ"（佛），是无法立刻融入祖灵的，这时候此人作为个体的"人魂"受到供奉和祭祀，每年的祭祀会使灵魂净化一些。死者祭祀都有一定的年限，各地并不统一，一般为33年或者50年之后，子孙后代们为死者举行"终年忌"，即作为个体人魂的最后一次祭祀。在终年忌之前，死者有其自己的牌位，人魂有其个人的个体性，以终年忌为标志，一直被供奉着的人魂就彻底脱去了死的污秽而变得清澈，才能融入代代祖先的灵体之中，即人魂融入祖灵，成为氏神，同时，个人的灵魂也彻底失去了自己的个体性，不再以人魂的形式存在。因此，终年忌的仪式完毕之后，有的地方就把死者的个人牌位放进河里冲走，有的地方会把牌位上的字削掉，有的地方则会把墓碑掀翻。终年忌之后，死者的遗体渐渐消亡，认识死者、

[①] 柳田国男・中野重治：「文学・学問・政治」（1947）、『柳田国男対談集』、筑摩書房、1964年、第146頁。

记着死者的人也越来越少。

在日本人原初的祖先观中，历代祖先没有差别待遇，任何人死去之后经过一定的岁月，都会平等地、毫无区别地、毫无例外地融入自己所归属的祖灵中，成为共同体祖先神的一个小小细胞，虽然没有了个体性，却生生不息、生命不止，这构成了日本人内心深处朴素而本真的灵体融合观和灵魂归属观。因此，日本人的墓地里大多为"祖先代代之墓"，个人的墓碑是比较少的。

柳田国男认为，在日本固有的祖灵信仰中，只有两种灵魂，即祖灵和新亡而暂且没有融入祖灵的新魂。在祖灵信仰中，所有的灵魂都平等地、毫无例外地融入祖灵，因此，新魂虽然暂时没有融入祖灵，但其最终的归宿依然是祖灵。柳田国男认为，从这一意义上来说，每个人死后都会成为神，将死者奉作神灵，是日本人的一个惯例。[①]不过，这里的"死者皆为神"的神，并不是任意的神，而专指祖灵，或曰氏神。

三 灵魂的归处

每个民族都有关于"灵魂归处"的观念。在氏神信仰中，灵魂的归处即为氏神，这也是日本人"人死皆可成神"的思想来源。

生死隔绝是古今都承认的，那么，生与死的交界处在哪里？日本人把生死之界叫作"赛河滩"。"赛"，通"塞"，是关口、标识之意，赛河滩即作为生死交界、此世与彼世关口的河滩。赛河滩上通常会有一些不知何人堆起来的颇不寻常的、大大小小的小石堆。从此世来看，这里是死秽的终止点；从彼世来看，这里是通往神灵清净之地的第一步。京都五三昧（"三昧"即埋葬地之意）之一是叫作"佐比"的河边，在日语中，"佐比"的发音与"赛"是相同的，那里被认为是生死交界之地，是此世与彼世交界的地方，人迹罕至。

[①] 柳田国男、「人を神に祀る風習」（1926）、『柳田国男全集 27』、2001 年、第 163 頁。

日本的人神信仰

日本人原本并没有保存遗体的想法，人们认为，遗骸是污秽之物，是属于今世的，只有肉体消亡，灵魂才能摆脱死秽，获得清净之体，以融入祖灵，所以遗骸应该尽快处理掉。因此日本人以前葬法的目的并不在于保存遗体，而在于使遗骸迅速消失。人们常常把遗骸送到人迹罕至的深山僻野，这种地方是送葬的绝好地方，人的肉体不久就会不知所踪。虽然最初也会在旁边搭建简单的丧屋，守丧之人也会住在里面，但当守丧期限过去，他们返回俗世生活，之后也就慢慢把这里忘却了。有很多地方会在埋葬地上栽上小树苗，或者从水边捡来形状或颜色与众不同的石头，放在埋葬地上加以标识，称之为枕石。虽然参加葬礼的人都会清楚地记住那棵树或那块石头，但是当这些人也都渐渐故去的时候，这些地点也就自然被人们忘却，就成为普通的树林或石滩了。在日本的东北地区，每年年忌结束人们就会把坟堆弄低一些，认为尽快使这里不为人知才好。试图永久保存遗骸的习惯的确在上流社会中曾经存在过，但并未在民间普及，所以中古以前的普通日本人的埋葬地几乎没有留下什么痕迹。京都周边的所谓五三昧面积那么小却仍然足够使用，这正是因为人们并不避讳肉体的消亡，甚至还祈愿着能通过肉体消亡而使灵魂能自由来去。

与其他信仰不同，在氏神信仰中，人死后并不会去遥不可及的远方，如天国世界、西方极乐净土等，而是去一个从家里抬头就可以看到的、安静清明的地方，而这个地方往往就是村子附近秀丽的山峰。随着形骸消失，灵魂就会渡过赛河滩，前往高高的山峰，随着延山麓逐渐登高，灵魂也逐渐远离和超脱现世的污浊，不断清澈，最后攀登到山顶，到达与天最近的清净之境，达到可以称之为神的境界。日本人认为，即使肉体枯去、了无痕迹，也不可能与故土彻底绝缘，每个人都将化为氏神的一部分，栖息在故乡的山川草木里，镇护山林，守护子孙的家业。春天农耕时，氏神从山上降临到田间，守护农耕，秋天收获后又返回山上，度过寒冬。在每年固定的时间里，氏神都会回到子孙家中，和子孙共享天伦，并看到子子孙孙不断成家立业、繁衍生息。

第二章 祖灵信仰

灵魂也可以转生。首先，肉体与灵魂是不同的东西，灵魂会游离出肉体。这和中国民间信仰中的观念颇为相似。灵魂具有一种超能力，它能够游离出肉体到很远的地方，去做它执着的事情，然后再回到肉体中。特别是临死之人，其灵魂经常会游离出去拜访它特别想见的人。并不是所有人的灵魂都可以随意游离，小孩的灵魂是特别容易离开肉身的，因此日本民间有许多防止小孩的灵魂离开肉体的咒术。而且人们也相信，在刚开始的一段时期，小孩的灵魂并没有完全注入肉体。氏神是灵魂的管理者，婴儿满月或满百天时要参拜氏神神社，参拜氏神时，要特意把婴儿弄哭，让氏神听到婴儿的声音，认识这个祂要护佑一生的小生命，与此同时，氏神会把灵魂放入婴儿的身体。因此，满月参拜或者百日参拜对婴儿来说是一个非常重要的人生礼仪。小孩的灵魂很容易离开身体，同时又很容易转入新生，灵魂的进入和离开都非常灵活。日本有一句传遍全国的谚语，叫作"七岁之前儿童即神"，在七岁之前，肉体和灵魂的结合还不是很牢固，随时有失去生命的危险，如果小孩不幸死去，人们会认为，它被神灵召回了。孩子的灵魂洁净无垢，至纯无瑕，十分珍贵，日语中叫作"新叶之魂"，为了让它尽快重返人世，小孩的葬礼都非常简略，埋葬方法也与成人不同，很多地方甚至不设墓地。

其次，灵魂通过转生可以返老还童。经过一生辛苦、垂垂老矣的灵魂，如果可以寄宿在年轻的肉体里，就会变得年轻而健壮，从而获得更坚强的意志。七八十岁、历经人世苦难、衰老疲惫的老灵魂，要休息很长一段时间才能转生到新的肉体，其期限正是终年忌。在日本甲州地区，第五十年年忌时，人们会折下柳条，挂上"草木国土悉皆成佛"的字样，插到墓前，这叫作"柳塔婆"。如果有一天柳条生根发芽，就可以认为安息在此处的灵魂已经转生了。日本历史上曾经有一段时期，认为祖父会转生为孙子，所以取名字的时候常常给长子取名为祖父的名字，给长女取名为祖母的名字。如果某个孩子从长相到气质都非常像某个故去的长辈，人们就会认为他是那个长辈转生而来的，在一些地方，孩子一岁生日的时候会有诸多仪式，其中之一是问孩子：

"你是从哪里来的啊？"一岁的孩子还不太会说话，能说的词语很有限，一般会回答"咿咿""呀呀"之类，人们就会哈哈笑过。但如果有孩子指着墓地或氏神神社的方向说"这"或"那"的话，人们就会大吃一惊，认为这个孩子非比寻常，必定和某个长辈有着某种渊源。

日本人对死后的世界并不会感觉陌生、可怕，而似乎会感觉亲近，这也是基于氏神信仰的。氏神信仰的灵魂观、死后观大致包含了三方面的内容。第一，是灵魂的驻留，人死之后，其灵魂的归宿是融入氏神，氏神并不远去，会驻留在故土附近；第二，是灵魂的回访，每年的几个节日，氏神都会回到子孙家中团聚，即使是平时，如果有强烈的思念之情，灵魂也可脱离肉体奔赴远方；第三，是灵魂的转生，如果心有惦念，亦可转生，再续前缘。

彼世在哪里？彼世就在此世，只是你我都看不到，彼世就是我们身边的空间，灵魂在此自由来去。

第二节　祖灵的表现形式

祖灵的表现形式包括氏神、农神、田神、山神、年神等，同时，也表现为家神、族神、村神。

一　氏神的化身

氏神是共同体的保护神，它首先是血脉相传的祖先神。同时，氏神还有诸多化身，包括农神、田神、山神、年神等。

日本最重要的生活方式是农耕生活，"祖先护佑子孙"的信仰就生发出氏神也就是农神的观念。农民春天播种，秋天收获，祖祖辈辈的先人把辛辛苦苦开拓出来的良田美圃传给子子孙孙，使后代得享天地恩泽。在氏神信仰中，人们认为，氏神就居住在村边秀丽的高山上，春天农耕时，氏神从山上降临到平地的田间，化为农神或者田神，守护子孙的农业，秋

第二章　祖灵信仰

天收获后再返回山里，化为山神，度过寒冬。在每年固定的时间里，氏神都会拜访子孙的家，如盂兰盆节时，就作为祖先神，和子孙共享天伦之乐；到了新年时，又作为年神，和子孙一起辞旧迎新。

春天山神从山里降临到村落化身为田神，这是日本的全国性信仰。山在日本人的信仰世界中占据着重要的地位，人们仰慕山、笃信山，相信在山里生息的氏神，每当春天来临时，都会降临田间帮助人们田作劳动。对农民来说，山神每年只有大约四分之一的时间在山里休憩，而其他四分之三的时间都为了守护子孙农作而化作田神留在村子的田间。虽然各地说法不同，有的地方说山神回到子孙家里居住；有的地方说山神直接从天上降到子孙家里；有的地方说山神先到子孙家里接受供奉，然后再升空而去；但非常一致的是，山神一年中春来冬归，因此日本很多农村都在春天山神降临化身田神时举行山神或田神祭祀。祭祀当天天还没亮，村民就要起床，捣制用作供奉的米，山神听到捣米的声音就会降临到家中。田神从山上下来的日子，人们会举行大插秧、插秧节，祭场多选在家族最重要的田地里举行，快乐的插秧歌就响彻田间，而日本各地的插秧歌有很多都是望山歌。另外，日本很多地方都有在阴历四月初八登高的习俗，这也是因为人们相信，春天伊始，山神就会再降临到村子帮助农作物成长了。在秋末冬初时节，田神结束了一年的农作，人们会准备很多美味佳肴供奉田神。将田神迎至家中，请祂去沐浴。将热水预备好，穿着礼服的主人就在前面引路，请田神入浴。入浴后，请田神享用美食。田神在土里待的时间太长了，所以会看不见东西，因此人们要将一个个碗的盖子拿开，告诉祂食物的名字，劝祂食用。

在日本历史上曾经有一段时期，土地是家成立的唯一基础。田地是极其重要的家产，也是家督[①]的重要组成部分，祖先为了家的存续，

[①] 日本中世以来，把家里的根本性财产称为"督"，因此，财产继承称为"家督继承"。家督既包括有形的财产，如土地、房屋等，也包括无形的财产，如家徽、家名、气质、健康等。到了后世，无形的财产成为家督更重要的部分，家督渐渐成为"传统"之意，如中世的"职人"（除农民之外的各行各业的手工业者）将自己的职业技术、职业态度、职业道德、家传教育等作为家督的中心。

就会给子孙留下田地，所以，氏神也必定会格外关心这片田地。因此，人们坚信，护佑各家各户田地丰收的农神和田神，其真身必定是氏神。

年神，也叫作岁德神、正月神，在氏神信仰中，年神也是氏神的化身。首先，在每年辞旧迎新之夜，年神一定会离开祂平时居住的地方，远赴各家各户，享用祭祀，这似乎已经成为一种亘古不变的约定。其次，年神会满足各家各户各不相同的祈愿。关于年神的神德，人们认为，降临于商贾之家必定是福神，而降临于农耕之家就必定是田神。有一种想法是，只要虔诚祭拜年神，田地就会获得好收成，商业买卖就会繁荣昌盛，就能家族安康、荣华富贵，而这种感应似乎在各家各户都很灵验。再次，年神的样貌大都是和蔼的老人模样，有时是福禄寿神，有时是寿星老人。传说，在除夕夜里，年神老人会给乖孩子们送年糕作为新年礼物，如果平时不乖，没有收到礼物的话，就没办法长大一岁。有的地方，会有人装扮成年神爷爷，在深夜里敲门，来给孩子们送年糕。从这些理由可以推断，年神每年都如约而至，来到家家户户享用祭祀，虽然各家各户所祈求的福佑各不相同，但年神都能逐一加以庇护保佑，为了自己一家一门而如此呕心沥血的，似乎也就只有自家的氏神了。于是，根据"年神—氏神—祖先"而把年神想象为老爷爷的样貌，也就十分自然了。这种"年神＝氏神"的观念和氏神信仰是完全一致的，日本人的祖先之灵，并不往生远方极乐，只要子孙年年祭祀，氏神就永远居于村边的高山上，并在每年固定的时候照料农田、回家探望、护佑子孙。

另外，需要说明的是，"氏神＝农神＝田神＝山神＝年神＝祖先神"是氏神信仰框架中的观念，是基于稻作农民的信仰，并不是民间信仰的全部。例如，以山神为例，在农民的氏神信仰中，山神是氏神的化身，是护佑子孙的和蔼祖先；但在山民的信仰中，山神是可怖的存在，令人敬畏，更和祖先没有半点关系。而在天神信仰中，山神则是大山祇或者木花开耶姬神，也是和祖先完全没有关系的。因此，笼统地说山神信仰，其实其中也至少包含了三种完全不同的信仰。而农神、年神的概观如何，也需要进一步的研究。民间信仰的复杂性，于此也可见一斑。

二　家神、族神、村神

在农耕生活中，日本人以"氏"或"氏族"为单位劳动生活，氏、氏族即为大家族，其成员称为"氏人"或"氏子"，其守护神即为氏神，氏神是整个氏族的祖先神，氏人是氏神的子孙，是有着神的血脉的神的后代。氏人以氏神为首构成一个大家族，在氏神信仰中，氏人是拥有氏神的血统的，整个氏族是基于共同的血缘关系而结合在一起的共同体。不过在现实中，氏人们并不完全是通过血缘关系联系在一起的，其中还包含了大量非血缘者，如媳妇、女婿、干亲、家仆等。[①] 在劳动生活的社会组织意义上，氏族在族长的领导下，形成族群共同体，而在信仰意义上，族长是氏神的代理人，氏人在族长（氏神）的领导下，形成了氏神共同体。按照时代的发展，氏神先后出现了三种形态，分别是族氏神、村氏神、家氏神，也可以称之为族神、村神和家神。[②]

族神相对比较古老，在意义上最接近于古代的氏神，是以本家为中心，包括各分家在内，同族人共同祭祀的本族的祖先神，祭祀的地方是属于族人的祠堂或神社。

村神是村落中各个家族共同祭奉的守护神，供奉在村落的神社里，住在当地的人全部作为氏子参加氏神祭祀，这种意义的氏神广泛存在于日本全国各地。本来，各个氏族都有一个氏神，但是，随着时代的发展、氏族的分裂，人们都强烈地感到，为了村落的统一，有必要同一天在同一个地方祭祀同一个神。这样，同一个村子里分属不同氏族的人家也开始联合起来祭祀共同的祭神，村神就慢慢形成了。村神一般有两种情况，一是，村里最有力量的家族的族神成为村里共同的村

[①] 关于家庭和村落的血缘关系，具体可参照：孙敏《日本人论——基于柳田国男民俗学的考察》，社会科学文献出版社，2013，第121-141页。

[②] 柳田国男、「祭日考」（1946）、『新国学谈1』、『柳田国男全集16』、1999年、第12頁。

神，其他家族趋从于此，原本自己家族的族神就成为小家的家神；二是，从村外的大神社里祈请著名的大神，如八幡神等作为村里共同的村神，即形成外来氏神。①

村神常常被村民们称作产土神或镇守神。产土就是出生地的意思，因此，产土神就是出生地的神，不仅是自己、自己所属村落的守护神，而且，即使这个人长大之后离开了家乡，产土神也会守护这个人的一生。正如受氏神守护的人被称作氏子一样，受产土神的守护而出生的人被称作产子，孩子出生后举行的"初次参拜"仪式，就是参拜产土神。镇守神的本义是镇护当地土地的神，也被人们认为是当地居民的守护神，随着共同祭祀，村民们的祭神由族神变为村神，村神的意思和产土神、镇守神就渐渐变得一样了。

家神是各家各户自己家里供奉的氏神，基本上不供奉在神社里，而是供奉在小祠里，位于家内一隅或者附近个人私有的山林里，甚至有地方祭祀家神的时候只是在空地上插起纸的币串②而已。当村里各个家族的族神融合为共同的村神时，产生了一种反作用，各家各户开始在自己的小家里祭祀祖先，这就是家神的形成原因。在家里供奉家神时，通常会选择乾（西北）的方向，这个方向被认为是家的守护神所在的方向。参见图2-4。

总之，家神、族神和村神是氏神的三种基本形态，家神和族神供奉在自己家里，举行家庭祭祀、家族祭祀，村神供奉在神社里，举行着神社祭祀。

第三节　祖灵社——祖灵舍和末社祖灵社

祖灵信仰是日本人内心深处最深沉的信仰，作为神社大致有三种

---

① 柳田国男：「農村家族制度と慣習」（1927），『柳田国男全集27』，2001年、第384頁。
② 币串是祭神的用具之一，把白色或金银、五色的纸串成串。

体现。第一，大多数祖灵体现为族神、家神，由于个人家族财力所限，无法体现为一定规模的神社，而只是一个小小的祠箱。这个小祠箱放在屋内被视为"屋内神殿"，叫作祖灵舍，也有的设在墓地、家宅附近、小树林里等地方，设在室外的，不论大小，都叫作"社"。第二，由于统御神信仰流行，氏神成为大神统御下的小神，氏神社成为大神社的从属社，如摄社、末社、地主社等，这种氏神常常是从以前的村神演变而来。第三，皇族贵族常常奉记纪天神为其祖先神，这种氏神往往有华丽的、单独的神社，如天皇家族以天照大神为其祖先神，伊势神宫是天皇家的祖庙，藤原氏以春日明神为祖先神，供奉春日大社，另外，贺茂氏供奉贺茂社，楠氏供奉梅宫社，等等。但是第三类氏神社的本质其实是天神神社，并不能算是人神神社了。

因此，祖灵社大致体现为各家各户室内的祖灵舍、室外的祖灵社和众多神社里作为从属社出现的祖灵社。

一 家庭里的祖灵舍和祖灵社

每到祭祖（族神、家神）的节日，如盂兰盆节、彼岸节、新年时，日本人会把祖灵迎接到家里，共享祖孙天伦之乐。

首先，我们来看一下家庭里的室内的祖灵舍和室外的祖灵社。

祖灵社祭祀代代祖先之灵，以祖灵为家族的守护神，其子孙拥有专属祭祀权，外人是不祭祀的。祖灵舍是神道中祭祀祖灵的一种"屋内神殿"。日本祭神的"屋内神殿"大致有三种，即神龛（"神棚"）、祖灵舍和佛教式的佛坛。神龛供奉诸神，一般指天照大神、氏神和其他信奉的神灵。祖灵舍供奉自己家的祖灵。佛坛是按照佛式供奉祖先。有的日本人家里会同时供奉神龛、祖灵舍和佛坛。

神龛要放在家里干净明亮的高处，一般是吊在墙壁上方的，多为东向、南向，或东南向。家里如果没有神龛，就把神符放在干净的架子上。比较宽敞的神龛一般分为左、中、右三格，放入在神社里求得的神符作为神体。中间是伊势神宫的神符，叫作"神宫大麻"，是代表

"天照皇大神"的"御玺"（标识）。天照大神被认为是保佑日本人的"总氏神"。神宫大麻和被串大麻虽然汉字是一样的，都写作大麻，但是发音并不相同，神宫大麻读作"たいま"，特指伊势神宫的神符，被串大麻读作"おおふさ"，是各个神社都有的被串，是完全不同的两种东西。受伊势神宫委托，神社本厅把伊势大麻颁发至日本全国都道府县的神社厅，再通过各个神社的神职人员到达每户日本人家。

面向神龛，右侧是氏神的神符，左侧是在其他神社求得的神符。如长野县樱泽村高野家神龛的右侧放的就是当地的村氏神白山姬神，左侧则放着富士浅间神社、户隐神社、宅神等神符。参见图2-5、图2-6。

如果神龛比较窄小，就在最前面放神宫大麻，之后放氏神神符，最后面放其他神社的神符，把这些神符重叠在一起供奉。

神符一般年末时到神社里去旧迎新，把旧的神符交给神社纳札所，并祈请新的神符。

就供品来说，每天早饭前供奉洗过的生米或者煮熟的米饭，以及盐、水。米放在中央，面向神龛，盐放在右侧，水放在左侧，置于木制方盘（日语中叫作"折敷"）或带座方木盘（日语中叫作"三方"）上。常于两侧放置水瓶，瓶中插入带叶杨桐树枝。除此之外，还常常供奉一些稀罕的食品、当季的食品、别人送的食品等。在初一、十五以及祭祀的日子，还会额外供奉神酒、镜饼、蔬菜、水果、鱼等。拜神龛的仪式和神社的平时参拜一样，都是"二拜二拍手一拜"。参见图2-7、图2-8、图2-9。

祖灵舍一般放置在比神龛低的地方，放置的方向、供品、礼拜的仪式和神龛是相同的，礼拜时，先拜神龛，再拜祖灵舍。祖灵舍里面放置灵玺。灵玺也叫作"御灵代"，即祖灵的附身物，是祭祀的中心，相当于牌位，通常由白色的木头制成。参见图2-10、图2-11。

室内的祖灵舍一般是木质的，像一个小箱子。室外的祖灵社有的是木质的，有的是石质的，可大可小，小的和祖灵舍一般大，大的会像一间小房子。参见图2-12、图2-13。

佛坛用于佛教式的祭祀。佛坛上方悬挂着自己家所信奉佛教宗派的开山鼻祖的图片，以及列祖列宗的个人相片，祖先们以个体的形式存在着。佛坛前有香、烛、花，以及各类供品。盂兰盆节时，会放上让祖先坐上去快快回家的马（黄瓜）和慢慢回去的牛（茄子）。参见图 2-14、图 2-15。

二 从属社祖灵社

其次，是成为大神社从属社的祖灵社。祖灵社作为当地本来的氏神（往往是村神）社，是各地都有的，是日本神道最坚实的民间基础，后来在《古事记》和《日本书纪》神话中的天神降临各地成为当地的大氏神之后，祖灵社就退缩为天神神社的从属社。

祖灵在日本神道的众神体系中地位很低，因此在神社中的众多从属社中，也并不显眼，往往比较朴素。京都八坂神社内的祖灵社前面有个鸟居，这已经算非常难得的高规格了（图 2-16）。大阪天满宫内的祖灵社的建筑非常有天满宫的风格，门前种满了菅原道真喜欢的梅花（图 2-17）。大阪十三神社内的祖灵社像一个小小的房子，檐下垂着注连绳和白色的纸垂，这种大小的祖灵社是日本祖灵社最常见的样子（图 2-18）。

小 结

祖灵信仰是日本人心灵最深处的祖先信仰。祖灵信仰的基本内容是，人死之后按照血缘原则毫无差别地融入祖灵，个性消失，实现幸福的灵魂归宿。

祖神和家神供奉在祖灵舍和家庭所属的祖灵社中，作为某个大神社的从属社的祖灵社中供奉的往往是村神。整体来看，基于祖灵信仰的神社规模都比较小，神社非常朴素。

第三章 御灵信仰

在第二章中已经提到，和魂信仰的代表是祖灵信仰，荒魂信仰的代表是御灵信仰，可以说，祖灵信仰与御灵信仰为人神信仰的两大源头。

御灵指的是死后作祟引起天灾疫病，危害到平民生命财产安全的怨灵，人们为防止怨灵作祟，就把怨灵当作神灵拜祭，这是日本的人神信仰中颇具特色的一种形式。世界上大部分的文化中，若怨灵作祟，一般是被正面能量消灭或者是以超度的形式镇压。而在日本，很大一部分怨灵能够在死后如愿以偿、报仇雪恨，而人们为了平息其怨恨就将其供奉为人神。御灵信仰最著名的例子就是日本的火雷神、学问之神菅原道真。御灵信仰是从祖灵信仰中衍生出来的、完全异质的信仰形式，在此过程中亡魂大致经历了从祖灵到亡灵、从亡灵到怨灵、从怨灵到御灵的衍变。

第一节 从祖灵到怨灵

首先，我们来看一下，清净平和的祖灵是如何演变为怨灵的。

一 祖灵、亡灵、怨灵、幽灵、御灵

首先，我们基于《大辞林》（第3版）比较以下概念：祖灵、亡

第三章 御灵信仰

灵、怨灵、幽灵、御灵。

祖灵，即祖先之灵，终年忌之后，死者之灵会失去个性，融入祖灵。在庶民信仰中，个人灵魂净化之后融入祖灵，祖灵即祖先神、氏神，是无形无状的、充满亲情的慈爱之神。

亡灵，即死者之灵、亡魂。亡灵一词指个人的、可见的灵魂，没有褒贬之义，比较中性。

怨灵，是心怀怨恨作祟之灵。或者说，是亡灵中怨恨作祟的一类。

幽灵，有两个含义，一为死者之灵、亡魂；二为死者无法成佛而现于世上之姿。其中第一个含义与"亡灵"同义，第二个含义虽然没有明言，但"无法成佛"源自佛教，一般是指灵魂因执念无法渡往极乐，其往往是心怀怨恨作祟的，在这一意义上来说，和"怨灵"很近似。因此可以说，幽灵既包含了亡灵，也包含了怨灵，而在大部分语境中，幽灵倾向于指称怨灵。柳田国男曾经指出："幽灵是指一出现就害人的类似妖怪的存在，亡灵是指去世的故人之灵。"[①] 诹访春雄[②]认为，在日本人的幽灵观中，幽灵一般是一种哀怨、恐怖的存在，从广义上来说，幽灵也是一种神；但是，是一种不能被祭祀的神，在这一点上，和妖怪类似。现在一提到日本的幽灵，人们首先想到的也是《盘子鬼屋》（日文汉字为"皿屋敷"）中的阿菊和《东海道四谷怪谈》中的阿岩。因此在本书中，并用怨灵和幽灵二词，意义基本相同，都是指怨恨作祟之灵，根据日语习惯，在提及亡灵、妖怪等时，用幽灵一词，在提及御灵时，用怨灵一词。

御灵，有两个含义，一读作"みたま"，为灵魂的尊敬说法；二读作"ごりょう"，为含恨而死、作祟降灾的怨灵。关于这两种读音，后文还将详细论述，在"御灵信仰"一词中，御灵取第二种含义，即作祟降灾的怨灵。民俗学者樱井德太郎认为，御灵是怨灵中怨气特别重、

---

① 柳田国男、「先祖の話」（1946）、『柳田国男全集 15』、筑摩書房、1998 年、第 72 頁。
② 諏訪春雄、『日本の幽霊』、岩波書店、1988 年、第 22 頁。

危害特别大的一类，其"作祟"的灵威是给"世间""降灾"的。[①]因此，并不是所有的怨灵都会被奉为神灵，大部分怨灵被认为是幽灵，只给固定的人群带来灾祸，其在信仰体系中地位很低，不被祭祀，而只有御灵，才会被奉为神灵，供入神社。

二 源于中国幽灵的日本幽灵

幽灵一词出现在日本的文献中，比较古老的是平安时代末期藤原宗忠的日记《中右记》中，宽治三年（1089）12月4日有"每年今日可念诵，是为本愿幽灵成道也"的记录。[②]日本学者诹访春雄认为，虽然早在平安时代初期的佛教故事集《日本灵异记》[弘仁十三年（822）]中就出现了幽灵，讲述了幽灵现出人形报恩的故事，但其故事情节与中国的幽灵故事类似，如中国六朝宋代刘义庆的《幽明录》，因此其中的幽灵形象其实是中国幽灵的翻版，并不是日式幽灵。真正的日式幽灵出现在日本最大的佛教故事集《今昔物语》中，是在第27卷第2话《川原院融左大臣灵宇陀院见给语》[川原院左大臣源融之灵现于宇陀院（宇多院）的故事]中登场的源融的幽灵，其故事情节不与他国雷同，反映了平安时代末期日本人的思考方式和风俗民情。这种日式幽灵还见于《今昔物语》第27卷第17话和第25话、《古本说话集》《江谈抄》《宇治拾遗物语》中。在9世纪的《日本灵异记》中尚没有日式幽灵，到12世纪的《今昔物语》中，日式幽灵的形象已经十分成熟了。也就是说，在从平安时代中期到后期的300年间，以平安京为中心，营造出了日式幽灵诞生的氛围。[③]

三 从可亲的祖灵到可亲的亡灵

据《日本书纪》[养老四年（720）]记载，钦明天皇时，百济圣明

---

① 櫻井徳太郎、「怨霊から御霊へ」、『御霊信仰』、柴田実編、雄山閣、2007年、第10頁。
② 諏訪春雄、『日本の幽霊』、岩波書店、1988年、第11–12頁。
③ 諏訪春雄、『日本の幽霊』、岩波書店、1988年、第31–43頁。

第三章　御灵信仰

王赠给日本释迦牟尼金铜像一尊、幡盖若干、经卷若干。①万物有灵、祖灵都是不具形体、眼睛看不到的，而金碧辉煌的佛像却是实实在在具体的存在，因此，随着佛教传入日本，在佛像和佛画的启示下，祖先神逐渐被想象成为与人类具有相同姿态的存在，即看得见摸得着的个体神灵。如，天皇家以天照大神为祖先神，祭祀在伊势神宫；中臣氏以天儿屋根命为其祖先神，祭祀在春日社；阿苏氏以速甕玉命为祖先神，祭祀在阿苏社，等等。随之，个体的亡灵也逐渐拥有了个性，显现于人前。

最初的亡灵祭祀是在大年夜，平安时代至镰仓时代关于大年夜祭魂的记载散见于各种史料。从《日本灵异记》上卷第12话和下卷第27话的幽灵报恩的故事来看，幽灵把恩人请到家里宴请招待的日期是十二月的大晦日，即大年夜。据幽灵所言，不是这一天就无法报恩。在大年夜这一天，幽灵可以享用供奉给自己的饮食，因此它把这些饮食分享给恩人以报恩。可见，平安时代初期的习俗是在大年夜进行亡灵祭祀，而且，此时的亡灵已经不是作为集体灵的、无差别无个性的祖灵，而是作为个体的灵体了。②

《后撰和歌集》[年代不详，天历九年（955）前后]中有和歌作于"妻子去世当年的大年夜"，③歌曰："年末大晦日，亡人共渡期。心中甚欢喜，今日渐迟暮。"④其意思为，大年夜可以与死去不久的妻子重逢，十分开心。

在平安时代中期藤原道纲之母的《蜻蛉日记》下天延二年（974）十二月的记录里，藤原实资的日记《小右记》长保元年（999）十二月、宽仁元年（1017）十二月三十日的记录里，都有关于大年夜祭魂

---

① 諏訪春雄、『日本の幽霊』、岩波書店、1988年、第73頁。
② 大本敬久、「魂祭の歴史と民俗」、国立歴史民俗博物館研究報告第191集、2015年2月、第148頁。
③ 大本敬久、「魂祭の歴史と民俗」、国立歴史民俗博物館研究報告第191集、2015年2月、第151頁。
④ "亡き人の共にしかへる年ならは暮ゆく今日は嬉しからまし。"

的内容。①

清少纳言的《枕草子》[长保二年（1000）左右，平安时代中期]第40段的记录中也有关于腊月供奉亡人食物的记载，可以看出大年夜时祭祀死者、为亡灵上供饮食已经成为当时的民俗。②

在《后拾遗和歌集》[应德三年（1086）]和泉式部的和歌中，有"腊月三十大年夜所咏"的一首和歌，歌曰："亡人归来夜，凄凄不见君。奴家久居舍，君魂迟不归。"③这首和歌据说是和泉式部思念宽弘四年（1007）去世的恋人敦道亲王而作。从此处可以看出，11世纪初期，大年夜是祭魂的日子。

12世纪中期，在《词花和歌集》[仁平元年（1151）]中有2首曾根好忠的和歌："年末身无暇，逢冬祭灵魂"④，"年末祭灵魂，今日是否可逢君"⑤。从这里依然可以看出，大年夜是祭魂之日。

至14世纪初，《徒然草》[年代不详，元德二年（1330）前后，镰仓时代末期]第19段中说，"除夕夜本为逝者返魂时，然祭魂之俗已于京都湮灭，仅关东有人行之，此亦有情趣事。"⑥可见，到镰仓时代，大年夜的祭魂，只残存在关东地区，在京都附近已然衰落了。⑦

从这些记载可以看出，当时的亡灵与祖灵相比，既有共同性，也出现了其独特的个性。⑧共同性如下。第一，人死之后，以亡灵之姿现于世上，这表明人死之后去往的他界与现世很近，容易自由往来，这

---

① 大本敬久、「魂祭の歴史と民俗」、国立歴史民俗博物館研究報告第191集、2015年2月、第150頁。
② 大本敬久、「魂祭の歴史と民俗」、国立歴史民俗博物館研究報告第191集、2015年2月、第150-151頁。
③ 原文是："しはすのつごもりの夜　なき人のくる夜と聞けどきみもなしわがすむ宿やたまなきの里。"
④ 原文是："暇なみかひなき身さへいそぐかな　み霊の冬とむべもいひけり。""冬"通"殖ゆ"。
⑤ 原文是："魂祭る年の終りになりにけり今日にやまたもあはむとすらむ。"
⑥ 此段翻译引自：吉田兼好、鸭长明著《徒然草 方丈记》，王新禧译，长江文艺出版社，2011年，第23页。
⑦ 关于大年夜的祭魂，参考：諏訪春雄、『日本の幽霊』、岩波書店、1988年、第62-64頁。
⑧ 諏訪春雄、『日本の幽霊』、岩波書店、1988年、第44-45頁。

种他界观与祖灵信仰中是一致的。第二,《今昔物语》中的几个幽灵故事中,幽灵虽然是哀怨可怖的,但并不伤害他人,也就是说,初期的幽灵是不危害人的,幽灵对人世是存在好意的,这与祖灵对子孙的好意也是一致的。亡灵不同于祖灵的特点是:第一,祖灵信仰中的祖灵是灵魂的合体,当时的亡灵已经脱离了祖灵的合体,成为个体化、个性化的存在,保持了生前的个性;第二,祖灵是没有形体不可见的,而亡灵保持了生前的样貌,是可视的。

最初的亡灵没有怨灵之义,相反,因为人们思念的亡灵往往是自己亲近的人,所以亡灵甚至带有亲近的感觉。最初的亡灵祭祀是在大年夜,从时间上来说是和祖灵祭祀相一致的,后来才在佛教的影响下变为在盂兰盆节,这似乎也可以间接证明,最初的亡灵是从祖灵中分离出来的,在相同的时间里返回人间,和旧人团聚。

四 从可亲的亡灵到可怖的幽灵

奈良时代至平安时代时,日本出现了大量的地狱图、六道图等。对日本人的地狱观起到决定性作用的是源信的《往生要集》[宽和元年(985)],[1]其中把地狱分为等活、黑绳、众合、叫唤、大叫唤、焦热、大焦热、无间八部分,并分别做了详尽的场景描写,十分可怖。之后《今昔物语》[保安元年至久安六年(1120~1150)]、《地狱草子》(12世纪)、《宇治拾遗物语》[建历二年至承久三年(1212~1221)]、《平家物语》[仁治元年(1240)前后]、《太平记》[应安七年(1374)前后]等作品的地狱观,都受到了《往生要集》的影响。在佛教的地狱观中,地狱是恐怖的,这使日本人的他界观深受影响,先人故去要去的地方也不再是村边的毓秀高山,而变成可怕的地狱了。于是,从他界(地狱)归来的亡灵也就变成了恐怖的存在,本应该给后人带来恩惠的先人,也就变成了可怕的怨灵。宽弘二年(1005)10月19日,藤原道长为了将藤原

---

[1] 諏訪春雄、『日本の幽霊』、岩波書店、1988年、第136-141頁。

家族的亡灵超度到极乐世界，就在木幡建造了净妙寺超度亡灵。[①]

饿鬼是一种死后不能成佛，在冥界和人间游荡的亡灵。11世纪以后，《佛说盂兰盆经》流行，地狱、极乐、成佛等思想逐渐普及，佛教中饿鬼的形象也日渐深入人心，盂兰盆节渡亡灵逐渐成为新民俗，日本的亡灵祭祀也逐渐由期盼旧人归来的日子变成了渡施旧人、使其早登乐土的日子了。于是，"幽灵"一词中"亡灵"的意义渐弱，"怨灵"的意义渐盛，后来一提到幽灵，就都是指怀抱执念死去、无法安渡他界、彷徨作祟于现世的饿鬼、怨灵了。

柳田国男认为，在日本固有的祖灵信仰中，只有两种灵魂，即祖灵和新魂。曾经生活在人们身边、与普通人一起喜怒哀乐的人，在死后经过一段时间，就会按照古老的方式被奉作神社里的神，人们会去参拜、祈祷。不过，在佛教思想的影响下，除了祖灵、新魂之外，新产生了无法融入祖灵的第三种灵魂，[②] 日语中叫作外精灵，也叫作客佛、无缘佛、饿鬼等，按照汉语的习惯可以译为孤魂或孤魂野鬼，即无家可归的游魂（见图3-1）。

融入祖灵的条件是子孙世代祭祀，所以没有子孙祭祀的灵魂就无法融入祖灵，就沦为游魂，成为无家可归的饥饿的求食者。它们经常显现于人间作祟，努力使人们来祭祀他们。特别是盂兰盆节时，它们就会借机聚拢而来，到家家户户抢夺祖灵的供品，以求果腹。因此，为了让祖灵能够安安静静地用餐，有必要给游魂们准备一些食物，让它们不去打扰祖灵。人们认为游魂会祸害人间，毁坏农作的旱魃暴风、虫害疫病等都被认为是游魂作祟，每年盂兰盆节时，人们都为这些游魂专门摆设神龛，并摆上供品。柳田国男认为，佛教中的盂兰盆会是以供养三界万灵为根本目标的，在此影响下，日本盂兰盆节祖先祭祀

---

① 山折哲雄著《民俗学中的死亡文化》，熊淑娥译，社会科学文献出版社，2015，第21页。
② 柳田国男、「先祖の話」（1946）、『柳田国男全集15』、筑摩書房、1998年、第72-73頁。

的中心也由迎接祖先团聚，渐渐变为佛教的"施饿鬼"、"渡亡灵"了。

五 佛教对祖灵信仰的冲击

在日本人的祖灵信仰中，人死后最终的归宿只有一个，即融入强大、清澈、温暖的氏神，实现永恒的生命。但是在佛教传入之后，受佛教的影响，日本人的神灵观、生死观、灵魂观发生了很大的改变。

首先是神灵观的改变。在祖灵信仰中崇尚万物有灵，即坚持泛灵论，认为天地万物都有灵魂，草木都各有自己的语言，遍布国土的岩石、树木都互相说话，夜里燃烧着如鬼火一般的火焰，白天成群结队的昆虫扇动着翅膀，到处都是喧闹的声音。和人们的日常生活相关的所有的生物和非生物都各有灵魂、相互交流。在万物有灵论中，人们对自然中存在的万物都怀有敬意，尊重万物。受这种理念的驱使，古代的日本人把动物、植物、非生物等都当作神灵景仰。这也可以说是日本神道的发源。在祖灵信仰中，祖灵只是万物灵神中的一种。人死后，肉体逐渐消亡，灵魂逐渐净化，当灵魂彻底净化后就成为通透的灵体，就可以称之为神了。祖灵按照信众的范围，与现世利益相结合，表现为家神、族神、村神等。祖灵不仅是万物灵神中的一种，而且是十分普通的一种。在神道信仰中，万物有灵，所以神灵的个数号称有八百万之多，这八百万神都是平等的，并没有高低贵贱之分，祂们和平地相处在清净的山河里。而在佛教的众佛果位体系中，是有非常鲜明的等级观念的，依次是佛、菩萨、观音、罗汉、金刚、萨埵等。在佛教中，诸神的地位是远低于诸佛的。吠陀神话的诸神在佛教神话中全都归入了佛门，原来的三界就变成了佛教中的忉利天，原来的三十三个神就统称为三十三天忉利天了。不过名字全改了，因陀罗就成了帝释天，梵天改为大梵天，等等。吠陀神话中的妖魔鬼怪也都成了佛的护法，如阿修罗、夜叉等，组成了佛的二十八部众。或者说，佛教中众佛之下有众神，众神之下有众妖，形成非常有序的等级。因此，当佛教传入日本时，首先以其严整的上下等级秩序影响了神道信仰，使神道中的众神也开始按照一定的神德排序定位，简言之，统御神思想从佛教传入了神道。同时，随着神武天皇东征，天皇统一日本，当政者开始向神话中寻求天皇权威的正统性来源，于是，《古事记》中的众神就开始以凌驾于八百万神之上的姿态从高天原上降临到日本国土。这也是"天神战胜地祇"的过程。即，一方面，对死者的追慕之情渐浓，随着各种追慕仪式变得复杂，渐渐不能把祖灵祭祀为神；另一方面，日本神代卷的研究者们制造出各种神灵，使神灵依照各自的神通而独立，并同时管辖一定的地域，而这种观念甚至达到了被日本全国普遍承认的地步，但是，这与日本古代的国魂郡魂思想并不符合，也与近世的守护神信仰并不一致。于是，日本神道众神形成了以天照大神为塔顶的金字塔形的众神体系，祖灵就从与众神平等的地位跌落于众神之下。在严整的金字塔形的众神体系中，人们也更倾向于相信越是高级的神灵，其神通就越大，就越能帮助人们实现现世的利益。人们对统御神的信奉就超越了处于塔底的祖灵，这也使人们的信仰逐渐偏离了春秋祭祀的祖灵信仰，而逐渐走向夏祭的统御神信仰。也可以说，人们偏离了本土的小神，而偏向了朝廷意志的大神。

其次是生死观的改变。在祖灵信仰中，彼世就在今生的身边，祖灵就住在村边的高山上，与子孙比邻而居，彼世与今生的交通频繁而便捷。因此，生死并没有太大的分隔，死亡对日本人来说并不是十分不幸的事，而在某种情况下，死亡本身是与祖先融为一体成为家族之神的必经之路，因此死亡甚至是一种幸福。祭祀祖先也就是轮回转世，家族延续，子孙成长，拜访远亲，并不是不吉利的事情。而佛教中宣扬，根据人生前的善恶，死后去的地方也不一样，行善之人会去西方净土享受荣华富贵，而行恶之人则会下地狱承受各种肌肤之苦。不论是西方净土还是地狱，与此世都是颇为遥远且交通不便之地。按照佛教的说法，盂兰盆节所在月份的朔日被称为石门，这天早上将耳朵贴在地面上倾听，就能听见地狱之门打开的声音。也就是说，人们的祖先都住在黄土之下的地狱，被囚禁在封闭的空间里等待着这一天的到来。因此在佛教中，生死之隔就是天壤之别，死亡意味着与家人的分离和孤独而漫长的旅程，死亡是十分悲痛的事。因此，在祖灵信仰中，祖先祭祀是一件吉事；而佛教把它变成了丧事，"祭"也渐渐变成了"忌"。可以说，佛教改变了日本人的生死观。祖先由永远停留在这一片土地之中，永不离开，变成了去往远方的极乐净土。因此，人死后就被称为"佛"了。

最后是灵魂观的改变。在日本人本来的祖先观中，所有的人都会无差别地融入祖灵，实现生命的永恒。但是当佛教传入日本之后，日本人生命的归宿中衍生出了孤魂，即如果没有子嗣祭祀，即使为家国尽忠而亡，也只能成为所谓的无缘佛、外精灵、饿鬼等，即成为孤魂，不能实现完美的归宿。孤魂因为无人祭祀，所以只好借着盂兰盆节的机会聚集而来，跑到各家的祭祀中，从各位祖灵处抢一口饭食。因此"施舍饿鬼"是祖先祭祀的追加。而佛教中的盂兰盆会是以供养三界万灵为根本目标的，因此"施舍饿鬼"是佛教盂兰盆节祭祀的中心，这是佛教作为世界宗教的一大要求，是佛教超越了种族走向所谓共同信仰的一大步伐。因此僧侣们一再强调饿鬼施舍是盂兰盆节祭祀的中心，这是有他们的理由的，而且寺庙里的佛龛也专门为这些孤魂野鬼而设。佛教一直不承认祖灵的融合，而一味强调个人灵魂的供奉。这样，随着岁月流逝，人们的记忆里只有自己熟悉的几代人，同时，惨遭横祸、毙于旅途而导致无家可归的游魂也在不断增多。盂兰盆节原本是缓和人们对死的恐惧的仪式，但结果正相反，盂兰盆节的祭祀变得如凶礼一般，其中一半的原因在于人们过于重视对新精灵（即死后不久的灵魂）的祭祀，而这也是世间不断流传亡灵的可怖的间接结果。

第二节　从怨灵到御灵

怨灵尚没有成神。冤屈特别重、作祟特别大的怨灵叫作御灵，御灵可被供奉为神灵。从怨灵到御灵，即怨灵成神的过程。

一 何为御灵

从奈良时代以前来看，《万叶集》第18卷第4094条写着"助皇御祖之御灵（みたま）"，《日本书纪》写着仲哀天皇元年（192）十一月"神灵（みたま）化为白鸟"，可以看出，御灵（みたま）是指神之灵或人之灵魂化为的神灵。[①]"みたま"中的"み"是敬语，"たま"是灵魂，"みたま"是灵魂的尊敬说法，意为"令人尊敬的灵体"。如"皇祖神祇的御灵"、"天皇的御灵"等，都是这一用法。"みたま"范围涉及显幽二界，既指亡灵，也指生灵。至平安时代初期，御灵（ごりょう）逐渐盛行，暴戾的怨灵也写作"御灵"，但读作"ごりょう"。御灵（ごりょう）会第一次出现在文献上是在《日本三代实录》贞观五年（863）5月20日的记载中，把崇道天皇、伊予亲王、藤原夫人、藤原仲成、橘逸势、文室宫田麻吕称为御灵（ごりょう），可见，把在政治上失败含恨而死、作祟降灾的灵魂称为"御灵"（ごりょう），已经成为当时的普遍现象。柳田国男说："定都山城京之初，随着帝都的繁荣，天灾人祸频起，当时的人们联系前前后后的政变，认为是几个含冤横死者成为灵之后在作祟，给人们带来巨大的恐惧感。同时，其中也包含着佛教的推动。佛教认为，冤魂会带来灾祸，举办大型的法会安抚冤魂，并称之为御灵会，后来将这些冤魂祭祀为神，称为八处御灵。这样，非常普通而祥和的祖先之灵，就无法写作御灵二字了。但是，这种后起的'御灵'信仰却一直延续至今，而且也不断有人成为令人恐怖的御灵。"[②]因此，"御灵"一词就分化为两个完全不同的词，一为"御灵"（みたま），是神灵之意；二为"御灵"（ごりょう），是怨灵之意。虽然现在"御灵"（みたま）也会用到，但大部分用到时都

[①] 大本敬久、「魂祭の歴史と民俗」、国立歴史民俗博物館研究報告第191集、2015年2月、第146頁。
[②] 柳田国男、「先祖の話」（1946）、『柳田国男全集15』、筑摩書房、1998年、第70頁。

是指"御灵"（ごりょう），本书中的御灵信仰中，御灵也是指"御灵"（ごりょう）。

"神这一词语在日本被用于非常广泛的意义，卑贱的或者被叫作野神之类的东西中，有时也会有树木动物等。人的灵魂成为神受到膜拜祈祷，也被认为是当然的。而且，这种情况在前代是受到限制的，一般是仅靠镇守当地大神的威力难以制御的灵魂，而且经常是被祭祀供奉在附近的某个地方。"[①] 从柳田国男的这段话中可以看出，人的灵魂是可以成神的，但是有条件限制。人神[②]一般都是威力巨大的灵魂，往往被供奉在神社里。也就是说，御灵是一种怨灵，但并不是所有怨灵都可以成为御灵，成为御灵是有条件的。

柳田国男认为，御灵的共同点是：第一，它们是一代一方的俊杰；第二，它们尚在英年就非正常死亡了。例如古时候的京都八处御灵都是枉死的贵族，它们尚有生活的渴望，但在愿望未达成之时就死去了，因此它们具备了必要的条件使肉体虽去但念力却能留于此世。[③] 樱井德太郎也认为，只有怨气特别重、危害特别大的人魂才会由怨灵升级为御灵。

二 御灵信仰的起源

从奈良时代至平安时代，人们认为天地异变和疾病的原因是各种生灵和死灵的作祟，因此，如何远离怨灵以确保自身安全，成为人们非常关心的时代问题。对此，佛教和神道采取了完全不同的应对措施。

佛教的方式是密咒镇服。《大般若经》于大化元年（645）由玄奘法师从印度带回中国，天智天皇三年（664）前后完成汉译，据《续日本纪》记载，大宝三年（703）曾在飞鸟的四大寺诵读《大般若经》。

---

① 柳田国男、『明治大正史　世相篇』（1931）、『柳田国男全集5』、筑摩書房、1998年、第513頁。
② 柳田国男的"人神"一词不包含祖灵在内。
③ 柳田国男、『山島民譚集』（1914）、『柳田国男全集2』、筑摩書房、1997年、第493–494頁。

日本的人神信仰

天平九年（737），大安寺的大般若会成为每年固定的国家仪式，民间的《大般若经》信仰也迅速普及，人们认为其有被除恶灵的作用，这在《太平记》中关于楠木正成怨灵显现的故事中也有记载。[1]据故事中所言，为镇服楠木正成的怨灵，弓弦武力、阴阳道的法术都无济于事，最后招来众僧日夜诵读《大般若经》，终于彻底消除了正成的怨灵。平安时代，阴阳道和空海带来的密教受到重视。空海持续不断地宣传密教的加持祈祷是击退怨灵侵扰的最佳办法。承和元年（834），空海在大内的中心位置建立了"真言院"道场。[2]

神道的方式则是对御灵极尽抚慰，兴起御灵信仰。所谓御灵信仰，就是抚慰御灵、使之不要作祟降灾的信仰，于平安时代初期在平安京产生。

日本自古以来就有尊崇恶神的传统。柳田国男说："不仅限于日本，很多国家的民间神灵和佛不同，经常有善恶两面。而和人的生活接触最多的，并不是神本来的亲切之姿，而是其偶尔的愤怒与威力。……人们为了减轻其凶害，在村里大祀其祠，换言之，就是仰仗恶神消极的保护。在思虑浅显者看来，对善神来说，即使不祈愿什么也可以得到当然的恩惠；与此相反，对恶神如果不早早奉祀，则不知道会发生什么。因此常常讨恶神的欢心，将祂的注意力吸引到其他方面。此神如果是移动性的神，就敲锣打鼓、载歌载舞地把祂送出村去；如果是本地的神，就把祂看作凶暴的地主老财一样，极尽小心地每年祭祀，高度注意不要引起祂即使一点点的怒气，以招致祂毫无怜悯的神罚。也就是说，抑制愤怒、宽恕愤恨也是很重要的神德，是人类应该祈请的神的好意。"[3]

另外，御灵能够上升为神灵，也和其示现的方式——托梦相关。

---

[1] 諏訪春雄、『日本の幽霊』、岩波書店、1988年、第160頁。
[2] 山折哲雄著《民俗学中的死亡文化》，熊淑娥译，社会科学文献出版社，2015年，第83-84页。
[3] 柳田国男、「河童駒引」、『山島民譚集』（1914）、『柳田国男全集2』、筑摩書房、1997年、第446-447頁。

第三章　御灵信仰

日本平安时代的《大镜》[承历四年（1080）前后]中记载了藤原朝成的怨灵出现在藤原道长的梦中的故事。[①]藤原朝成在临死前发出了"其一族，无论男女，定不让其长寿"的诅咒。梦对日本人来说，往往并不是虚幻的，而是真实的。[②]例如在《古事记》中，神武天皇东征时，三神于梦中授剑，助天皇东征。日本能剧中的梦幻能，也大多表现了神灵出现在凡人梦境中的故事。可见，梦是神向人传达神谕的途径之一。因此，当怨灵不断出现在人的梦境中时，就逐渐诞生了对怨灵的信仰。

御灵会是神佛融合的形式。《三代实录》贞观五年（863）五月二十日的记载中说："所谓御灵，即崇道天皇、伊予亲王、藤原夫人、观察史（藤原仲成）、橘逸势、文室宫田麻吕等亡灵。皆为图谋政变而遭诛之人众，其含冤之魂势力渐长。目前世间多发疫病，死者甚众。天下皆以为由御灵怨恨所致。盖冤魂之信仰，先起自京畿一带，如今传遍诸国。每年自夏及秋，到处举办佛事法会、御灵会以祭祀御灵，时而延接不断，长达数旬。供奉御灵如同佛祖，诵念经文，加之歌舞，又美饰童子马上射箭竞技，选拔勇者令相扑比试，赛马献技气氛热闹。观者众多，摩肩接踵。如此御灵之会，始自京畿一带，流行至全国各地。形式内容逐渐完备，如今业已成为一大民间祭礼。"[③]这些被称为御灵之人，都是政治上的落败者，他们从京城被流放，死于途中或流放之地。人们害怕这些御灵降灾，就举行法会，抚慰它们。据《三代实录》贞观五年（863）的记载，其日，据敕命于宫中南部的神泉苑举行御灵会，皇族公卿全部列席，供奉花果于御灵面前，慧达法师讲《金光明经》和《般若心经》，上演舞乐等，京城的庶民也允许观看。从此之后，世间流行疫病灾祸时，就会由政府主导或者庶民自发组织举行

---

① 諏訪春雄、『日本の幽霊』、岩波書店、1988 年、第 78 頁。
② 諏訪春雄、『日本の幽霊』、岩波書店、1988 年、第 84 頁。
③ 义江彰夫著《日本的佛教与神祇信仰》，陆晚霞译，商务印书馆，2010 年，第 64–65 页。

御灵会，并延续至后世。①

三 统御神和若宫

御灵的感情是很复杂的，其中包含着多种矛盾的情感，如怨恨和好意、惩罚与恩惠，等等。御灵神一般都是凶猛、狂怒的，但是，一旦其自身获得了承认，就会平息愤怒，发挥平和之德，并保佑人们富贵安乐、子孙繁荣。②因此，人们对这些御灵的感情，也会随着时间的流逝逐渐由恐惧变成景仰。不过，日本自古以来就是非常忌讳御灵的国家，因此常常在御灵上面设有地位更高的神作为统御神进行统制，如八幡神。

在统御神信仰中，力量强大的天神将这些御灵统制起来，使祂们归于天神座下，服从天神的指令，并由此沾了神气、改邪归正，成为护佑人们的小神，因此将这些御灵也封为神，即为灵神，称为"若宫"（也称为"今宫"等）。所谓若宫，本义为贵者的孩子，相当于少爷、少主，若宫神即子神、仆神。人们相信，在大神的统御之下，即使这些若宫经常发怒，但只要有大神的德威，也很容易将祂们收服。而且人们认为，越是作祟厉害的御灵，成为灵神后就越灵验。这些灵神有的设立了灵神神社受到世间承认，有的没有得到公认只是私祭。要把人祭祀在神社里，就先要为其赋予灵神的称号，这成为中古以来的习惯。③（后来吉田神道提倡神葬祭，也是人死后为人赋予灵神的称号。）若宫渐渐成为比天神、大神更亲近人世，比氏神拥有更强大的力量和更高的地位的神灵，不过在日本众神体系中的地位依然是比较低的。

这样，怨灵以"灵神"、"御灵"、"今宫"、"若宫"之名，明确地把个人祭祀为神。御灵是日本人神信仰史上个人人神的开端。

---

① 諏訪春雄、『日本の幽霊』、岩波書店、1988 年、第 147–149 頁。
② 柳田国男、「人を神に祀る風習」（1926）、『柳田国男全集 27』、2001 年、第 170 頁。
③ 柳田国男、「先祖の話」（1946）、『柳田国男全集 15』、筑摩書房、1998 年、第 99 頁。

四　御灵神社的特征

从平安时代中期开始，以疫病多发的都城为中心，产生了八坂天王、北野天神等御灵系统的神灵，并逐渐被劝请到全国各地。传统的神社都是祭祀氏神，或者是承担了氏神功能的天神，而这些御灵神社是在新的意义上祭祀灵魂，是应该与氏神区别开的。最著名的御灵神社就是石清水八幡宫、北野天满宫和祇园八坂神社。八幡宫从坐镇石清水的时候开始，就已经开始支配各种灵神，之后更把毫无关系的人的灵魂放入灵神的下一列，或者说，八幡神承担着统治众灵魂的重任。石清水的八幡宫没有列入《延喜式》的神名中，祇园比《延喜式》早产生一百多年，但还是从官祭的名单中被省略掉，这都有其深层次的原因。

石清水八幡宫、北野天满宫和祇园八坂神社这三个大神社与大多数神社相对照，它们最显著的区别就在于是御灵神社，具体说来有以下特征。

第一，御灵神社是后产生的神社，与传统的氏神神社不同，祭祀御灵。正如正史中记载，这三个神社创立的年月日是非常清楚的，其创立的过程也有明确的记录。

第二，由于祭神不是氏神而是御灵，因此没有固定的氏子群体。虽然石清水重视纪氏，北野优待菅家后裔，但是信仰从最初就普及一般民众，所以就无法强硬地推行氏子制度。特别是石清水八幡宫自称宗庙，与伊势神宫相抗衡，试图把皇室拉入其信仰中，因此从神社方面来说，是不希望增加新的氏子的，神职人员满足于世袭的特权，而并不太主张他们与神之间的因缘。

第三，贯彻了宫寺思想。宫即日本神道的神宫、神社，寺即佛教中的佛寺，宫寺即叫作神宫、神社的寺庙，也就是说，这里按照佛教的仪式祭祀日本神道的神。或许是模仿石清水八幡宫，北野天满宫很早以前就自称宫寺。天满宫的祭神天满天神受到了佛教的影响，其社名也是汉语，天满宫一词在日语中也是音读，音读即受到了佛教的影响。八幡宫本来也是日式的训读，在佛教的影响下，也逐渐变为了音读。

第四，御灵神社最显著的特征是，祭祀多在夏季，和农耕没有直接的关系，祭礼总体的目的，与其说是祈愿吉祥，不如说是规避灾祸。春秋祭是趋利性的，祈祷和庆贺丰收，属于氏神系信仰；与此相对，夏祭主要是避害性的，夏季多发水灾瘟疫等，人们希望通过祭祀减少各种灾祸，是基于御灵信仰的。作为统御神最著名的就是石清水、北野和祇园。北野和祇园通过巫祝之口言明自己乃是灾害神的首领，施暴的小神乃自己的家眷，因此自己可以收服这些小神。而石清水被供奉为武神，其座下常有些性急而喜欢恶作剧的小神，所以石清水八幡神的威力也是表现在收服小恶神方面。这三个神社的神灵也被劝请到日本全国各地，现在日本众多神社中，粗略估计有一半是劝请或奉仕着这三个神社的神灵，以其为镇守神、产土神甚至氏神。

第五，因为祭祀是抚慰御灵的，所以祭礼繁华。从日本历史来看，最初繁华祭礼的目的是让暴怒的御灵平静下来，将注意力转移到享受祭礼，因此其游行队列、神车队列格外华丽壮观，常常伴随着彩车、舞蹈、音乐等。现在神社普遍都有繁华的祭礼，人们常常通过其繁华程度区别大祭与小祭，繁华的祭礼已经成为游客前来观看的中心了。而且，受御灵系繁华夏祭的影响，氏神系的春秋祭也变得越来越繁华了。

第三节　历史上的著名御灵

日本历史上著名的御灵有很多，大致呈现出从皇族、贵族，向武士、庶民的演变过程。日本著名的三大怨灵是菅原道真、平将门、崇德天皇。崇德天皇和平将门都是皇族，菅原道真是贵族。武士阶级登上历史舞台后，政权不断更迭，战死者众多，他们作为枉死者常常被祭祀为御灵。到江户时代，一些农民领袖在农民斗争中被处死，这些农民领袖被称为义民，庶民御灵大多都是这些义民。

一　菅原道真

菅原道真是日本历史上最著名的御灵。

菅原道真［承和十二年至延喜三年（845~903）］是平安时代中期的公卿，也是著名的政治家、历史学家、汉学家和诗人。菅原道真自幼文思出众，随着年纪渐长，文学上的造诣也是渐而声名远播，他深得宇多天皇、醍醐天皇的信任和重用，昌泰二年（899）任右大臣。延喜元年（901），在政敌藤原时平的谗言下，醍醐天皇将菅原道真贬黜，流放至九州太宰府，其子女23人亦全遭流放，分散各地。菅原道真被贬到九州之后，两年后于延喜三年（903）抑郁而亡。道真的遗体由牛车运去埋葬，走到半路牛车就怎么拉也动不了。太宰府的地方官吏与百姓感到奇异，就将道真的遗体掩埋在牛车停止的地方。这个地方，就是现在的九州太宰府天满宫的正殿之中。

据说，菅原道真含冤死后，都城里天灾不断，日蚀、月蚀、彗星、地震、落雷、旱灾、豪雨、大火、疫病等重大的异象灾难都接连爆发。在当时怨灵信仰流行的背景下，人们认为这是菅原道真的怨灵在作祟，特别是菅原道真的政敌藤原时平身边接连发生了许多不可思议的事情。延喜九年（909），藤原时平死于39岁的盛年，据说子嗣亦绝。延长元年（923），藤原时平的妹妹所生的皇太子夭折，年仅21岁。同年，为了镇伏道真的怨灵，于大内建礼门前举行了盛大的祓除仪式，同时宣读道真右大臣一职的复职诏书和道真流放令的废弃诏书。也就是说，用这种方式来洗清道真的冤屈，希望他的怨气得以平复。然而，道真的愤怒似乎并没有因此而消失，延长三年（925），藤原时平女儿所生的皇子刚刚被立为太子就死去了，年仅5岁。延长八年（930）夏，发生了大内清凉殿雷击事件，大纳言藤原清贯等几名公卿大臣被雷击死。醍醐天皇受惊吓得病，卧病在床，咳嗽不止，觉悟死期将至，九月二十二日让位给朱雀天皇，不久在46岁的壮年死去。天庆九年（946），在京都的北野地区兴建了北野天满宫，供奉道真之灵，称他为天满大自在天神。北野地区本来就有天神的祠堂，自古以来就举行雷神祭祀，因此也称他为火雷天神，认为他统率着的雷神。正历四年（993），疫病再次横行，追赠菅原道真为正一位左大臣，但是，道真托梦说不接受此追赠，于是同年又再赠太政大臣，经过占卜，终于得到了道真的同意。宽弘元年（1004），一条天皇行幸北野天满宫祭祀，道真的怨灵终于得以平息，之后再也没有作祟。由于菅原道真生前就是杰出的学者、文人，所以随着怨灵活动的平息，天满天神也逐渐作为诗歌、文笔、学问之神受到尊崇。之后道真成了天神信仰的一部分，并逐渐被祈请到日本全国各地。后世以他的生平为原型创作而成的文学和艺术作品也层出不穷。

二 战死的武士

在日本传统的祖灵信仰与御灵信仰的体系中，战死之魂经历了不幸之死，只能沦为怨灵或者御灵，人们为了安抚荒暴的灵魂，会把它们祭祀为新八幡、八幡若宫等，置于武神八幡神座下，一方面抑制它们四处为害的神威，另一方面也使得它们死得其所、安然成神。

战国时代，很多武士被杀害，为抚慰他们充满怨恨和愤怒的灵魂，人们就把他们的灵魂祭作神灵，如新八幡、八幡若宫、毘沙门天等。例如，藩主筒井定次为夺取小泉太郎左卫门秘藏的名刀而把小泉杀害了，小泉的冤魂就四处作祟，不仅杀掉了他的仇人，而且在路上遇到小泉冤魂的人也会生病，因此，人们把他祭为小泉八幡神；杉冈四郎左卫门因谗言被杀害，他的亡灵就四处游荡，杀掉的路人达数千人，人们就把他祭作杉冈八幡神；安田义定被源赖朝杀害后，[①]他的灵魂就

---

① 源赖朝在镰仓幕府稳固之后，以各种理由打压芟除一起创业的源氏栋梁，安田义定就因此被杀害。

四处作祟，人们就把安田的冤魂祭为毘沙门；大汝八幡神社的属社新八幡神社的祭神就是日本近世有名的恶神——"岛津忠良之灵"。山家清兵卫本是含恨横死的正义之士，他死后百年灵魂作祟，受到民众的敬畏，人们将他祭祀为灵神，却依然无法平息他的愤怒，于是改封他为大明神的神号，他才终于平息了怒气，发显出温和的德泽，并逐渐形成很大的信仰。

三 义民

据《广辞苑》所释，"义民"是指为了正义、人道而献身的民众，特指日本江户时代农民起义的领导者，指在发生饥荒等天灾人祸的时候，领导农民起义被处死而受到民众敬仰的人。据保坂智编《近世义民年表》统计，近世至明治初期，义民事件有572件。[1]江户时代，在农村地区，开始流行义民信仰，即"明神"、"灵神"信仰，祭祀在农民反抗斗争中被处死的农民领袖的灵魂。"灵神"之"灵"读作"りょう"，而不是读作"たま"或"れい"，由此也可看出，"灵神"是承袭御灵体系的。义民信仰以怨灵信仰为基础，同时为农民领袖赋予了非常高的伦理性。义民信仰在日本全国都可以看到。著名的有佐仓惣五郎（成田市东胜寺）、冈村辅之（鉴雄神社）、竹垣直温（金村别雷神社）等，他们都由于生前的义举受到百姓的爱戴而被尊为人神。

下面，以将门口宫神社祭祀的佐仓惣五郎为例，来看一下义民信仰。

佐仓惣五郎为通称，本名木内惣五郎，也称为惣吾，生年不详，江户时代下总国佐仓藩领义民，原为印旛郡公津村（现千叶县成田市台方）的名主。因为当地农民被领主堀田正信的重税剥削生活困苦，包括惣五郎在内的领内名主向郡奉行、藩国家老、江户藩邸及老中轿前上诉，都被驳回。走投无路的惣五郎便在第四代将军德川家纲[2]去往

---

[1] 松崎憲三、『人神信仰の歴史民俗学的研究』、岩田書院、2014年、第185頁。
[2] 《地藏堂通夜物语》中记载的是第四代将军德川家纲。《堀田骚动记》中记载的是第三代将军德川家光。

上野宽永寺途中拦路上谏。结果领民的赋税被取消，但惣五郎一族则因越级上谏于承应二年（1653）九月二十四日被领主处以磔刑（捆绑然后用利刃刺死）。尸首被成田东胜寺澄祐和尚埋葬在公津原的刑场。

据《地藏堂通夜物语》记载，在临刑之时，佐仓惣五郎怒目而言："我不望极乐往生，亦不期念佛供养。"① 惣五郎之后，就发生了诸多怪事，藩主堀田正信失心发疯，妻子也因此去世。人们认为这是惣五郎的亡灵在作祟。为镇服惣五郎的怨灵，继任的领主堀田正亮（正信的弟弟）于承应三年（1654）为其修建口宫神社，供奉其为口宫明神。后来，堀田正信由佐仓12万石改任为信州饭田1万石，遭处禁闭，最后切腹而死。惣五郎的义举被下总地区的民众广为流传，惣五郎的义民传说成型于江户时代晚期，通过实录本、讲谈、浪花节、歌舞伎等曲艺文学形式流传至今。

"看看古时候的京都八处御灵的名字，他们都是以前枉死的贵族。……近来佐仓惣五郎、佐野常言等被尊为当世大明神，……这种说法可以说是与感谢祈祷相混淆的。对御灵系统的杂神，并没有听说过对他们的祭祀有一丁点儿的古时候的谢恩之意。"② 在这里，柳田国男指出，佐仓惣五郎和京都八处御灵一样，都是御灵信仰，御灵信仰与氏神信仰的感谢祈祷不同，并不是谢恩的。

第四节　御灵信仰的代表——北野天满宫和将门口宫神社

下面，我们以最高等级的御灵神社北野天满宫和最低等级的御灵神社将门口宫神社为例，探讨御灵神社的特征。

日本最著名的御灵是平安时代的贵族菅原道真，祭祀菅原道真的

---

① 谷川健一、『日本の神々』、岩波書店、2016 年、第 146 頁。
② 柳田国男、「山島民譚集」、『柳田国男全集2』、筑摩書房、1997 年、第 493–494 頁。

天满宫是日本最著名的御灵神社。北野天满宫于日本京都府京都市上京区，为二十二社，旧社格为官币中社，现为神社本厅的别表神社。人神在日本神道的神灵体系中地位是较低的，后来的别格神社地位大致等于国币小社，但北野天满宫却位居二十二社，而且旧社格为官币中社，地位还是非常高的，这是因为，北野天满宫并不是以"人神"神社列格，而是把菅原道真奉为"天满大自在天神"，他是以"天神"的身份列格的。

将门口宫神社则是等级非常低的御灵神社（相当于村社），规模非常小，祭祀着豪族平将门和平民佐仓惣五郎。这里我们着重介绍对佐仓惣五郎的祭祀，将其作为平民御灵神社的代表加以研究。

一 北野天满宫

北野天满宫和太宰府天满宫同为日本全国天满宫之总本社，是天神信仰的中心和发源地。菅原道真以其超群卓绝的学问被祭祀为学问之神，大大小小的天满宫遍布全日本角角落落，保佑着莘莘学子金榜题名。

（一）北野天满宫的空间设施

北野天满宫的空间设施按照共性设施、中性设施、个性设施分类如下。

1. 北野天满宫的共性设施

北野天满宫的共性设施主要有：鸟居、社务所、手水舍、神乐殿、纳札所、绘马悬挂处、绘马阁、正殿、摄社末社等。

绘马悬挂处。菅原道真以其生前的学问之高，被祭祀为学问之神。莘莘学子为了学业有成，都纷纷前往各地的天满宫祈祷、悬挂绘马。各地天满宫的绘马悬挂处都悬挂着祈祷学业成就、升学顺利等愿望的绘马。据说，北野天满宫每年悬挂的绘马总数可达10万枚（另见图3-2）。

绘马阁（图3-3）。现在的绘马阁建于元禄十二年（1699），规模和历史在现存的日本所有绘马阁中位列第一，被定为京都市的有形文化遗产。

社殿（图3-4）。正殿中祭祀着祭神菅原道真。正殿和拜殿的建筑样式为"八栋造"，在日本神社建筑中极具代表性，被定为日本的国宝。

摄社末社。北野天满宫内，围绕着社殿，有50处摄社和末社。著名的有地主社、火之御子社等。

2. 北野天满宫的中性设施

楼门（图3-5）。楼门上方悬挂的匾额上刻有"文风大祖、风月本主"，这是平安时代中期的学者庆滋保胤和大江匡衡赞美菅原道真的语句。

文子天满宫（图3-6）。文子天满宫是菅原道真的乳母多治比文子最初祭祀菅原道真的神社。

松梅。菅原道真生前非常喜欢梅花。同时，以松梅代表菅原道真深厚的汉学修养。日本全国各地的天满宫里都能看到梅纹和松纹（参见图3-7）。

红梅殿。殿名起意红梅，也是寓意了菅原道真对梅花的喜爱。

梅苑。菅原道真极其喜爱梅花，因此梅苑种植了种类繁多的梅树。梅苑在每年2月初至3月中旬向公众开放，梅花竞相绽放，游人如织，十分热闹。

红叶苑和史迹御土居。菅原道真在陪宇多上皇巡游时，深受满山遍野红叶之美的感染，便向手向山八幡宫[①]进献了红叶的树枝。因此，红叶与菅原道真有着很深的因缘。桃山时代时，丰臣秀吉为了阻挡水灾，便在洛中与洛外[②]的边境筑起了名为"御土居"的土墙。在神社境内西侧，残留的一部分土墙逐渐长成了自然林，后又经过人工植树，现在形成了约有350株红叶树的名景"红叶苑"。每逢秋季，满目红叶，极其壮观。

3. 北野天满宫的个性设施

牛舍。此处祭祀着"一愿成就御牛"，据说只要抚摸一下牛，就能

[①] 位于奈良县奈良市的神社，作为欣赏红叶的名所广为闻名。

[②] 指京都城内和城外。

实现一个愿望。菅原道真去世后以牛车运回，菅原道真与牛有着不解之缘。各地的天满宫里一般都会有一个牛的雕像（参见图3-8、图3-9）。

和魂汉才碑。纪念菅原道真的深厚汉学修养。

太阁井。太阁井据说是丰臣秀吉在天正十五年（1587）举行"北野大茶会"时取水的井。

宝物殿（图3-10）。宝物殿类似神社的博物馆，其中收藏展示着皇室、公家、武家供奉的各类宝物，包括国宝《北野天神缘起绘卷》在内，还收藏了很多古文献、刀剑、屏风、茶具等。

茶室。有松向轩、梅交轩、明月舍。天正十五年（1587）丰臣秀吉曾在松向轩的位置召开"北野大茶会"。此处还有细川三斋①曾使用过的井。

文道会馆。神社附属的会场，平时举行各种公演和展览等。

（二）北野天满宫的四季祭祀

北野天满宫的四季祭祀按照民间祭祀、人物祭祀、国家祭祀分类如下。

1. 北野天满宫的民间祭祀

2月立春前一天，节分祭和追傩式。立春的前一天是节分之日（旧历的大晦日）。在这一天会进行追傩式，以消除即将开始的新一年的厄运和疾病。在正殿进行节分祭之后，会在神乐殿表演"北野追傩狂言"，并进行撒豆仪式，发放去除厄运的神签和护身符。

3月15日，祈年祭，祈祷五谷丰登。

6月1日，除雷大祭。摄社火之御子社在天历元年（947）天满宫正殿建立之前就存在于此地，被称为"北野雷公"。神社中最初主要是进行祈雨、丰收的祈愿活动，后来逐渐变成了以祈求驱除雷暴灾害为主。除雷大祭在早上4点举行，遵照古时的规矩，用打火石取火，祈

---

① 细川三斋（1563~1645年），出仕信长、秀吉，任丹后宫津城主。后来移居京都，专心茶事，利休七哲之一，有《细川三斋茶书》。

祷一年五谷丰登并驱除雷电。

6月25日，钻茅圈（"茅轮"）。6月25日的菅原道真诞辰祭也被称为"夏季天神祭"（"夏越天神"），即在夏天来临之时，举行"钻茅圈"活动，祈祷无病消灾。这一天，挂在楼门上的"大茅之圈"直径约为5米，为京都最大。在祭典中也会发放驱除厄运和疾病的小型茅圈，直径为7~8厘米。

6月30日，夏季大祓。在记纪神话中，苏民将来向素盏鸣提供了旅途中的住宿，并将他从苦难中解救了出来。素盏鸣遵循苏民将来的教诲，把茅圈挂在腰上，从此子子孙孙平安繁荣。这便是夏季大祓祭典的由来。祭典当天，正殿正面挂有"茅之圈"（可参见图3-11），16点时会在其前方举行神事。神职人员还会一同钻过茅圈，以消除日常生活中无意识犯下的肮脏罪恶，并祈求除病消灾。在祭典中也会发放驱除厄运和疾病的小型茅圈。

7月下旬（梅雨季节结束时），大福梅干晒制。在院内培育的梅子的果实在经过了梅雨之后被制作成梅干。6月上旬时，将收获并经过盐渍加工的约2.5吨的梅子从大缸中取出，放在帘子上铺开，进行为期4周的晾晒。晒干了的梅子要再次进行盐腌，在缸中储藏到11月下旬。最终制成的梅干会在12月13日到12月25日之间，发放给神社的参拜者。

8月4日，例祭北野祭。该祭典从天满宫创建的第二年就开始举行。从987年开始，在一条天皇的命令下，例祭成为国家性的祭典，也成为天满宫最重要的祭典。祭典中主要祈祷国家安泰、五谷丰登、无病消灾。

8月上旬，七夕祭。七夕神事自古以来就是北野天满宫最重要的祭典之一。七夕神事在天满宫被称为"御手洗祭"，在祭典中会向祭神奉上七夕的诗，以祈求农作物顺利生长，人民无病消灾。还会在神的面前供奉菅原道真喜爱的文具、夏天的蔬菜和御手洗团子等。七夕祭本来被写作"棚机祭"，即"织机之祭"，是祭祀机织之城——西阵地区的氏神"天棚机姬神"（织机女神）的祭典。在祭典中，孩子们会将愿望写在小纸条上，并将这些小纸条装饰在祭坛周围的40多根柱子上，以祈祷学业进步。

11月上旬至12月上旬，红叶苑赏红叶。在开放期间，红叶苑内夜里会点起灯火，进行各种表演，如北野天神太鼓会的献礼演奏等。

11月23日，新尝祭。向神灵供奉当年收获的新谷，感谢神的恩惠。

12月13日，发放大福梅。正月的准备工作从12月13日开始。在这一天，天满宫会发放神社制作的"大福梅"。"大福梅"是在元旦的早晨饮用的祝膳新茶，祈求一整年无病消灾。大福梅起源于平安时代。当时疾病流行，天皇便让贵人们服用此茶，疾病得以治愈。这种茶汤也因此得名"王服"，在每年元旦的时候都会进行品茶活动。此后，人们也纷纷效仿天皇，在元旦饮用茶汤，以避免疾病和灾难，祈求长寿和幸福。由于"大福"二字比较吉利，所以这种茶后来被命名为"大福"。

12月31日，大晦日活动和除夕祭。为了清洁一年来沾染的污秽，迎接新年，天满宫会举行许多仪式。"大祓"就是其中之一。在大祓中会使用人偶，以清除人们在不知不觉中沾染的罪恶。还有"除夕祭"，祈求新的一年能够平稳度过。

2. 北野天满宫的人物祭祀

每月25日，天神之日。菅原道真生于6月25日，死于2月25日，所以每个月的25号是天满宫的法事日——天神之日。每逢25日，神社境内与其周围一带就会举办一场名为"天神庙会"的集市，贩卖食品、杂货、旧衣服、旧工具等，露天的摊位延绵相连，从早上6点一直持续到晚上9点，前来参拜的人们络绎不绝，热闹非凡。天黑之后，神社内会点亮350个石灯笼和250个灯笼，照亮正殿和社殿，营造出一种与白天不同的梦幻氛围。

1月2日至4日，笔始祭和天满书。菅原道真不仅是优秀的政治家；而且是汉诗和和歌的代表歌人；还是著名的书法家，与嵯峨天皇①、小野道风②并称"三圣"。1月2日，在正殿的内部会供奉菅原道真生前爱用的文具，以怀念他的神德。此外，还会进行笔始祭，喜爱书画的人们祈求可以提高书法绘画的技巧。随后会进行天满书的活动，即在新年之时，在天神面前书写新年的第一个字，以祈求提高书法水平。在1月下旬，还会展示参加活动的人们书写的作品。

　　1月25日，初天神。在天满宫每月25日的活动之中，最热闹的就是1月25日的初天神和12月25日的终天神。初天神的活动规模要略大于其他月份，神社境内会设置约1000家露天店铺，参加人数可达15万。当天前来参拜的人中，不少是即将参加考试的考生，或是考生的父亲和兄弟。他们前来参拜，祈求考试合格，并将愿望寄托在绘马匾上。参拜者祈愿的真诚姿态，反映了人们对学问之神菅原道真的信仰。

　　2月上旬至3月下旬，梅苑开放。菅原道真生前非常喜欢梅花，梅苑的梅花被称为"天神之梅"。梅苑种有约50种1500棵梅树，早开的梅花从每年12月中旬的时候就开始打苞，在正月的时候就逐渐开花。每年2月下旬到3月中旬，各类梅花竞相盛放，是梅苑的最佳观赏期。

　　2月25日，梅花祭和梅花祭野点大茶汤。这是在菅原道真的忌日举行的祭典，约有900年的历史。在这一天，会供奉"大饭"和"小饭"，即把蒸好的米盛在一大一小两个容器里。还会进献一种插有白梅或红梅枝的名为"纸立"的特殊供品，以敬仰道真的恩德。在这一天，三光门前广场还会举行"梅花祭野点大茶汤"活动。这一活动源于丰臣秀吉在天满宫举行北野大茶汤的茶会。

　　4月第三周的周四至周日，文子天满宫祭。文子天满宫祭是神社的末社文子天满宫的例祭。

　　4月20日，明祭。菅原道真被藤原氏流放到太宰府，其冤罪得到洗刷的日子是4月20日。因此在这一天要举办祭典向神灵报告冤罪得以昭雪的喜悦。

---

①　嵯峨天皇（786~842年），日本第52代天皇。
②　小野道风（894~967年），日本平安时代的贵族、书法家。

6月25日，菅原道真诞辰祭。菅原道真公出生于承和十二年（845）6月25日。在菅原道真的生日举行的祭典就是其诞辰祭。从祭典的前一天晚上开始，宫司以下神职人员在神社清洁身体，整夜祭祀。

10月1日至5日，芋头茎祭。祭祀从太宰府带回的菅原道真木像，供奉秋天收获的蔬菜和谷物，以表达丰收的感谢之情。芋头茎祭是京都极具有代表性的秋日祭典。在1日的"神幸祭"中，会将天神从天满宫迁移到西京"旅所"。在2日和3日，会在旅所举行献茶祭等祭祀活动。在4日的"还幸祭"中，木像会被运回正殿。在芋头茎祭期间，会在旅所展示用蔬菜和干货装饰的"芋头茎神轿"，在"还幸祭"中人们会抬着"芋头茎神轿"巡游。

10月29日，余香祭。菅原道真在宫中的重阳宴会上咏诗并被赐予御衣，一年后他在太宰府回想此事作诗云："去年今夜待清凉，愁思诗篇独断肠。恩赐御衣今在此，捧持每日拜余香。"这便是余香祭的由来。余香祭曾中断了很长一段时间，大正时代才重新举行。在祭典中，会从全国寄来的诗中选出优秀作品并公布。祭典当日，会用黄菊和白菊装饰神像，人们也会在头上戴上小菊花，进行祭祀。

11月26日，茶叶奉献祭。这是供奉12月1日献茶祭中要用的茶叶的祭典。将在宇治等京都各地生产的碾茶装进茶瓮，按产地分别装入唐式箱子中运送。由采茶女孩带头，运茶队列从第一鸟居一直延伸到正殿，成为了祭典中一道别样的风景。队列10点45分从第一鸟居出发，将茶瓮供奉在神像前，之后会依据古法进行启封仪式，打开存放当年新茶的茶瓮的封口，从中取出茶叶，并用石臼碾制后，供奉给神灵。

12月1日，献茶祭。献茶祭起源于丰臣秀吉在天正十五年（1587）10月1日举行的"北野大茶会"，拥有400多年的历史。祭典中所用的茶叶是11月26日的茶叶奉献祭中供奉的碾茶。京都的"四家元二宗匠"（薮内家、表千家、里千家、武者小路千家、堀内家、久田家）每隔6年轮流在祭典中进行供奉。在献茶式之后，院内各处会设置茶席，参拜的人们也可以一同参与，感受品茶的乐趣。

12月25日，终天神。在天满宫举办法事的日子（每月25日）中，12月25日被称为终天神。终天神作为12月的日常祭祀，会有很多参拜者来访，院内变得十分热闹。大路上的小摊也会比其他月份多，除了卖盆栽、古董、旧衣服、布料之外，还会卖甘蓝、装饰品、盐渍鲑等正月用品。

3. 北野天满宫的国家祭祀

1月1日，岁旦祭。岁旦祭位于一年之始，祈愿皇室繁荣、国家国民繁荣昌盛、世界和平的。人们来神社进行年初参拜，非常热闹。

10月21日，一条天皇行幸始祭。宽弘元年（1004）10月21日，一条天皇首次访问北野社，天满宫被朝廷授予"北野天满天神"的称号。此后，北野天满天神作为皇城守护之神、国家护持之神，被历代天皇所重视。一条天皇行幸始祭就是纪念这一事件的。该祭典曾中断过60多年，平成25年（2013）恢复举行。

二　将门口宫神社

江户时代的义民佐仓惣五郎是平民的怨灵代表，被祭祀在将门口宫神社中。将门口宫神社位于千叶县佐仓市将门町将门山，是供奉平将门大明神和佐仓惣五郎的神社，平将门和佐仓惣五郎都是日本历史上著名的御灵。

平将门是日本第50代天皇桓武天皇的5世子孙，赐姓平氏，是日本平安时代中期关东地区的豪族。平将门举兵反抗藤原氏的暴政，死后民众尊其为坂东英雄，在各地建造将门神社供奉。

在御灵信仰中，能成为御灵的条件之一就是死者是一方俊杰，这一俊杰的含义在很长一段时期内都是和死者的社会地位密切相关的，因此成为御灵的人多为皇族、贵族等，至江户时代，这一地位限制才下降至平民。这也是江户时代产生"义民"信仰的原因。佐仓惣五郎就是江户时代"义民"御灵的代表。

将门神社的建立年代不详，据传是由桓武平氏同族的佐仓城主千叶氏兴建的。宝历四年（1754）佐仓藩主堀田正亮兴建口宫神社祭祀佐仓惣五郎。将门神社和口宫神社原本是两个单独的神社，明治时期合并为将门口宫神社。大正8年（1919）神社拜殿等处失火被毁。

（一）将门口宫神社的空间设施

将门口宫神社是个小神社，大致相当于村社，等级比较低，神社设施比较简陋。

神社位于树林深处，进入神社前，右手侧是十分朴素的手水舍，小小的廊檐下垂着注连绳和白色的纸垂，标示着圣域。简单的参道边，屹立着陈旧的石灯。石鸟居是承应三年（1654）迁宫时由佐仓藩主堀田正信捐建的，中央牌匾上书"将门口宫神社"。鸟居上挂着注连绳。穿过鸟居，迎面是一对狛犬。之后是简单的社殿。拜殿廊下垂着摇铃。

社殿后方是桔梗祠，祭祀平将门的妻子桔梗。神社向南200米还有一处桔梗墓，墓石刻有碑文。据传，因桔梗将平将门和其7个影子武士的区别透露给了敌人藤原秀乡，致使平将门死于此地。据说，这里的桔梗都是不开花的。

虽然平将门和佐仓惣五郎的故事流传于世，但将门口宫神社较为简陋。神社里只有一些简单的神社要素，如手水舍、鸟居、石灯、狛犬、正殿、拜殿。除了鸟居上悬挂的匾额，并没有明显的祭神个人的特色。或者说，如果没有鸟居上的匾额，人们甚至无法知道神社里祭祀着谁。

（二）将门口宫神社的四季祭祀

据有限的资料显示，将门口宫神社的四季祭祀比较简单，只有一次例祭和一次人物祭祀。

8月31日，例祭。名为宫薙祭，取义清理夏天在神社内生长的杂草。祭祀活动包括上奏祝词，上供玉串，打扫神社。

9月3日，相传是惣五郎的忌日，每年当地的大佐仓后人都会举行神事祭祀惣五郎。

从祭祀来看，其例祭只有一次，在多灾的夏季，这正是御灵神社的特征。另外还有一次其祭神的忌日祭祀，完全没有国家祭祀的影子。可以说，祭事也是极尽简单。

北野天满宫是位于御灵信仰顶点的神社，旧社格是官币中社，现在是神社本厅的别表神社，其神社规模和祭祀规模都远远超出了乡间的小神社将门口宫神社，在将门口宫神社甚至已经看不出人神神社的特征了。

从北野天满宫的神社设施来看，其中具有人神菅原道真特色的地方主要是，在神社设施如神门、灯笼等处添加和菅原道真相关的文字、梅纹等，在庭院中种植其喜欢的红梅、红叶，树立与其相关的动物——牛的雕塑、歌颂其业绩的碑文等。另外，神社会有一些附属设施，如茶室、会馆等。从北野天满宫的四季祭祀来看，其中有大量的民间祭祀，亦有大量的人物祭祀，其国家祭祀主要是岁旦祭和一条天皇行幸始祭，即和天皇相关的祭祀。

将门口宫神社虽然和北野天满宫同属御灵神社，但社格为村社，基本为最底层的神社了，规模很小，十分简陋质朴，从表面看来，人神神社的特征完全消失，只看到它作为神社的基本要素。

小　结

在佛教的影响下，日本人在祖灵信仰之外衍生出御灵信仰。御灵是真正意义上的个人人神。人死后成为御灵是有条件的，其中枉死是最重要的条件。祖灵是平和之神，而御灵是暴戾之神，因此人们常常从远方劝请强大的八幡、天满等大神，统御御灵。劝请的大神和当地的小氏神形成主从关系，也成为新的氏神。这是神道的新变化。

第四章 伟人信仰

在祖灵信仰中，祭祀的是集体神，祖灵中没有个人的个性；在御灵信仰中，个人的个性以强大的怨念为标志发挥出来。之后出现伟人信仰，人格神第一次积极地、正面地发挥出个人神的个性。伟人信仰主要包括了皇族贵族信仰、"天下人"藩主信仰、武士信仰等。

第一节 皇族贵族信仰

在日本最早的《古事记》中，天皇已被尊为太阳神天照大神的后裔。由于日本并没有发生王朝更迭，这就造就了被称为"万世一系"的天皇制度的长久延续性，而天皇也就被世世代代的日本人尊为国家民族的象征和精神支撑。大化改新以后，历代天皇和中央统治集团都非常重视从思想形态上加强对民众的控制，而其中最为重要的手段之一就是施行皇室神道，而皇室神道的核心是天皇神化以及"皇权神授"的思想。天皇即为神灵，于是，个人死后成为非怨灵的人格神，就首先从皇族开始了。如，天平宝字八年（764）将淳仁天皇供奉在须贺神社，天长九年（832）将安闲天皇供奉在金峰山神社，承和十年（843）将嵯峨天皇供奉在纲敷天神社，延喜元年至延长元年（901~923年）将推古天皇供奉在都留弥神社等。比较著名的以天皇为祭神的神社有应神天皇（八幡宫）、明治天皇（明治神宫）、桓武天皇（平安神宫）等。

贵族一般是从皇族的旁系发展而至，也具有些许天神的"血脉"。如，养老八年至天平元年（724~729年）将歌人柿本人麻吕供奉在高津柿本神社，仁和元年至宽平元年（885~889年）将宫廷画家巨势金冈供奉在金冈神社，宽弘四年（1007）将阴阳师安倍晴明供奉在晴明神社，正安三年（1301）将歌人藤原师贤供奉在小御门神社，等等。不过，从众多贵族神社的例子可以看出，这些贵族被祭祀为神，并不是因其贵族身份，而是因其在特定领域的高超技艺，如和歌、绘画、阴阳道等。或者说，这些贵族因其在某一领域的高超技艺获得了近似于"祖师"的地位，并被祭祀为神。这一类神社包含了一个特例，即蝉丸神社。蝉丸是著名的日本音曲艺道的祖先神，天庆九年（946）被供奉在蝉丸神社。蝉丸的身份是下层民众，身份低微，却也早在平安时期就被祭祀为神了。因此，贵族神社与其说是贵族神社，不如称其为祖师神社。

一 应神天皇和八幡神

首先，以应神天皇为例，看一下伟人信仰中的皇族信仰。

八幡信仰原本是盛行于丰前国（现大分县）宇佐地区的谷灵信仰，随着铜的产出，成为锻冶、矿产神。铜是铸造佛像的原料，因此，以圣武天皇铸造东大寺大佛为契机，八幡信仰进入日本中央——奈良。贞观二年（860），八幡神从宇佐被劝请至山城国石清水，这就是京都石清水八幡宫。之后受到皇族贵族的崇信，祭神被认定为应神天皇。

应神天皇是日本第15代天皇，被认为是日本历史上真实存在的天皇，[1]应神天皇在位期间被认为是日本历史的开端。应神是其死后的谥

---

[1] 日本历史上溯至神代，一般认为，前几代天皇只是神话中的人物，并不是历史上真实存在的。关于从第几代天皇才是真实存在的历史人物，一种说法是从第10代崇神天皇，另一种说法是从第15代应神天皇。应神天皇在历史学界也并未得到完全的确认，但一般认为，他是真实存在的。

第四章 伟人信仰

号，其生前名字为誉田别命，一般作为祭神称其为誉田别命，通称为应神天皇。《古事记》中记载说，誉田别命生于筑紫国（现福冈县），其母为神功皇后。据说，应神天皇还在母亲腹中时就为神功皇后助威，神功皇后在筑紫的宇美生下了应神天皇。因此，应神天皇也被称为"胎中天皇"、"胎中武神"。应神天皇后来被作为八幡信仰的祭神，被称为八幡神、八幡大菩萨，其母神功皇后也配祀在八幡社中。

关于应神天皇是如何成为八幡神的，其历史过程并不清楚，有的说起源于九州，也有的说起源于畿内。普遍公认的说法是，应神天皇在位时是4世纪末期，正值日本出征朝鲜半岛、平定东国、大和朝廷迅猛发展的时期，他在位41年间，接受来自百济的归化人，积极学习中国的文艺和工艺，奠定了日本文化的基础。于是，应神天皇就和八幡神联系起来了。视八幡神为应神天皇，第一次出现在《东大寺要录》关于弘仁六年（815）的记载中，注解说"是亦太上天皇御灵也"。[1]12世纪末期有一本历史书叫作《扶桑略记》，作者据说是比睿山延历寺的僧人皇圆（净土宗开山鼻祖法然的师父），其中记载了从初代天皇神武天皇至堀河天皇时代的历史。据记载，钦明天皇时代（539~571），在丰前国宇佐郡厩峰山脚下的菱泻池边，住着一位相貌奇异的打铁的老人，当地有一位叫作大神比义的神主，跟随了老人三年。大神比义曾目睹老人化身为金色的鹰和鸽子。有一天，大神比义祈愿说："如果您是神灵的话，请现身在我面前吧。"于是，老人就化身为三岁童子立于竹叶之上，自报家门说："我是第15代应神天皇，是护国灵验威身神大自在王菩萨。"[2]

源赖朝在镰仓设立幕府之后，在鹤冈设立八幡宫，作为源氏的氏神，同时也将其作为武士的守护神，具有了武神的性质。之后，随着武士作为地方官被派驻到日本各地，八幡宫就被劝请至日本各地，八

---

[1] 小倉暎一、「石清水八幡宮創祀の背景」、『八幡信仰』（民衆宗教史叢書2巻）、中野幡能編、雄山閣、2007年、第201頁。

[2] 戸部民夫、『「日本の神様」がよくわかる本』、PHP文庫、2016年、第26頁。

幡神信仰也从各地的武士阶层渗透到庶民中,广泛传播开来。八幡神既是镇护国家的国家神,也是保佑庶民生活的庶民神;既是皇族的祖先神,也是源氏(源氏来自皇族的旁系)的祖先神;同时也是护佑武家的武神。

二　安倍晴明与阴阳道

下面,以晴明神社祭祀的著名的阴阳师安倍晴明为例,来看一下伟人信仰中的贵族信仰。

安倍晴明[延喜二十一年至宽弘二年(921-1005)]是活跃于平安时代中期的阴阳师,精通"天文道"和"阴阳道",处在当时科技、咒术、占卜的前沿,深受平安贵族信赖。安倍晴明从朱雀帝开始,至村上、冷泉、圆融、花山、一条,在共计6代天皇的身边侍奉。安倍晴明是阴阳道的集大成者,在一条天皇的命令之下安倍晴明被作为人神供奉在晴明神社。

安倍晴明出生于延喜二十一年(921)2月21日,《簠簋抄》写道,晴明的父亲是大膳大夫安倍益材,他曾从恶右卫门手中救出一只白狐。这白狐是和泉国信太森林中修行多年的狐仙"葛叶",她幻化为人,来到益材身边,之后两人渐生情愫,便有了晴明。晴明五岁时,偶然间见到母亲化作狐狸原形,被撞见真身的葛叶抛下幼子回到森林中,只给晴明留下和歌一首:"思念若萦绕,寻母和泉国。信太森林里,深处乃葛叶。"[①]按照和歌的指示,长大后的晴明来到信太森林见到了母亲,并继承了强大的灵力。

安倍晴明从小就热爱天文学、占星学,之后则拜在贺茂忠行的门下学习阴阳道。安倍晴明供职于阴阳寮,天德四年(960),也就是安倍晴明40岁时成为"阴阳寮"的天文得业生,后又在天延二年(974)54岁时成为天文博士,负责"天文密奏"这一重要工作。天元二年

---

① 原文为:"恋しくば　尋ねきて見よ　和泉なる　信太の森の　うらみ葛の叶。"

第四章　伟人信仰

（979），安倍晴明59岁时，编写了《占事略决》[①]一书，该书记录了晴明的独门秘籍——六壬式占卜法。在10世纪后半期，新增藏人所阴阳师的职位。藏人所阴阳师直属于天皇，并且独立于阴阳寮，据《中右记》记载，藏人所阴阳师由阴阳寮中最优秀的阴阳师任职。据《朝野群载》记载，长德元年（995），安倍晴明75岁时，与贺茂光荣一同成为首任藏人所阴阳师，成为一条天皇的御用阴阳师。

阴阳道来源于中国古代阴阳五行思想，6世纪左右传入日本，后经阴阳寮在中国阴阳五行思想的基础之上将其完善，并发展成为一种宗教——阴阳道。阴阳寮则是负责阴阳道相关工作的古代国家机构，最初成立于天武天皇四年（675），阴阳道主要包括天文、历法、占卜、除厄、祭祀五个方面。其中，天文及历法，即从自然现象、地理、天体运行、季节和时间推移等现象来解读其背后的阴阳五行原理。古时认为，天体的运动代表天帝的意志，观测天体运动则意味着解读天帝的意志，而国家须顺从天意，若逆之，则招致大祸，若政治或社会上出现动乱，则代表气的平衡被打乱，会以彗星、流星、星食等异常天象来表现，若夏季降雹或出现异常的彗星，此乃社会动乱的前兆。占卜是指阴阳师利用"六壬式占"、"四课三传法"等较为复杂的占卜技术，占卜国家大事和贵族阶层的个人命运；除厄是为了提前消除厄运而进行的专门活动；祭祀是指举办各种祭祀典礼。

安倍晴明的师傅贺茂忠行去世以后，其子贺茂保宪将阴阳道一分为二，"历道"传于嫡子贺茂光荣，"天道"传于安倍晴明。按照《御堂关白记》和《荣华物语》中的记载，藤原道长经常把晴明和光荣一起请到府上，令他们占卜吉凶、预测祸福。由于作为朝廷的官员分别掌管一定的权力，这两派在朝中相互竞争。《续古事谈》一书中，光荣就是作为晴明的对手出现的。在竞争中晴明显示出自己超凡出众的法

[①] 《占事略决》的原版已失传，但有四本抄写版分别是京都大学图书馆所藏清家文库本、前田家尊经阁文库所藏本、宫内厅书陵部所藏土御门家本和京都府立综合资料馆所藏若杉家本。

术，从此以后晴明派方术作为阴阳道的主流发展下来。

安倍晴明的第19代孙安倍有修，被天皇赐予"土御门"称号，自此以后，土御门家被任命为阴阳寮的阴阳头，逐渐取代了贺茂家的地位。土御门家的势力越来越大。特别是室町幕府时期，本属于土御门家的祭祀活动逐渐演变为国家的祭祀礼仪，并形成一种与国家权力紧密结合的祭祀体制。此后，土御门泰福师从山崎暗斋学习垂加神道，把土御门家的阴阳思想与垂加神道的教义结合起来，并吸收其他神道派别的教义思想，创立了土御门神道。土御门神道传承的就是安倍晴明阴阳道，安倍晴明是阴阳道土御门家的始祖，土御门家从镰仓时代至明治时代初期一直统辖着日本官方重要的国家政府机构阴阳寮。

同时，安倍晴明本人作为道行高深的阴阳师也极具个人魅力，是最传奇最知名的一位阴阳师，留下了许多传说故事。

据传说，安倍晴明继承了母亲狐仙的灵力，少年时期就已经能看到常人所看不到的妖怪。《今昔物语》[①]中写道，某日，阴阳师贺茂忠行等一行人乘牛车自皇宫出朱雀门。忠行独自坐在车内，随从徒步。而走在牛车一旁的弟子，一位清秀俊朗的少年不经意望向前方，发现有青面獠牙的恶鬼群辈在悠游夜行，然而除了这位少年，旁人对这一异象毫无反应。于是他急忙告知车内酣睡的贺茂忠行，忠行从窗口探头望向前方果然见一批恶鬼迎面而来，于是他急忙让众人躲到牛车背后，紧接着便施行法术隐去牛车及众人。由于作法及时，张牙舞爪的恶鬼与他们仅仅是擦身而过。此夜之后，忠行发现这位弟子内蕴的天资不可限量。从此，平安京内首屈一指的阴阳师将自己的所学所知"有如腾出瓶中之水"般对这位少年倾囊相授。这位少年，正是安倍晴明。

安倍晴明法力高强。《大镜》记载了这样一段轶闻。花山天皇因弘徽殿女御之死，意气消沉。藤原父子借机怂恿其退位，并将皇位让给道

---

① 『今昔物語集』、岩波書店、1962年、第299-300頁。

第四章 伟人信仰

长女儿诠子所生之子怀仁。天皇受藤原父子的怂恿，半夜偷偷溜出宫，意欲前往花山元庆寺出家。路过安倍晴明府前时，晴明从天象变化中察觉天皇即将让位，于是急命式神开门准备劝言。安倍晴明超乎寻常的观测天象和占卜的能力由此可见一斑。

《今昔物语集》卷二十四本《朝世俗》第十六篇"安倍晴明、随忠行召道藉"中还有另外两个故事。有一个播磨国老僧带着两个由精灵化成的童子前来试探安倍晴明，借口要向他请教阴阳道法，被安倍晴明识破并隐藏了这两个精灵，后来和尚折服，当即写下拜师名帖递给了他。本篇中另外一个故事是这样的：许多贵公子和僧人向安倍晴明问询利用精灵杀人的事情，晴明摘下一片草叶，口中念念有词，向蛤蟆抛去，蛤蟆立即倒地而死。①《今昔物语》中有关于晴明为圆融天皇和皇后藤原诠子举行泰山府君祭，以及僧侣们为了长寿也会请晴明举行泰山府君祭的记载。泰山就是中国山东省的泰山，从汉代的记载中，泰山府君就住在冥府，主宰人间生死。平安、镰仓时期，泰山府君得到了日本皇室和贵族的极大尊崇。由晴明创立的"泰山府君祭"更是安倍家代代相传的祭祀，深受朝廷贵族的重视。泰山府君祭不仅是国家的重大祭祀，同时也是天皇个人的祭祀。《今昔物语》卷十九中所记安倍晴明致祭的故事尤为著名。有位高僧身没沉疴，他的弟子请来晴明为其举行愈病的祭祀，晴明说，高僧的病体已经非常沉重了，即使向泰山府君祈愿，也已极其困难。但是，如果有人能与他互换性命的话，也许高僧还能重回人间。一个弟子表示愿替师傅一死。祭典结束了，高僧身上的病魔终被驱除。不久晴明出来，告知他的祈祷上达后，经过泰山府君的裁夺，师徒两人都被免于一死。

《宇治拾遗物语》中有一篇这样的故事，藤原道长前往法成寺参拜时，随行的一只白狗紧紧咬住他的衣裾，不让他进门，于是道长请来晴明。晴明判断有诅咒道长的东西，埋在大门下面。挖开地下五尺有

---

① 『宇治拾遺物語』、岩波書店、1962年、第308頁。『今昔物語集』、岩波書店、1962年、第300–301頁。

两个素陶杯，用结成十字形状的黄色纸捻捆扎着，杯底有一个朱砂红字。晴明推测施咒的是道摩法师。于是晴明从怀中掏出一张白纸，把它折成飞鸟的形状，让它嘴边衔着一只酒杯，再抛向空中，白纸顷刻间变成了一只白鹭飞向南方，之后便落在一座古宅里，院内坐着一位蓬头垢面、衣冠不整的老法师——道摩。道摩坦白是受藤原显光所托施行咒术的。《宇治拾遗物语》中还提到，有一次，晴明因事前往宫中参谒天皇，碰到了藏人少将。这时，一只鸟飞过少将头顶，遗下一滩鸟粪。见此情形，晴明立刻意识到那只鸟是式神，少将被人施了杀死咒。于是立刻将少将带回自己家中，一整晚都为少将做护身之法。到了黎明时分，有一人来向晴明坦白，说他找了其他阴阳师，企图咒杀少将，而那位阴阳师施法的式神由于晴明的护身法而不能将少将杀死，反而将自己的主人杀死了。

另外，传说安倍晴明可以操纵式神。"式神"又称"识神"，在日本是指能够为阴阳师所驱使的鬼神。"式神"也可以理解为"侍神"，即侍奉其主的神怪或灵体，通常以剪纸而成形，可以通过符咒控制召唤出来，连人的魂魄都可以使用，也有以活的生物做式神的。安倍晴明可以召唤十二神将，为腾蛇、朱雀、六合、勾陈、青龙、贵人、天后、大阴、玄武、白虎、大裳、天空，它们完全服从安倍晴明的指挥。现在晴明神社里有一座一条归桥，相传安倍晴明在此定居后，其夫人对式神感到畏惧，安倍晴明便将式神封印在了一条归桥下。《源平盛衰记》有段内容提到，高仓天皇的中宫建礼门院生产时，两位官员恰巧经过一条归桥。这时，12个童子现身唱歌预言了即将出生的天皇之子的命运："出生的是小皇子，未来会继承皇位。"这12个童子就是被晴明封印在桥下的十二式神。

狐狸的儿子，观测天象，法术高强，操纵式神等故事都为安倍晴明增添了传奇色彩，让他和由他创立的土御门成为阴阳道中的蔚然大宗。

晴明历任大膳大夫、天文博士、主计权助、穀仓院别当、播磨守、

第四章　伟人信仰

左京权大夫等高级官员。史书记载晴明是一个非常有办事能力的官员，经常受到天皇的褒奖。长保二年（1000），晴明受赐"法清院"一爵，成为贵族。长保三年（1001），他任从四位下的权大纳言兼天文博士，这已经超出了从五位上阴阳头的品衔，而后世也定阴阳师的最高品衔为从四位下。安倍晴明于宽弘二年（1005）12月16日（另有9月26日一说）去世，享年85岁。

第二节　"天下人"信仰

随着皇族、贵族登上祭神的神坛，"天下人"作为天下武士的首领，也继而登上了神坛。

日语中有一个词"天下人"，是指"对古代日本政治军事起着重要影响的非皇室实权者，一人之下万人之上的实际掌握国家权力的人"，这种"天下人"主要指源赖朝、足利义满、织田信长、丰臣秀吉、德川家康等人。他们一般是将军大名或是集团领袖，多出身于武士阶层，具有相当强大的政治影响力和民众号召力。这些人虽然凭借文治武功实际操控国家政权，但在身份序列上是低于皇族和贵族的，因此，他们为了维护自身政权的稳定和延续，为了树立执政权威，就选择了死后成神的路线，特别是战国三雄织田信长、丰臣秀吉、德川家康，都是这么做的。如织田信长祭祀于建勋神社；丰臣秀吉死后被奉为"丰国大明神"，祭祀于丰国神社；德川家康被奉为"东照大权现"，祭祀于东照宫。

"天下人"信仰在明治时期以前主要是作为伟人信仰，至明治时期，明治政府为了将中央权力集于天皇，将各藩统合于明治政府，开始创设别格官币社[①]，彰显"忠臣"，"天下人"信仰随之衍变为忠臣信仰。

---

① 别格官币社是日本近代社格制度的格式之一，与官币社位置相当，祭祀对国家贡献巨大并被人民广泛敬仰的人臣，日本国内共有28社。

一　吉田神道与神葬祭

从中世至近世的转换期，吉田神道作为"新神道"确立了，其显著特色是"祭人为神"。在古代，"祭人为神"是有诸多限制的。人魂要成为神灵，一般只能是通过御灵信仰的路线。使之发生改变的，就是吉田（卜部）兼俱［永享七年至永正八年（1435~1511）］。吉田兼俱以前的葬礼是佛式葬礼，人死之后的供奉也由僧侣进行，神道的神职人员非常忌讳触秽，对葬礼唯恐避之不及。吉田兼俱创出吉田流神葬祭之后，吉田家的葬礼不再让僧侣参加，而变为举行吉田神道的仪式，在遗体埋藏地之上建立灵社。之后的供奉既有神式的，也有佛式的。

神道的核心观念之一是净秽观，认为秽会带来灾祸。秽包括死秽、血秽等，死、血等都是污秽的，如女人生孩子、来月经，都是需要避忌的。秽拥有强大的力量，是会传染的，因此为了保持清净，神职人员必须严守禁忌，避免触秽。平安时代，这一思想以京都为中心渗透到日本全国各地的大神社。同时，随着6世纪中期佛教传入，神佛习合，即神道和佛教融合在一起，随着佛教往生观、西方乐土观的传播，祈愿往生不仅仅限于贵族社会，也传播到一般庶民阶层。特别是到室町期之后，寺院和墓地逐渐一体化，特定家族逐渐拥有其特定的菩提寺院。甚至世袭神祇祭祀的家族，例如卜部氏、中臣氏等，其家族葬礼也委托给寺院，也会有人出家念佛，以求往生，如《徒然草》的作者兼好法师，就出自吉田神道的卜部家族。15世纪应仁之乱至17世纪宽文年间，战死者增多，同时，日本各地都开始了寺檀制度（居民归属寺院的制度），佛葬就更加普及。有很多地方甚至出现了叫作"毛坊主"的带发僧人，专门负责葬礼。"毛"即头发，"坊主"即僧人之意。大阪等大都市里，出现了"墓地僧人团体"（日文汉字为"墓所聖仲間"），他们获得幕府的允许，专门从事送葬、遗体处理等工作。[①] 这

---

① 西岡和彦、「明治以前の葬送儀礼」、『神葬祭総合大事典』、礼典研究会編、雄山閣、2014年、第75頁。

第四章　伟人信仰

样，神道神职人员渐渐远离葬礼，葬礼逐渐变为由佛教全权负责。例如，应永九年（1402），吉田神道家的当主卜部兼熙患中风之症，日益严重，自知时日不多，乃出家念佛，不几日就去世了。其葬礼全权委托给寺院的僧人，其子兼敦身为神职，未能参加其葬礼，兼敦在日记中写道："神职之身，实为无力。"①

应仁之乱时，京都吉田神社的吉田兼俱开始提倡"唯一神道说"，致力于神道的独立化，他试图把被佛教侵蚀的葬礼夺回来，开始削弱神道中的触秽意识。吉田兼俱提出，人灵与神灵没有大的区别，"人即为神"，人死之后就可以变为神。关于吉田兼俱的葬礼，史料中未看到相关记载，不过，其死后不久就在吉田神社创建了神龙社，将吉田兼俱祭祀为神龙大明神，据说神社下埋葬着吉田兼俱的遗体。其子吉田兼致的葬礼不详。其孙兼右关于自己的葬礼留下遗言，称自己将化为吉田家的守护神。元龟四年（1573），兼右的葬礼由吉田家自己操办，没有交给佛教的僧人，其遗体葬于吉田神社内，上面修建社坛，称人死后化为灵神。兼右之子兼见［庆长十五年（1610）亡］、曾孙兼从［万治三年（1660）亡］死后，都沿用此法，采取神道式的葬法，在遗体之上修建神社，并留下遗言，让子孙将自己祭祀为灵神。②

当时的神职忌讳死秽，如果要推广神葬祭，就必须解决如何处理死秽的问题。吉田神道发挥祓除仪式的功效，使其超越葬礼之秽。吉田神道十分重视祓词，在葬礼之外的诸种仪式中也多用祓词。吉田神道认为，人的遗体上会汇聚不干净的东西，如果要把人祭祀为神，就在死亡当日把遗体埋葬。这就是所谓的"神葬"，是没有佛式的守夜的。吉田流神葬祭的特征是：僧侣不参加葬礼，举行吉田流派的葬式，在遗骸上面创建灵社，葬礼相当于神道的迁宫仪式。③吉田家在埋藏地

---

① 神社新報社編『神葬祭』、神社新報社、2017年、第18頁。
② 神社新報社編『神葬祭』、神社新報社、2017年、第19-20頁。
③ 西岡和彦、「明治以前の葬送儀礼」、『神葬祭総合大事典』、礼典研究会編、雄山閣、2014年、第78頁。

或者坟墓上修建灵社的做法是和日本的传统习俗相反的，受到近世神道家涩川春海、谷秦山等的严厉批判。①

近世初期，吉田流神葬祭的书开始在各地流传。至宽文年间，神葬祭的体系初成。虽然吉田流神葬祭传播开来，但并不是谁都可以自由举行神葬祭，只有神道的神职人员才可以举行神葬祭，神葬祭并没有普及普通庶民间。直至明治五年（1872）6月28日，明治政府发布太政官布告，禁止私葬，葬礼需委托神官或僧侣，如果有神葬祭的需求，神官也可参与葬礼。至此，庶民也可自由举行神葬祭了。②

吉田家神葬祭的仪式大致如下。人死之后为遗体（灵体）举行祓除仪式，家人着孝服行拜礼，唱祓词。将灵玺放于遗体前的桌子上，香、杨桐树枝也一起摆放在上面。遗体洗净之后穿新衣入棺，同时将祓词也一起入棺。遗体入棺后，傍晚时，家人举行供膳之仪，此时也吟诵祓词。之后在门外点火，开始送葬。队列举着火把、仪仗、神铃、弓矢、长刀等，家人跟随其后。四人持矛，守护着灵柩前行，后面跟随着送葬的人。墓地里已经事先架起鸟居，建起挂着白色布匹的丧屋，将灵柩放置在其中央的位置，举行加持仪式、唱祓词、奉币、唱祝词。这些仪式由家人进行，是葬礼中最重要的部分。之后将灵柩埋于土中，其上放置杨桐树枝。深夜返回家中，在家门口举行祓除仪式，进入家中向灵玺行拜礼、唱祓词。在之后的49天里，每日供膳，第50天时举行祓除仪式，灵玺合祀至祖先灵舍。在墓地里把杨桐树枝移开，或种植杨桐树，或立起石碑。③

将人祭祀为神是吉田神道的创造，这直接影响了丰臣秀吉丰国大明神、德川家康东照大权现的创祀。日本近世出现的"彰显"伟人的人神祭祀，就其根源，并不在御灵信仰，而在吉田神道创造的人神祭

---

① 西岡和彦、「明治以前の葬送儀礼」、『神葬祭総合大事典』、礼典研究会編、雄山閣、2014年、第82頁。
② 神社新報社編『神葬祭』、神社新報社、2017年、第60頁。
③ 神社新報社編『神葬祭』、神社新報社、2017年、第29-30頁。

祀观。①16世纪至17世纪盛行的伟人祭祀,其渊源都可以追溯到吉田家的神葬祭。② 参见图4-1。

二 织田信长、丰臣秀吉、德川家康

织田信长、丰臣秀吉、德川家康的成神都源自其作为"天下人"要号令天下的政治需求。织田信长按照佛式成神,而丰臣秀吉和德川家康的葬礼都是由吉田家主导的,直接体现了吉田家的神葬思想。

织田信长[天文三年至天正十年(1534~1582)]在与本愿寺的斗争中深深感到,要确立绝对的支配权,就要使自己成为超越性的绝对者,因此在"天下布武"即将实现的时候,在安土城内修建了揔见寺,把自己祭祀为神,作为神体,在堂内放置了石头。明治二年(1869),明治政府赐予健织田社的神号;明治三年(1870)改为建勋社;明治8年(1875)列为别格官币社;明治13年(1880),建勋社在京都船冈山落成。

丰臣秀吉[天文六年至庆长三年(1537~1598)]在晚年时为了树立自己的权威,提出日轮受胎说,希望自己死后被祭祀为八幡神,或称新八幡。庆长三年(1598年)8月18日,丰臣秀吉在伏见城病故,当天晚上被秘密运出伏见城,运往阿弥陀峰。在《御汤殿上日记》中记载,他的遗言就是在阿弥陀峰上建筑神庙。③八幡神自古以来就是镇护国家的神灵,武士们也奉其为武神、武家的守护神,在神佛习合的影响下,也称为八幡大菩萨。但是,据《伊达成实记》记载,虽然祭祀为新八幡是丰臣秀吉的遗言,但由于没有获得敕许,所以只好按照吉田神道奉祀为明神了。后阳成天皇为其赐神号"丰国大明神",是从日本的古称"丰苇原中津国"中取了"丰"与"国"二字,因此,庆长四年(1599)神社落成正式迁宫时就命名为丰国神社了。另外,"新

---

① 岡田荘司、『日本神道史』、吉川弘文館、2015年、第186-187頁。
② 神社新報社編『神葬祭』、神社新報社、2017年、第20頁。
③ 市立長浜城歴史博物館、『神になった秀吉』、2004年、第32頁。

"八幡"的神号来自御灵神系的统御神信仰，是由八幡神统摄的御灵，战国时期很多战死的冤魂武士都是被祭祀为新八幡的，因此，新八幡的神号也的确不适合丰功伟绩、寿终正寝的丰臣秀吉。作为后话，庆长三十年（1615）德川家康在大阪夏之阵一役中打败丰臣家，就对丰国神社进行了破坏，剥夺了丰臣秀吉丰国大明神的神号，禁止祭祀丰臣秀吉。在德川的治世，已经不需要丰臣的神社了。至明治元年（1868），明治政府为了否定德川家康的宗教权威，决定再兴丰国神社，明治6年（1873）列为别格官币社，明治13年（1880），京都丰国神社完成了再建。建勋神社和丰国神社的再建是包含了反德川的明治政府意志的。

德川家康［天文十二年至元和二年（1543-1616年）］元和二年（1616）4月17日上午在骏府城去世，当天傍晚就从骏府城运出，埋葬于久能山山顶了。根据德川家康的遗言，创设了栃木县日光东照宫和静冈县久能山东照宫。丰臣秀吉和德川家康的葬礼和祭祀都由京都吉田神社负责。后来德川家康则被称为"东照大权现"。关于德川家康的神号，最初有"明神"、"权现"两个提案，德川家康的近臣僧人天海提议说，明神不吉利，丰臣秀吉死后就祭祀为明神，但最后江山易主，于是最终定德川家康的神号为"权现"。在"东照大权现"的权现一词中，我们也可以瞥见丰臣秀吉和德川家康、神道吉田兼俱与佛教天海的斗争。

织田信长、丰臣秀吉、德川家康都是作为号令天下的"天下人"自己封神，都是伟人信仰，但到了明治时期，在明治政府将其列为别格神社之后，它们就都被吸纳入明治政府的中央集权体系中，转变为明治治下的忠臣信仰，实现了从伟人信仰到忠臣信仰的质变。

第三节　藩主武士信仰

柳田国男在《明治大正史　世相篇》中提到，在明治时期，日本神道发生了很大变化，作为"地方神"，奉祀藩主，尊崇其"人格"，这是日本近代"人神思想的第一次扩张"。柳田国男认为，人神信仰最初的形态是御灵信仰，其第一次扩张就是由"怨灵"的"镇魂"转变为"人格"的"彰显"，具体体现就是藩主信仰。后来靖国神社的信仰是"人神思想的第二次扩张"，在以前的人神信仰中，信仰还只是局限于某个地域，至靖国神社，信仰的范围扩展至日本全国。

在本书中，将祖灵信仰纳入人神信仰的范围，人神信仰经历了祖灵信仰、御灵信仰、伟人信仰、忠臣信仰、"英灵"信仰的阶段，"彰显人格"的伟人信仰从八幡信仰、祖师信仰、"天下人"信仰就已然开始了，至藩主信仰时，伟人信仰进入新的历史阶段，继皇族、贵族、"天下人"之后，地方之主藩主登上人神的祭坛。不过，藩主信仰和"天下人"信仰一样，在前期主要是作为伟人信仰，至明治时期，在明治政府的"忠臣制造"的运动过程中，才逐渐衍变为忠臣信仰。

同时，在江户时代，人神的本体在阶级阶层方面继续下行，至普通武士阶层。普通武士的人神神社分化为两部分，一部分逐渐进入别格神社的忠臣信仰体系，如上杉谦信、藤原秀乡等，这些武士大都以武功著称，多为中上级武士，这种情况将在第五章"忠臣信仰"部分详细探讨；另一部分并未进入忠臣信仰体系，而延续了伟人信仰的流脉，如神奈川县小田原市二宫报德神社祭祀的二宫尊德、滋贺县高岛市藤树神社祭祀的中江藤树等，他们多为中下级武士，并没有卓越的武功，常常以农政学、阳明学等学问闻名。在本节中，选取了二宫尊德作为武士人神的代表进行探讨。

一 德川光国和德川齐昭

藩主神社是日本近代新出现的一种人格神神社，祭祀着本藩杰出的藩主，如常磐神社祭祀水户藩藩主德川光国和德川齐昭、照国神社祭祀萨摩藩藩主岛津齐彬等。与"天下人"祭祀不同，藩主祭祀的成立一般并不是为了统治需要，而常常是感念藩主的功绩而举行的。下面，以常磐神社祭祀的水户藩藩主德川光国和德川齐昭为例，来看一下藩主信仰。

德川光国［宽永五年至元禄十四年（1628~1701）］是江户时代水户藩第二代藩主，谥号为义公。他是德川家初代家主德川赖房与侧室久子的儿子。由于同母兄长德川赖重疾病缠身，德川光国在6岁时成为德川家继承人。宽文元年（1661）其父德川赖房逝世，德川光国成为藩主。元禄三年（1690），德川光国隐退，被授予权中纳言的职位。德川光国退隐后，在久慈郡太田附近的西山庄居住，专心于文学工作。

德川光国继承了其父德川赖房的方针，积极整备藩政，并在水户城下开拓了笠原水道。他在文教政策上的成绩也令人瞩目。德川光国于明历三年（1657）开始着手《大日本史》的编纂工作，在宽文十二年（1672）建立了编纂史书的场所，并命名为"彰考馆"。《大日本史》是用汉文纪传体记载的日本通史，花费了德川光国所在水户藩三分之一的财政支出，可谓是花费巨大。这本书于明治39年（1906）完成，是日本文化发展过程中的大事业。为此，德川光国召集大量学者，他甚至把家臣派遣到京都，目的是收集可靠史料。除此之外，他还推进《礼仪类典》的编纂工作，他甚至计划开始《万叶集》的注释编写工作，并援助大阪学者契冲完成了《万叶代匠记》。德川光国的学问以朱子学为根本，他关于《大日本史》的构想，也是从朱子学的立场出发，意在对历史人物进行道德上的明确评价，全书贯彻大义名分论的尊皇思想。以《大日本史》为代表，成立了"水户学"。

德川齐昭［宽政十二年至万延元年（1800~1860）］是江户幕府末期水户藩第九代藩主，谥号为烈公，也是第十五代将军德川庆喜的父亲。他指导了天保改革，并在嘉永六年（1853）佩里来航前后的幕府握有一定的影响力。德川齐昭在江户小石川的水户藩邸出生，在年少时接受会泽安的教育，学习水户学，文政十二年（1829）成为水户藩藩主。安政二年（1855）德川齐昭参与幕府的军制改革。安政四年（1857），德川齐昭批判幕府的开国政策，努力阻止日本开国。万延元年（1860），井伊直弼政权签订《日美友好通商条约》，德川齐昭责备井伊，受到严厉处分。万延二年（1861），德川齐昭在水户蛰居。

德川齐昭在"内忧外患"之前着手藩政改革，排除保守派的影响，使用各种人才，并在旧有兵法之中导入西洋军备以及军事学。德川齐昭根据检地实行均田制，消除下层农民的贫困问题，并实现了藩政财务基础的再建。德川齐昭设立弘道馆作为藩校，大幅度扩展水户学的内容，以"文武两道"为宗旨，除了儒学、国学等的思想外，也包括天文学、医学等自然科学，成为综合的学科。一般称德川光国时期的水户学为前期水户学，以德川齐昭时期的水户学为后期水户学。水户学宣扬大义名分论，成为尊王攘夷运动意识形态的支柱，也是明治维新的原动力之一。

常磐神社是祭祀德川光国和德川齐昭的藩主神社，它的成立经历了"庭院－祠堂－神社－县社－别格官币社－烧毁－重建"的过程。天保四年（1833），德川齐昭将水户作为藩内的风景地，开始了庭院的造园。天保十三年（1842），德川齐昭从儒教经书《孟子》中的一节获得灵感，将庭院命名为偕乐园，宗旨是"让藩内人民共同娱乐"。明治元年（1868），仰慕义公和烈公的水户藩旧藩士向明治天皇请愿，在偕乐园建立了祠堂。明治6年（1873），明治天皇下旨，赐予其"常磐神社"的社号，并于同年成为县社。明治7年（1874），在现在神社所在地创建了社殿，于5月12日举行了迁座祭，并将此日定为每年的例行祭祀。明治7年（1874），明治天皇下旨，分别赐予义公德川光国与烈公德川齐昭"高让味道根命"、"押健男国之御楯命"的神号。明治15年（1882），常磐神社破格成为官币社，即别格官币社。昭和20年（1945）8月2日，在水户空袭中由于美军的无差别攻击，常磐神社内除能乐殿以外的大部分建筑物被烧毁。昭和33年（1958）重建为现在的常磐神社社殿。昭和43年（1968）建成大鸟居。

藩主神社的建立兴盛于明治时期，这是由于藩主神社集结体现了各地对旧藩主的"家"的共同体的意识。在明治时代，日本国家要将日本各地纳入国家共同体，最方便的方法就是将"藩"的"家意识"纳入明治"国家"的"家意识"，因此，由明治"国家"主导的建立藩主神社的运动就兴盛起来，由此，对藩主的尊崇忠义观念被延长至明治天皇，从而促进了明治国家共同体的建设。

二 二宫尊德

二宫尊德［天明七年至安政三年（1787~1856）］是日本江户时代后期著名的农政学家和思想家，出生于日本相模国足柄上郡柏山村（现小田原市）一个富裕的农民家庭。江户后期自然灾荒和饥馑不断，农业凋零，农村疲敝。尊德幼年时，家境败落，后来父母又相继病逝，尊德不得不寄居在伯父家。他在繁重的劳动中坚持学习，立志复兴家业，18岁时离开伯父家，开始独立生活。经过六年的艰苦努力，终于在24岁时成为拥有一町四反[①]土地的小地主，实现了家业复兴。26岁时成为小田原藩家老服部的青年武士，为服部家制订了重整家业的计划并获成功。此后，他努力将自己所学的知识用于实践，使小田原、乌山、下馆、相马等600余村藩实现了复兴。二宫尊德将为实现天地人三才一圆融合而进行的努力和取得的成果称为报德。二宫尊德认为首先要解决的问题是贫困问题，其报德仕法包括自发自励、开垦土地、储蓄资金、扶持难村等内容。同时，报德精神要贯彻于人的生活整体，其中"至诚、勤劳、分度、推让"是其重要的四纲领。尊德去世后，其弟子继承其事业，在日本许多地方组建报德社，广泛开展报德运动，在兴办信用事业、改良和普及农业技术、振兴农业等方面起到了先驱作用。

明治27年（1894）4月，按照伊势、三河、远江、骏河、甲斐、相模六地报德社的意愿，以二宫尊德为祭神，在二宫尊德诞生地小田原创建神社。明治42年（1909），新建本殿、币殿，改建拜殿，将神

---

① 町和反为日本丈量土地的单位，1町为10反，1反约为1.5亩。

第四章 伟人信仰

社扩建为现今的规模。

  日本近代，即明治、大正、昭和时期创设了大量人神，是一个人神集中爆发式诞生的年代。上至天皇，下至普通武士，都能够以某种契机成为人神。不过，人神中的伟人信仰似乎极少下降至普通平民阶层，虽然江户时代的部分义民也祭祀为神，但基本是走着御灵信仰的路线。随着日本近代国家的创设，臣民教育成为时代潮流，宣扬"忠臣"、"忠诚"的别格神社、招魂社逐渐走上历史舞台。

第四节　伟人信仰的代表——鹤冈八幡宫、晴明神社、报德二宫神社

  下面，分别以天皇社八幡宫、贵族社晴明神社、武士社报德二宫神社作为伟人社的代表，来探讨其作为人神神社的特征。

一　鹤冈八幡宫的空间设施

  八幡宫是日本全国数量最多的一类神社，第二多的神社是稻荷神社。三大八幡宫是指八幡信仰发源地的宇佐八幡宫（大分县）、中转站石清水八幡宫（京都）、扩大发展地鹤冈八幡宫（神奈川县）。八幡宫主要祭祀八幡三神：应神天皇、比卖神（女神）、神功皇后。鹤冈八幡宫位于神奈川县镰仓市，现在的鹤冈八幡宫正殿是文政十一年（1828）江户幕府第11代将军德川家齐修缮的，是代表性的江户时期建筑，与若宫一起被评为日本的国家重要文化遗产。

（一）鹤冈八幡宫的空间设施

1. 鹤冈八幡宫的共性设施

  鹤冈八幡宫的共性设施主要有：鸟居、手水舍、社务所、绘马悬挂处、纳札所、正殿、摄社末社、神社庭院等。

· 111 ·

楼门。即神门，沿着大银杏旁的层层阶梯拾级而上，就是楼门，楼门上写着八幡宫三个大字，其中"八"字是由两只鸽子回首拼成。鸽子是鹤冈八幡宫的神使。参见图4-2、图4-3。

本宫（上宫）。主要祭祀应神天皇、比卖神、神功皇后的社殿。参见图4-4。

车祓所。给新车、爱车祓除灾厄，祈求交通安全的地方。参见图4-5。

祖灵社。祭祀祖灵。

丸山稻荷社。本宫最古老的建筑物，始于室町时期。

大银杏（图4-6）。神社的神树。粗粗的树干上系着粗粗的注连绳。

神苑牡丹庭园。园内种植了大量正月牡丹、春牡丹，每逢牡丹盛开之际都会吸引大量参拜者前来观赏。柳原神池是萤火虫放生祭、金琵琶放生祭的祭场。

2. 鹤冈八幡宫的中性设施

段葛（参道）。为祈祷北条政子安产而建造的参道。位于若宫大路的中心。每逢春天，樱花、映山红争相斗艳，宛如一条"花朵隧道"。

舞殿（图4-7）。静御前曾因思念源义经在此起舞。

若宫社（下社）。在此祭祀应神天皇的皇子仁德天皇和其他三柱神灵。

今宫。宫内祭祀着后鸟羽、土御门、顺德三位天皇。

白旗神社。祭祀着源赖朝、源实朝，是祈求必胜和学业成就的神社。神社门前的白旗神社手水舍以莲花座为基底，石头下面雕有莲花。

旗上辩才天社。位于源平池东部的岛上。创设800年之际（1980年）根据文政年间的古代图纸复原了社殿。许多人效仿当年揭竿而起的源赖朝，向源氏的军旗祈愿。

源平池。春天池边樱花绽放，夏天池中莲花点缀，作为参拜途中小憩的场所深受参拜者喜爱。

3. 鹤冈八幡宫的个性设施

政子石。祈祷夫妇圆满的祈祷石，也称作姬石。

鹤龟石。传说如果用水洗鹤龟石的表面,石头就会变得像鹤龟一样光滑。

源赖朝墓与源赖朝公彰显碑(图4-8)。源赖朝墓为五重石塔,长满青苔,静寂古朴。彰显碑是歌颂源赖朝功绩的石碑。

鹤冈八幡宫研修道场。道场内教授剑道、合气道、弓道、柔道等武道。每年菖蒲祭、例大祭等祭祀活动日会举行演武、武道大会等活动。

风之社咖啡店。参拜者休息区。参拜者可以在此一边观赏水池风景一边休息。

(二)鹤冈八幡宫的四季祭祀

鹤冈八幡宫的四季祭祀按照民间祭祀、人物祭祀、国家祭祀分类如下。

1. 鹤冈八幡宫的民间祭祀

1月4日,手斧始式。这一活动有着悠久的历史,一般在重大的工程前举行。如今这一活动代表着镰仓全部的工程,祭祀活动进行时,镰仓的建筑业者会身穿中世的服装,并拿着中世的道具参与仪式。

1月1日至7日,御判行事。神社的神印按压在参拜者的额头,借此祈愿病愈、除厄、无病息灾。传闻还有使人增长智力的功效,因此,宫内经常见到考生参拜的身影。古时候,奔赴战场的镰仓武士们,临行前都会印上神社的神印。

1月的第2个周一,成人祭。庆祝少男少女们成人的活动。这一天会用"白羽之矢"代替平常祭祀所用的"玉串"。

1月15日,左义长神事。民间的火祭神事。将正月使用的装饰品等物品堆积在源平池进行集中焚烧。意在祓除污秽,祈求丰收。

立春前一天,节分祭。这一天在正殿进行授予弓箭的仪式,并在下拜殿进行鸣弦,之后还会在殿中撒豆子,意在除厄迎春。

2月最初的午日,丸山稻荷社初午祭。2月最初的午日称作"初午"。这一天，以京都的伏见稻荷大社为本社，祭祀全国的稻荷神。

2月17日，祈年祭。祈祷五谷丰登。

3月18日，宇佐神宫遥拜式。

4月2日，由比若宫例祭。由比若宫也称作元八幡，是八幡宫迁来此地前的社殿。始于康平六年（1063）源赖义平定奥州后在归途的祭祀。

4月3日，若宫例祭。若宫中祭祀着仁德天皇、履中天皇、仲媛命、磐之媛命四柱神灵。祭祀时巫女会献上万代之舞。

4月9日，丸山稻荷社例祭。

4月21日，武内社例祭。

5月5日，菖蒲祭。5月5日的端午节，又称作菖蒲节。平安时代，每逢这一天，人们会在宫中举行节会。古时候人们认为，将各种药丸装进袋子里并装饰上菖蒲可以驱邪。菖蒲与日语中的"尚武"同音，武将们喜欢用菖蒲作为盔甲的纹饰。当天下午1点，在舞殿执行神事，奉纳舞乐，祈祷氏子崇敬者的无病息灾和长寿。

5月28日，白旗神社例祭。

6月上旬，萤火虫放生祭。通过养育萤火虫并放生，感受生命的珍贵。当日会在舞殿进行神事，并由巫女献上舞蹈。

6月7日，今宫例祭。

6月30日，大祓、旧神符烧纳祭。通过祭祀仪式，祓除人们的罪恶。

7月7日，七夕祭。牛郎织女的传说从中国流传到日本，与七夕相关的诸多祭祀活动也随之流传到日本。这些祭祀活动与日本当地的信仰融合变化之后，成为了现在的七夕祭。这一天祈祷神与人、人与人之间的结缘。

9月14至16日，例大祭。例大祭共3天，分为14日的滨降式、宵宫祭、15日的例大祭、神幸祭，16日的流镝马神事、金琵琶放生祭。这是每年最重要的祭祀活动。

10月上旬，崇敬者大祭。其间会举行流镝马等神事，并设有"国际交流席"，为在日各国公馆的外国人提供学习日本文化的机会。

10月17日，神尝奉祝祭。每年的神尝祭，人们会将这一年刚收获的新谷献给祭祀于伊势神宫的日本的总氏神，感谢神灵保佑这一年的丰收。

11月8日，丸山稻荷社焚火祭。日本全国稻荷神的总本社伏见稻荷大社在这一日进行焚火仪式，因此，此处的丸山稻荷社也在这一日举行焚火祭。感谢五谷丰登和祈求氏子的无病息灾。

11月15日，七五三祈请祭。日本全国祈祷儿童健康成长的日子。祈求大神加护，祈求儿童健康茁壮成长。

11月23日，新尝祭。献上镰仓市农家的新谷、蔬菜、水果，感谢神灵保佑这一年丰收，祈祷国家繁荣昌盛。

12月31日，大祓、旧神符烧纳祭、除夕祭。

2. 鹤冈八幡宫的人物祭祀

1月5日，除魔神事。本仪式始于源赖朝在幕府下达的命令。日本古时候便有弓箭可以除魔的说法，早晨10点在下拜殿举行本仪式。身穿射手服的射手在下拜殿的西侧进行"除魔神事"。

4月13日，源赖朝墓前祭。

8月立秋前日至9日的蹦蹦祭。共三天，分别为度夏祭、立秋祭、实朝祭。其中实朝祭当日是源实朝的生日。为了纪念源实朝的遗德和优秀的文艺修养，举行俳句会、短歌会。

10月28日，白旗神社文墨祭。10月28日是白旗神社的祭神源实朝被任命为右大臣的日子。为了纪念源实朝的遗德，从昭和19年（1944）开始举行文墨祭，当日会有大量文人墨客来社参与茶会，感受日本风情。

12月16日，御镇座纪念祭。纪念建久二年（1191）源赖朝迁宫的日子。

3. 鹤冈八幡宫的国家祭祀

1月1日，岁旦祭。恭贺新年，祈求皇室繁荣、国家昌盛、氏子崇敬者的繁盛等。凌晨5点开始，7点祭祀结束后，在舞殿进行神乐始式，和例祭一样向神供奉八乙女舞蹈。

1月3日，元始祭。

2月11日，纪元祭。

春分、秋分，两次祖灵社例祭。于每年春分、秋分在祖灵社举行。意在祭祀氏子崇敬者的祖灵和护国的"英灵"。鹤冈八幡宫的祖灵社不仅祭祀祖灵，还祭祀"护国的英灵"，这在众多神社中是较为少见的。同时，我们也应该注意到两点，第一，祖灵社于春秋两次举行例祭，是遵从了祖灵信仰的；第二，"英灵"是和祖灵一起祭祀的，也是春秋两祭，可见，希望"英灵"返回祖灵，返回祖灵信仰，这是人们内心深处的祈愿。

4月29日，昭和祭。4月29日是昭和天皇的生日，为了纪念昭和天皇，每年4月29日进行昭和祭。

11月3日，明治祭。明治祭是庆祝明治天皇生日即11月3日的祭祀，颂扬明治天皇为日本近代化而做出的指导作用，同时祈求皇室繁荣、国家日益昌盛、文化振兴、农业发展、世界和平等。

12月23日，天长祭。纪念平成天皇。

二 晴明神社

晴明神社位于京都市上京区，是晴明的旧宅址。晴明神社可以除厄去病、保佑家庭安全、去除车子的秽气、保佑行车平安等，接受各式各样的祈愿。神社的祭神安倍晴明自平安时代以来就为民众除厄避凶，因此有众多的信徒前来祈求除厄消灾。

晴明神社创建于宽弘四年（1007），一条天皇非常推崇安倍晴明的伟业，为了抚慰天地间的无主荒魂，一条天皇命令在晴明的故居上建造了现在的社殿。根据古籍文献记载，当时建造的晴明神社，东起堀川路，西起黑门路，北起元誓愿寺路，南起中立卖路，相当广阔。但是在应仁之乱后，随着丰臣秀吉建造新都及多次战火的延烧，晴明神社的规模大幅缩减。这个时代不仅失去了各种古书典籍、宝物，神社也一度荒废。直到昭和 25 年（1950）才将神社拓广到堀川路。

（一）晴明神社的空间设施

1. 晴明神社的共性设施

晴明神社的共性设施主要有：手水舍、授与所、绘马舍、社务所、神树、正殿等。

绘马舍。晴明神社非常著名，有很多名人，如导演、演员、作家、漫画家等，前来进献绘马。

神树。晴明神社的神树是推定树龄为 300 年的楠树。

正殿（图 4-9）。神社最深处是祭祀着安倍晴明的正殿，位于神社西南侧。现在的正殿建于明治 38 年（1905）。殿前挂着注连绳和白色的纸垂。檐下垂着摇铃。吊着的纸灯笼上绘着五芒星的社纹。殿前为安倍晴明像和除厄桃。

2. 晴明神社的中性设施

第一鸟居（图 4-10）。在神社中，鸟居的匾额上一般会写上该神社奉祀的神祇的名号，而在晴明神社，第一鸟居最大的的特征是匾额上刻着金光闪闪的社纹"晴明桔梗"，这在全日本也是相当罕见的。"晴明桔梗"又被称作"五芒星"，是安倍晴明所创阴阳道中使用的祈祷咒符。

斋稻荷社（图 4-11）。在正殿的西北侧，是晴明神社的末社。檐下的灯笼上写着"天满社"、"斋稻荷社"、"地主社"的字样。这尊稻荷神曾经供奉于斋院，因此被称为斋稻荷。据说，安倍晴明的妈妈是狐仙，安倍晴明是稻荷神的转世，因此会在晴明神社奉祀稻荷神。这也体现了晴明信仰和稻荷信仰的融合。

桔梗庵。桔梗庵是晴明神社销售纪念品的地方。桔梗花呈五角星形（图 4-12），和晴明的五芒星形状一致，这里命名为桔梗庵，也是纪念晴明之故。

桔梗苑。桔梗苑是晴明神社的庭院，同桔梗庵一样，从其名字可以看出与安倍晴明的关系。桔梗苑内种满了桔梗花，每年夏季，蓝白相间的美丽小花就会丛丛绽放。在桔梗花开的季节，可以从晴明神社买到季节限定版的"桔梗护身符"。

3. 晴明神社的个性设施

旧一条归桥。晴明神社的旧一条归桥是一条归桥的缩小版。相传一条归桥始建于延历十三年（794），现在的一条归桥是平成7年（1995年）重建的，位于晴明神社往南约100米处，与一条大街相连，桥下是堀川。平安时代，一条大街位于平安京的最北端，据说过了该桥便是异界。相传晴明的父亲安倍保名被人杀害后，晴明曾在此桥作法，使父亲起死回生。现在仍留有迎娶或送葬的队伍经过此地会避开此桥的风习。旧桥使用的栏杆主柱，现在也迁移到晴明神社内的旧一条归桥处，再现了一条归桥的昔日风貌。右侧桥栏写着"一条"，左侧桥栏写着"归桥"。参见图4-13、图4-14。

式神石像（图4-15）。神社内旧一条归桥的旁边放置着式神石像。

日月柱（图4-16）。日月柱伫立在参道两旁，威风凛凛。柱子顶端的"日"与"月"分别代表了阴阳道的阳与阴，南方为"日"，北方为"月"，日月石像代表了阴阳道。

四神门（图4-17）。四神门是四神之门，石柱上面刻着四神，即东青龙、西白虎、南朱雀、北玄武，青龙、白虎、朱雀、玄武也是安倍晴明的四个式神。神门上有五芒星的图纹。在野村万斋版的电影《阴阳师》中可以看到，安倍晴明居住于此的时候，每当有客人来访，门就会自动开启又自动关闭。

晴明井（图4-18）。晴明井上也刻有五芒星纹。井前的地面上有北斗七星的图案，这大概和安倍晴明观测天象、占卜吉祥方位相关。晴明井的泉水据说是借由晴明的念力而涌出的，泉水可以生饮，据说可以祛病消灾。根据每年占卜的吉祥方位，在立春之日旋转井水的出水口，使其朝向当年的吉祥方位，涌出吉祥之水。

第四章　伟人信仰

除厄桃（图4-19）。除厄桃位于斋稻荷社门前，桃前刻有五芒星纹。中日两国自古以来都相信桃子具有驱魔的能力。中国道教的道士身背桃木剑为民间驱魔消灾，日本《古事记》的神话中也记载了伊邪那岐从黄泉国逃出时用桃子阻挡追兵的故事，《桃太郎》民间故事更是家喻户晓。据说只要抚摸除厄桃，就可以除却灾厄，确保平安。

安倍晴明像（图4-20）。安倍晴明像也位于斋稻荷社门前，这尊像是依照晴明神社收藏的晴明肖像画所制成，表现了安倍晴明在衣袖之下结手印，远眺星空观测天体的模样。

彰显板。介绍了安倍晴明众多传说中的10个故事。

千利休家宅遗迹石碑。据江户时代的茶书中记载，千利休的家宅曾经就在此地，为了纪念千利休，茶道武者小路千家的家元捐献了石碑。据说，千利休也曾经用过晴明井中的水来煮茶。

（二）晴明神社的四季祭祀

1.晴明神社的民间祭祀

春分，节分星祭。节分星祭就是在春分这一天举行祭祀，祛邪除秽。春分之后，气场转变，由"阴"转"阳"，晴明神社与阴阳道关系密切，因此节分星祭对晴明神社来说是个非常重要的祭祀。这一天，人们会向纸人吹气，将自己身上的污秽转移到纸人身上；会带着豆子到神社祈福；会把旧的护身符带到神社里烧掉。

6月26日，除火祈愿祭。祈愿除火消灾。

秋分，晴明祭。晴明祭是秋季例祭，是晴明神社一年中最重要的祭仪活动。秋分前一晚7点开始是宵宫祭，举行"立汤神乐"仪式。神社的巫女将竹叶浸入煮好的热水中后，在空中来回挥舞，泼洒热水，除去不洁之物。此仪式用以祈求无病息灾、五谷丰收等。从秋分日早上10点开始举行例祭，信众们都会来参加，还会举行献茶、献花的仪式。神社内摊贩云集，非常热闹。例祭的午后举行神幸祭，即神轿的游行。游行队伍除了神轿，还有笛鼓队、花车队、舞狮子等。

11月23日,焚火祭。在神社内燃烧火焰,在静谧中感受神灵的力量。晴明神社以五行说为基础,在阴阳五行中,"火生土",因此焚火祭的目的是通过焚火来复苏土地。

2. 晴明神社的人物祭祀

6月至7月,桔梗花祭。每年6月中旬,桔梗苑的桔梗就会开花,7月达到盛期。人们在欣赏桔梗花开、怡人美景的同时,也缅怀伟大的阴阳师安倍晴明。

9月26日,嵯峨墓所祭。9月26日是安倍晴明去世的日子。人们到嵯峨墓所去,朗读祝词,上供祭品,祭奠缅怀安倍晴明。

3. 晴明神社的国家祭祀

岁旦祭。举行于元旦当天,是一年当中最初的祭事。除夕凌晨零点一过,人们就会从各地涌进晴明神社进行新年参拜。早上6点,从神社内的晴明井中汲出泉水供奉在神前,8点,祭拜四方,祈求当年国家安泰。

三 报德二宫神社

报德二宫神社的祭神是江户时期的下级武士二宫尊德。明治27年(1894)4月,在神奈川县小田原创建了报德二宫神社。明治42年(1909)进行改建,拓展了神苑,形成了现在的神社规模。平成6年(1994),举行了创建100周年纪念祭。报德二宫神社现在是神社本厅别表神社。

(一)报德二宫神社的空间设施

1. 报德二宫神社的共性设施

报德二宫神社的共性设施主要有:鸟居、手水舍、社务所、绘马悬挂处、社殿、庭院等。

祈祷殿。檐下悬挂着注连绳和纸垂。最初为宝物殿,后来,宝物殿的物件都展示到了报德博物馆,这里就用作祈祷之所了。当正殿

（图4-21）因举行祭典无法使用时，可以在祈祷殿祈祷。

社殿。明治42年（1909）改建。建筑样式为神明造。拜殿檐下悬挂着注连绳和纸垂。据说，天保大饥馑时，遵循藩主大久保的命令，二宫尊德打开小田原城的米仓，把米递到饥民的手上，因此，小田原城内没有出现一个饿死者。后来，就用当年米仓的础石做了报德二宫神社拜殿的基石。

2. 报德二宫神社的中性设施

报德二宫神社中没有明显的中性设施。

3. 报德二宫神社的个性设施

报德二宫神社的个性设施包括：二宫金次郎像（图4-22）、二宫尊德像、佐佐井信太郎歌碑、福住正兄颂德碑、报德博物馆。

二宫金次郎像是少年二宫尊德的典型形象，表现了他一边负薪行走一边读书的样子，赞扬了他在困境中积极向上的精神。现在日本各地都有二宫尊德负薪读书像。

二宫尊德像。壮年二宫尊德的形象，左手持账簿，右手持笔，提倡节俭节制相互谦让。

佐佐井信太郎歌碑。纪念佐佐井信太郎的歌碑。佐佐井信太郎一生致力于研究、实践、宣传报德精神。

福住正兄颂德碑。福住正兄是二宫尊德的四大弟子之一，是创建报德二宫神社的中心人物。福住正兄忠实的实践着二宫尊德的教诲，把报德思想传播到后世。

报德博物馆。纪念二宫尊德的博物馆，陈列着二宫尊德的书信、史料等。

（二）报德二宫神社的四季祭祀

1. 报德二宫神社的民间祭祀

1月1~7日，新年祭祀。新春献灯祭、名人慈善绘马展等。展示、销售诸多名人设计的绘马。参见图4-23、图4-24。

1月2日，笔祭。将旧笔祓除、焚毁。

4月15日，例祭。一年中最重要的祭祀。明治27年（1894）4月15日创建了报德二宫神社，因此以此日为例祭日。

6月30日，夏季大祓。为迎接下半年，将上半年的污秽祓除干净。将麻或纸的碎片撒到人身上进行祓除。也采取纸人祓除法，在纸人上写上自己的名字、生日，抚摸纸人，向纸人吹气，然后把纸人交给神社祓除。从6月下旬开始在神社里设茅圈，供人们"穿茅圈"。

12月31日，除夕大祓、除夕祭、旧符烧纳祭。将一年的污秽祓除，感谢神灵，祈祷福祉，迎接新年。将旧神符拿到神社烧掉。

2. 报德二宫神社的人物祭祀

9月第3个周日，神德景仰祭。感谢秋收，感谢二宫尊德的神德。

3. 报德二宫神社的国家祭祀

1月1日，岁旦祭。

2月11日，建国祭，即纪元祭。

小　结

伟人信仰主要包括了皇族、贵族、"天下人"、藩主、普通武士等各个阶层的伟人的信仰。皇族信仰主要来自神话中对天皇的神裔血脉的描述和天皇本人的丰功伟绩，贵族信仰主要是技艺技能方面的信仰，"天下人"信仰主要源自高级武士统治天下的政治需求，藩主和武士信仰源自明治国家将藩内的忠诚心吸纳至明治中央集权国家的政治需求。这些信仰都始自伟人信仰，但其中的"天下人"信仰以及部分藩主、武士信仰却于明治时期被纳入培养忠臣的忠臣体系，发生了质变。也就是说，至明治时期，伟人信仰分化为延续的伟人信仰和断裂质变的忠臣信仰。

可以看出，在伟人信仰的神社中，空间方面主要的人神特色是通

第四章 伟人信仰

过文字、图纹在神社共通设施上添加人物个性，或者在庭园里树立雕塑、石碑等。另外，神社会有附属的会场、道场、茶室等。四季祭祀方面，在传统民间祭祀的基础上，会有一些纪念个人的节日，一般是个人的诞辰、忌日、重要日子等。大的神社国家祭祀主要是皇室祭祀和历代天皇祭祀，小的神社国家祭祀主要是新年的岁旦祭和国庆节。

第五章　忠臣信仰

　　进入明治时代以后，日本大力推行国家神道，建立了众多神社，掀起了明治时代的神社潮。大隅和雄认为，明治时代的日本神社潮主要包括三种倾向。第一，将日本历史上重要的天皇祭祀为神，创建神社。如祭祀明治天皇的明治神宫，祭祀桓武天皇的平安神宫，祭祀后醍醐天皇的吉野神宫，祭祀后鸟羽、土御门、顺德三天皇的水无濑神宫，祭祀安德天皇的赤间神宫，等等。第二，创建忠臣神社。祭祀南朝武将的神社，如祭祀楠木正成的凑川神社；幕末志士的神社，如祭祀西乡隆盛的南洲神社；近代的军人神社，如祭祀乃木希典的乃木神社、祭祀东乡的东乡神社。第三，把明治维新时的战死者的灵魂祭祀在招魂社，明治12年（1879），东京招魂社改称靖国神社。同时，日本各地都建有招魂社，昭和14年（1939），各地的招魂社改称护国神社。[①]

　　可以说，明治时代是一个祭祀所谓"明君忠臣"的时代，而"忠臣"就包括了"个体忠臣"（忠臣神社）和"群体忠臣"（靖国神社、护国神社）。本章主要探讨忠臣神社的创建，剖析忠臣信仰在人神信仰史上的质变。

[①] 大隅和雄、『日本文化史講義』、吉川弘文館、2017年、第155—156頁。

第五章　忠臣信仰

第一节　从"国民"到"臣民"

明治时代到昭和 20 年（1945）日本二战战败期间是日本近代国家创设期，在创设"国家"的同时，也必须创设"国民"。虽然明治初期的"国民"标准是相信科学的、民主主义的、能够进行民主选举的"国民"，但日本社会长期以来的滞后性使这一目标无法实现，"国民"目标不得不走向了"臣民"，"国民＝臣民"教化成为当时社会的主流政治意识形态。

一　臣民身份的设定

明治 23 年（1890）10 月 30 日，明治天皇发布《教育敕语》[①]。《教育敕语》明确把日本近代国家的"国民"定位为"臣民"，明晰了天皇和"国民＝臣民"的上下关系，并规定了"臣民"的道德规范和行为准则，如忠孝、礼义、节俭、友善等，把天皇与祖先结合一起，"子孙＝臣民"，强调忠孝不二，把天皇定位为国体之精华。《教育敕语》以家族国家观为基础，要求学生对天皇国家的绝对忠诚和服从，其后，这些要求逐渐由对学生的要求变为国民规范。

日俄战争后，日本财政紧张状况进一步加剧，市町村财政趋于枯竭，各种社会矛盾也日趋激化，发展地方经济，拓展财源，成为重要的政治内容。明治 41 年（1908）10 月 13 日，明治天皇发布《戊申诏书》[②]，提出在发展地方经济的同时，要勤俭、信义、自强不息等，道德色彩进一步被强化。以《戊申诏书》为标志，正式开始地方改良运动，促进地方的自力更生。地方改良运动的内容主要包括：①实行产业组合法，推行报德社运动；②掀起町村是运动[③]；③推行地方改良讲习会

[①] 见文部科学省主页：http://www.mext.go.jp/b_menu/hakusho/html/others/detail/1317936.htm（2019 年 4 月 8 日）。

[②] 见文部科学省主页：http://www.mext.go.jp/b_menu/hakusho/html/others/detail/1317938.htm（2019 年 4 月 8 日）。中译文可参见『民力涵養に関する施設及成績概要』、岩手県、1922 年、第 3-4 頁。

[③] "町村是运动"即"町村是调查运动"，在此调查的基础上，日本开展了产业振兴运动。

运动，实行道德主义。

　　大正8年（1919）3月1日，原敬内阁内务大臣床次竹二郎发布《战后民力涵养内务大臣训令》①，提出民力涵养五大要纲②，以此为标志，民力涵养运动开始。民力涵养运动是一场国民教化运动，除了产业经济政策、社会政策（阶级协调、生活共济）之外，精神教化依然是十分重要的内容。20世纪三四十年代，日本又先后发起乡土教育运动、地方文化运动，培养人们"爱乡土爱国家"的情感。

　　在这几次运动中，要求国民戒除轻佻浮薄，强调质朴刚健、淳厚中正的古典精神，重视日本传统节日习俗，规范仪礼，并逐渐使其国家化。在明治初期被鄙视为落后文化的地方民俗在这一时期变身为"民族文化精华"，例如，强调敬神崇祖，强制要求各家各户设置神棚，奉祭伊势大麻③；强制要求挂饰门松、注连绳，鼓励七五三、初诣、神前结婚仪式等；鼓励在自治奉告祭、迎送出征士兵、三大节等有重大事项时，在氏神神社集会，进行集体参拜；指定仪礼服装，提倡严守时间，规定集会方式等，以此统一人们的思想和行动。昭和16年（1941）文部省出版《臣民之道》、《国民礼法》，推行仪式、仪礼、纪念日等，在《解说礼法要项》④中，将国民礼法分为皇室国家礼法、家庭生活礼法、社会生活礼法三部分。

　　节日和仪式是身份最重要的载体和演示方式。节日是固定的、年复一年循环出现的，具有规律性和重复性。通过复兴传统节日、规范臣民仪礼，使人们经常有机会聚集到一起并亲身参与仪式，这样就使个人能够经常确认自己对臣民身份的归属，在常年的参与中潜移默化

---

① 「戦後民力涵養に関する内務大臣訓令」内務省訓第94号、『民力涵養に関する施設及成績概要』、岩手県、1922年、第11–13頁。
② 「戦後民力涵養に関する内務大臣訓令」内務省訓第94号、『民力涵養に関する施設及成績概要』、岩手県、1922年、第12頁。
③ "伊势大麻"即伊势神宫的神符。
④ 《解说礼法要项》中《礼法要旨》的内容可参见：文部省制定、九華会编『解説　礼法要項』、文淵閣、1941年6月、第1–2頁。

地接受自己的臣民身份，从而实现对臣民身份的自主认同，并在集体参与中实现集体的臣民化和臣民的集体化。

明治时代"国民"被动成为"臣民"的过程，真实反映出意识形态对作为主体的个人的身份进行的篡改。①"臣民"这一身份不是国民自发、自觉的认同，而是政府专断的设定，是对"国民主体"的篡改。国民被召唤进入家族国家观的温情世界，被动接受了臣民身份，但是，在"忠良臣民"、"子孙臣民"、"君臣大义"、"祖宗遗训"等温情修辞的感召中，臣民身份由被动接受变成了主动负责，其行为也随之受到臣民身份的诸种约束。于是，近代国家的"国民"堂而皇之地被修改，同时国民也积极主动地变为天皇陛下的忠良"臣民"。

二 国家神道与别格神社

明治维新后，政府扶持神社神道，宣布政教合一，将神社神道定为国教，即国家神道，由政府出资资助。

庆应三年（1867），江户幕府将大政奉还于朝廷，近代天皇制政权的历程由此开始。翌年，设立了神祇事务科，中央政府的神祇机构名副其实地恢复起来。随后，神祇事务科变更为神祇事务局，位居各事务局之首。同年，太政官宣布祭政一致，恢复神祇官，并提出神道国家化的设想，要把全国神社一律划归新政府直接控制。

明治四年（1871）5月，太政官将全国的神社作为"国家宗祀"，废除神职世袭家系，实行选任神职人员制度，与此同时，引入社格制度。从伊势神宫到全国的神社神职世袭家系被废除，全国的神社被分为官国币社（官社）和府县社以下的神社（诸社），并设神职人员。

明治8年（1875），由宫内省的式部寮管辖神社祭祀，神社的事务

---

① "意识形态对作为主体的个人的篡改"是路易斯·阿尔都塞在《意识形态和意识形态的国家机器》（1970年6月发表于《思想》杂志第151期）中的主要观点。意识形态通过渗入认知结构召唤个体进入场所，给予他定位和"身份"，进而，个体以双重方式被建构成主体，即，通过屈从转为主动负责，并受想象的身份限制。虽然阿尔都塞低估了主体的能动性，但意识形态的渗透作用不容忽视。

则由内务省社寺局掌管。明治15年（1882），废除了神官兼任的教导职，决定神官不再参与葬仪。这样一来，神官就转化为原则上既不参加教化活动，也不主持丧葬仪式的宗教官僚，与国民生活意识的距离与日俱增。祭祀与宗教分离的政策达到了废弃神社神道的宗教功能的效果，从而使得神道走上了国家神道体制的道路。这一国教缺乏内容，徒具形式，完全由国家将其重新授予国民。就这样，神道作为立足于天皇制的正统神话和崇拜天皇为现人神的古代信仰完全固定下来，通过封锁自我发展之路，对国家发挥了最有效的政治、思想上的功能。

日本的国家神道本质上是从精神上控制国民、奴役群众的手段，其具有明显的政治性。国家神道是明治政府根据自己的需要和利益，有目的地创造出来的，用以影响当时的意识形态，巩固明治政府的统治和合法性，是一种在国家保护下的为其政治目的和利益服务的宗教，与神社神道的本来宗旨是不同的。

虽然国家神道把19世纪中叶以前各系统的神社都重新编入以崇拜天皇为主的范围内，但是符合国家神道思想的神社还是极少数。所以，明治政府不得不对伊势神宫及各神本身的内容进行改造，造神运动就这样开展起来。许多忠于天皇的臣子或为效忠天皇献身的将士成为了新的"神"，政府为其修神社，造祠宇，以教化民众，使那些为效忠天皇而献身的"冤魂"得到"成神"的褒奖并继续发挥尊皇榜样的作用。这就是别格神社的兴起。

第二节　从怨灵楠木到忠臣楠木

在明治国家创设臣民身份的过程中，神道衍变为国家神道，御灵信仰和伟人信仰中也衍生出忠臣信仰。明治时期的别格神社是专门祭祀忠臣的。这一时期，织田信长、丰臣秀吉、德川家康不再是君临天下的"天下人"，而成为忠于天皇的天下代理人，楠木正成、上杉谦信

第五章　忠臣信仰

不再是能征善战的武士或战死沙场的御灵，而成为辅佐天皇的左膀右臂。忠臣信仰的质变是从祭祀楠木正成的凑川神社开始的，下面，我们探讨一下楠木正成信仰从御灵信仰质变为忠臣信仰的过程。

一　楠木正成

楠木正成［永仁二年？至建武三年（1294？~1336）］，为镰仓幕府末期到南北朝时期著名武将。他在推翻镰仓幕府、中兴皇权中起了重要作用。在元弘元年（1331）的元弘之变中，正成参加后醍醐天皇发动的倒幕运动，举兵赤坂。元弘二年（1332）据守千早城，大破幕府征讨军，促进各地反幕军的兴起。建武政权建立后，楠木正成以其战功任河内、和泉的守护和河内的国守。建武二年（1335）足利尊氏举起反旗，楠木正成同新田义贞联合，击退足利尊氏。建武三年（1336），足利尊氏从九州卷土重来，楠木正成迎击，在摄津凑川之战中兵败自杀。楠木正成一生竭力效忠后醍醐天皇，明治时代起以其为忠臣与军人之典范，被尊称为大楠公，祭祀于凑川神社，追赠正一位。

二　作为怨灵的楠木正成

楠木正成兵败自杀，这是非常典型的御灵信仰体系。《太平记》［应安七年（1374）前后］第二十三卷中记载了大森彦七盛长被楠木正成的亡灵所滋扰的故事。[①]

大森彦七，即大森盛长，又名彦七，在1336年的凑川之战中，打败了楠木正成军，并因此获得了很多赏赐。某日，大森盛长在山间赶路时，路遇一迷路的妙龄美女，盛长出于好意背她前行，谁料美女化为八尺恶鬼，抓住盛长的头发要把他揪到空中，盛长与她扭打在一起，家臣们也急忙赶来，恶鬼便忽然消失不见了。

几日后，演奏猿乐之时，只见一发光物从海上飘浮而来，转瞬间，

---
① 諏訪春雄、『日本の幽霊』、岩波書店、1988年、第151–155頁。

骑马武士护卫着的轿子就停在了伸展到舞台上空的树枝上。从云中传来了说话声:"吾乃楠木正成,有话奏于大森彦七殿下。正成存命之时,虽灭北条高时一家,安后醍醐天皇之心,但足利尊氏、直义兄弟怀抱邪心,因此忠臣义士抛尸战场,为阿修罗之部下,愤怒之情不止。正成欲与彼重建天下,故需贪嗔痴三剑。二剑已入手,剩余一剑原为平家恶七兵卫景清所有,现为你的腰刀。奉先帝后醍醐敕命,正成禀知。速速奉上。"话音刚落,雷声大作。盛长怒视天空,拒之说:"无论如何拒不相与。请速速归去。"那发光之物就迅速飞回海上去了。

四五天之后,风雨交加、电闪雷鸣之夜,楠木正成的亡灵和后醍醐天皇、护良亲王、新田义贞、平忠政、源义经等保元之乱、寿永之乱的怨灵一起出现了。虽然大森盛长也把它们驱走,但此类事情一直持续,盛长就日渐发狂起来。

盛长周围的人说:"据说这些妖物惧怕弓弦之声。"便令武士每夜射弓,但空中笑声不断、怪异不止。之后又命阴阳师画符封门,但咒符皆被看不见的东西撕下,全无效果。当大家穷途末路之时,盛长的一个亲戚,也是一个僧人,说:"今所现恶灵乃阿修罗之部下,欲平息需念大般若经,别无他法。"因此,招来众僧,日夜诵读大般若经,刹那间天空阴霾,云上传来车马驰骋、剑戟干戈之声,最后天空终于放晴了。盛长的狂乱之症好了,正成的怨灵之后也再也没有出现过。

明治30年(1897),大森盛长背女鬼的故事还作为新歌舞伎十八番之一,由九代目团十郎上演。楠木正成战败沙场,化为怨灵,作祟于敌人。长期以来,在日本人的心目中,楠木正成都是作为中世怨灵而存在的。

三 化身忠臣的楠木正成

楠木正成由中世怨灵化身为忠臣,始于近世初期的水户学。

水户学的创始人德川光国在《大日本史》中提倡吉野正统论,他一边传播吉野的悲惨历史,一边宣扬楠木正成的孤忠,终于在元禄五年(1692),在楠木正成战死之地凑川建立了一块墓碑以彰显其精忠,

第五章　忠臣信仰

上面写道：呜呼忠臣楠子之墓。德川光国的这一行为对后世产生了很大影响，世人知晓了楠木正成的精忠，特别是在幕末动乱时期，激励了无数人发奋为国效忠。后期水户学派的会泽安主张将楠木正成这种为国家做出卓越贡献的忠臣武士作为神祭祀起来。水户学派非常崇拜楠木正成，每年在其忌日的时候都要举行祭祀。楠公崇拜的思想在幕末期的尊攘派志士之间尤其被推崇，在楠木正成忌日的时候，尊攘派的志士们就会聚一堂举行楠公祭，并在全国各地创建楠公社，将楠公的忠灵当作神来祭祀。

后来，举行楠公祭的时候也同时从祭为国殉难之士的灵魂，这便是招魂祭的由来。据有关记录记载，最先将他们一起祭祀的是和泉守真木，他在举行楠公祭的时候，也同时从祭了在文久二年（1862）伏见的寺田屋事件中殉难的有马正义等萨摩藩的八名志士的灵魂。此外，文久四年（1864）5月25日，山口藩主毛利庆亲自在明伦馆主持楠公祭，并在祭典中从祭了村田清风、吉田松阴、来原良藏等17人。据说，根据佐甲但马庆应元年（1865）5月14日向山口藩提出的建议，山口藩每年举行楠公祭的时候也会同时从祭为国殉难者的"英灵"。

根据上述说明，可以很明确地看出楠公祭和招魂社的紧密关系[①]以及招魂社产生的由来。可以说，凑川神社、靖国神社，虽然它们后来各自以独特的形式发展起来，但究其根源，都源自将御灵信仰修改为伟人信仰并纳入忠臣信仰的"创造"。

第三节　忠臣信仰的代表——日光东照宫、常磐神社、凑川神社

忠臣信仰集中体现在别格社方面，除了靖国神社，别格社的祭神

[①] 以上内容参考了：小林健三·照沼好文，『招魂社成立史の研究』、锦正社、1969年、第39-51頁。

以武士为主。这些武士神社一开始都是基于御灵信仰或伟人信仰成立的，在日本近代建构"国家共同体"的忠实"臣民"的时候，在政府的主导下，这些神社被选为别格社，形成了忠臣信仰。上至将军，如德川家康；中取藩主，如德川光国、德川齐昭；下至普通武士，如楠木正成，都由历史上的伟人、御灵化身为近代的"忠臣"。下面以日光东照宫（将军）、常磐神社（藩主）、凑川神社（武士）为代表，探讨忠臣社的特征。

一 日光东照宫

日光东照宫位于栃木县日光市，是供奉德川幕府初代将军德川家康的神社。德川家康天文十一年（1542）十二月二十六日诞生在三河国冈崎城（现爱知县冈崎市），经历了艰苦的年少时期，后来平定战国乱世，确立了幕藩体制，形成了当时的社会秩序和组织形式，并主张劝学兴业，奠定了江户时代长达260年间的社会和平和文化发展的基础，对近代日本的发展做出了重大贡献。

德川家康于元和二年（1616）四月十七日在骏府城（现静冈县静冈市）以75岁高龄结束了一生，随即其遗体神葬于久能山。遵从其遗言，第二年即元和三年（1617）四月十五日，遗体从久能山搬送至日光。四月十七日，正式迁宫，以二代将军德川秀忠为首，举行了严肃的公武参列，东照宫正式建社。宽永十三年（1636），三代将军德川家光进行了重建，形成了现今主要的社殿群。正保二年（1645）赐予宫号，称其为东照宫。明治6年（1873）列格别格官币社。

（一）日光东照宫的空间设施

日光东照宫的空间设施按照共性设施、中性设施、个性设施分类如下。

1. 日光东照宫的共性设施

东照宫的共性设施主要有：鸟居、参道、手水舍、社务所、神乐殿、社殿、三神库等。

参道（图5-1）。沿途有威严的石灯和高耸庄严的古树。

三神库（图5-2）。上神库、中神库、下神库合起来总称为三神库，里面保存着祭祀时使用的马具和服装饰品等。

2. 日光东照宫的中性设施

奥宫。德川家康的墓地，设有拜殿、宝塔。德川家康按照吉田神葬式，连夜安葬，并在其葬地建起神社，为东照宫。佛式的德川家之墓在东京宽永寺。

阳明门（图5-3）。日本最为美丽的代表性门类建筑，被誉为是宫中正门。据说，阳明门完美至极，为防止天神嫉妒，特地把一根柱子上的花纹画倒了。阳明门左右两侧是回廊，外壁雕刻有日本最大规模的花鸟雕刻作品。

唐门（图5-4）。全身用胡粉涂白，雕刻有"舜帝朝见之仪"等雕像。

睡猫（图5-5）。色彩鲜艳的鎏金牡丹环绕着一只睡猫。据说，睡猫的寓意是，在江户时代，鼠辈消失殆尽，负责社会治安的猫都可以睡觉了，以此歌颂天下太平、德川治世。

3. 日光东照宫的个性设施

神厩舍。神厩舍是神马的马厩。日本人认为猿猴是保护马匹的生物，因此在门框的横木上雕刻有8组猿猴，反映了人的一生。其中以"勿听猿、勿言猿、勿视猿"（取意《论语》中的"非礼勿视，非礼勿听，非礼勿言"）的三猿雕刻最为著名。参见图5-6、图5-7。

五重塔（图5-8）。庆安三年（1650）由若狭国（福井县）小浜藩主酒井忠胜奉纳。文化十二年（1815）遭遇大火，其后文政元年（1818）由小浜藩主酒井忠进组织重建。

钟楼、鼓楼（图5-9）。晨钟暮鼓楼。

武德殿。最初为参拜者休息处，昭和6年（1931）改建为武德殿。武德殿的建筑是日本的国家物质文化遗产。现在用于武道练习馆。

宝物馆。展览馆，展示着德川家康用过的物品、朝廷赐予品、大名进贡品、神社祭祀用具等。

日光东照宫美术馆。昭和初期的近代和风建筑，内部展示着拉门、屏风、挂轴等100件美术作品。

（二）日光东照宫的四季祭祀

1. 日光东照宫的民间祭祀

1月1日至8日，新年特别祈祷。

2月3日，节分祭。立春前一天，即2月3日举行的神事活动，由50名左右担任侍奉人员的成年男女为祈求开运，去除厄运而撒豆子。

2月，祈年祭。

3月，献谷大祭。为表达收获的喜悦以及对神明的感谢举行的盛大的献谷祭祀活动。

5月，清扫栗石奉告祭。栗石指的是东照宫内铺设的原石。清扫栗石奉告祭是东照宫春季例大祭之前举行的清扫栗石的传统活动，已有370年以上的历史。

5月，献酒祭。将酒供奉给神明。

6月，神田御田植祭。在这一天，模拟农业耕作以祈求农业丰收，是新春时作为预祝表演的田间娱乐。其时正值开始种田的时期，所以称为"田植祭"。

6月30日，大祓。也叫作水无月大祓，水无月是阴历六月的别称。在每年6月及12月的最后一日，全国各地的神社会举行消除半年以来的罪孽与污秽的祭祀。

10月15日至20日，献果展。与菊花展一起，作为秋季祭祀活动的一环。

10月17日，秋季例大祭。

10月27日至11月10日，菊花展。与献果展一起，作为秋季祭祀活动的一环。

11月，神田拔穗祭。拔穗祭是为庆贺神宫农作物丰收而举行的水稻收割祭祀活动。

11月23日，新尝祭。

12月，扫煤祭。扫煤祭是日光市12月的传统节日，将一年间积攒的灰尘和污垢仔细清除，为迎接新年做准备。

12月31日，大祓式（师走大祓）。"师走"是阴历十二月的别称。师走大祓是在年末时祛除犯下的罪孽与沾染的污秽，以纯净的身心迎接新年。

12月31日，除夕祭。在一年的末尾，举行宴会活动，庆贺平安，忘却一年的烦恼和辛劳。

2. 日光东照宫的人物祭祀

5月17~18日，春季例大祭、神事流镝马。"日光东照宫春季例大祭"是每年在德川家康死后的一个月，即5月17日起为期两天的祭祀活动。其中17日举行"流镝马神事"骑射活动，在约200米长的马场中奔驰，需连续射发3箭。流镝马是在距今约500年前，由担任朝廷护卫的武士们所举办的活动。当时这一活动由源赖朝奉纳给鹤冈八幡宫。室町时代，流镝马衰退，至江户时代由八代将军德川吉宗复兴。5月17日及10月16日在表参道设置特设马场，举办由小笠原流所奉纳的"日光东照宫神事流镝马"活动，可以一睹骑射的风采。

5月18日，"千人武士队列"游行祭。正如其名，约有1000多人参与这一大型队列游行活动，再现了德川家康从骏府久能山（静冈县）改葬至日光时的宏伟队列。这也是神明降临到神舆，并将神舆抬送至旅所的游行娱乐祭祀活动。其中抬送神舆的人多达800名之多，另外有戴着头盔的武士、持长枪者、牵猴者、驯鹰者等各种身份的人，共同组成游行队列。在旅所会供奉称之为三品立七十五膳的神馔，并献上八乙女舞及东游舞等表演。

8月17~18日，日光剑道大会。为歌颂德川家康的神德、歌颂敬神尚武的精神，以锻炼体魄为主要目的而召开。

3. 日光东照宫的国家祭祀

每月 1 日、17 日、26 日，月次祭。祈求国家安泰，天皇长寿。

1 月 1 日，岁旦祭。

2 月 11 日，纪元祭。

11 月 3 日，明治祭。

12 月 23 日，天长祭。

二 常磐神社

常磐神社位于茨城县水户市。作为藩主神社的代表，祭祀着水户藩第二代藩主德川光国和第九代藩主德川齐昭。庆应三年（1867），人们在水户藩偕乐园内修建祠堂。明治 6 年（1873）明治天皇发布勅旨，赐予"常磐神社"的社号，同年列为县社。明治 7 年（1874）于现所在地建设社殿，5 月 12 日举行迁座祭，并定 5 月 12 日为例祭。明治 15 年（1882），列格别格官币社。

（一）常磐神社的空间设施

常磐神社的空间设施按照共性设施、中性设施、个性设施分类如下。

1. 常磐神社的共性设施

常磐神社的共性设施主要有：鸟居、能乐殿、社殿、摄社末社等。

大鸟居。神社的入口。沿着石梯拾级而上，就是常磐神社的大鸟居。鸟居旁是一面高高的旗帜，上面印着德川家的家纹，写着"常磐神社"四个大字，两旁是两列小字："水户黄门光国公、维新之魁齐昭公"。

能乐殿（图 5-10）。能乐殿是战后常磐神社唯一保存完好的设施，于平成 3 年（1991）改设能舞台，每年 9 月上演"水户薪能"，中秋明月之际也举行"观月祭"，殿内上演"神乐舞和雅乐演奏会"，遵循了能乐殿上演与神道相关剧目的传统。舞台深处的墙面上印着四季常青的松树，象征着神灵会降临舞台。舞台檐下垂着稻草绳和纸垂。当代日本能乐剧场的舞台也是沿用了古代神社的能乐殿舞台，大致是一模一样的，相当于"厅堂里的能乐殿"。

社殿（图5-11）。常磐神社的社殿祭祀着义公德川光国与烈公德川齐昭。昭和20年（1945）8月，在战争中神社社殿等建筑被烧毁，现在的神社社殿于昭和33年（1958）正式建成运营。

常磐稻荷神社（图5-12）。常磐神社的末社。

2. 常磐神社的中性设施

偕乐园。偕乐园是神社的庭院部分，以梅花而出名。德川齐昭为了能够与民众共享欢乐，于天保十三年（1842）建造偕乐园。水户偕乐园和金泽兼六园、冈山后乐园并称为日本三园。园内设有德川光国的雕像。德川齐昭建立偕乐园并不仅为了欣赏美丽的庭院，偕乐园还是藩校弘道馆的附属设施，它与进行文武修行的弘道馆相对应，是在修行余暇进行修养的场所，也是文教政策的一环。

浪华之梅（图5-13）。浪华之梅位于义烈馆前庭，旁边是浪华之梅的石碑，碑上刻有德川光国的《梅花记》、德川齐昭的《种梅记》，记述了水户与梅的关系。德川光国自号"梅里"，曾栽植浪华之梅。德川齐昭在年轻时就非常喜爱梅花，他在江户藩邸的庭院内栽了数十株梅树。他成为水户藩主之后来到水户，发现水户梅树很少，所以把采摘于江户藩邸的梅子赠予水户，在弘道馆和偕乐园种植梅花。

摄社东湖神社（图5-14）。东湖神社位于常磐神社境内，于昭和18年（1943）建成，祭祀德川齐昭的得力部下藤田东湖。藤田东湖辅佐德川齐昭，与户田忠大夫并称为水户的"两田"，活跃于藩政改革和兵器军舰建造中，在进言海防政策时，甚至被幕府注目。藤田东湖以天保改革和弘道馆的建设为契机，作为德川齐昭的左右手活跃其中，并被萨摩藩的西乡隆盛以及越前藩的桥本景岳等天下志士所敬仰。他起草了《弘道馆记》《回天诗史》《常陆带》《弘道馆述义》等，是水户学的代表作者。藤田东湖在1855年安政大地震中身亡。东湖神社每年的例祭日为藤田东湖的生辰5月4日。

末社三木神社。三木神社祭祀着三木之次和其妻三木武佐。德川光国是德川赖房的三子，他的母亲名叫久子。据《桃源遗事》记载，久子在怀孕时，德川赖房对三木之次下达了堕胎的命令，而三木夫妻违抗主命，让久子在自家宅邸秘密生产。三木夫妻虽不是德川光国的亲生父母，却养育德川光国至5岁。他们的神德为安产、养育子女、家庭圆满。三木神社每年的例祭日为12月11日。

3. 常磐神社的个性设施

太极炮（图5-15）。第九代将军德川齐昭察觉到当时欧美的侵略日益逼近，于是他号召尊皇攘夷，积极推动思想统一，并不断充实军备。他集中藩内各种梵钟佛像佛具，于天保十三年（1842）至天保十四年（1843），铸造了型号各异的75门大炮。嘉永六年（1853），佩里率舰队强迫日本开国。为了江户湾的军事防备，再加上当时水户藩已经装备了众多大炮，所以水户藩只留下了这一门大炮"太极"，将剩余74门大炮均填装弹药献给幕府。太极炮的炮身刻有德川齐昭执笔的"太极"二字，下有榉木制四轮车架。

义烈馆（图5-16）。义烈馆展示了与德川光国、德川齐昭相关的遗物、遗墨，以及与水户学相关的资料。水户学于19世纪前半叶成立，水户德川家的史料编辑所彰考馆世代传下来的儒学、历史学是其基础，涵盖了国学、神道等要素。

彰考馆、《大日本史》完成之地（图5-17）。明历三年（1657）史官们奉水户藩主德川光国之命着手编纂《大日本史》，以汉文纪传体记载从神武天皇至后小松天皇期间的历史，于明治39年（1906）完成，花费250年。德川光国把编写《大日本史》的地方命名为"彰考馆"，在大多数时候，这里聚集着五六十名江户和水户的史官。随着时代变迁，彰考馆多次更换地点，在明治39年（1906年）《大日本史》完成时是在偕乐园南部，便在此地立"大日本史完成之地"石碑，以作纪念。彰考馆现已搬离常磐神社。

御田与农民像（图 5-18）。常磐神社的石梯下，是一片神田和农民像，是德川齐昭为感谢农民的辛勤劳动而立。

（二）常磐神社的四季祭祀

1. 常磐神社的民间祭祀

1月15日，旧神符烧纳祭。用净火焚烧旧的神符和护身符，祈求神明庇护。

2月3日，节分祭。

2月17日，祈年祭。

4月29日，植树祭。

5月12日，例祭。在祭典举行期间，八角神舆会在水户市游行。

5月中旬的周日，田植祭。模拟农作物种植，祈祷丰收。

6月30日，夏季大祓。

9月15日，观月祭。9月15日为中秋明月之日，常磐神社能乐殿内将举行"观月祭"及"神乐舞和雅乐演奏会"。

10月，拔穗祭。庆祝作物丰收。

10月17日，神尝奉祝祭。把一年的新米奉给神明品尝。

11月23日，新尝祭。

12月13日，扫煤祭。

12月31日，年末大祓。

12月31日，除夕祭。

2. 常磐神社的人物祭祀

1月6日，梅花奉告祭。在梅花祭开始前，为祈祷接下来的期间里能够热闹平安而举行的活动，有10名新年梅花大使身着和服参加。

2月20日，梅花祭。在这一天，人们把光国和齐昭喜爱的梅花供奉在神前，告知观梅季节来临。

4月5日，烈公诞辰祭。庆祝德川齐昭的生辰。

7月11日，义公诞辰祭，庆祝德川光国的生辰。

8月，国旗祭。庆祝国旗诞生。由于幕府末期国外船只来航，所以日本需要正式的国旗象征，德川齐昭和岛津齐彬同幕府协议，嘉永七年（1854）7月11日日本国旗日之丸诞生。

9月1日至9月20日，萩祭。德川齐昭于天保十四年（1843）把从伊达藩获得的萩种在偕乐园。目前，在常磐神社的偕乐园内种植着合计750株萩。萩祭为品味秋季风情、感受烈公雅趣的祭典。

3. 常磐神社的国家祭祀

1月1日，岁旦祭。

1月3日，元始祭。

2月11日，纪元祭。

11月3日，明治祭。

12月23日，天长祭。

三　凑川神社

凑川神社位于兵库县神户市，祭祀着日本历史上最著名的南朝忠臣楠木正成。时至今日，楠木正成的雕塑还屹立在东京皇居门前（图5-19），昭示着其在皇室文化中的地位。

建武三年（1336）5月25日，楠木正成战死。300多年之后，元禄五年（1692）10月9日，德川光国在凑川建立了"忠臣楠子之墓"，以彰显其精忠。元禄八年（1695）11月25日，水户藩修建了广严寺的庙宇，并为墓碑修了亭子。庆应四年（1868）4月21日，太政官和神祇事务局命令创建楠公社。明治三年（1870）4月4日，兵部省提出，为楠木正成赠位，并配祀招魂社。明治五年（1872）5月24日，创建凑川神社，位列别格官币社。明治44年（1911），确定南朝为朝廷正统。昭和30年（1955）7月11日，修建水户德川光国像。

（一）凑川神社的空间设施

凑川神社的空间设施按照共性设施、中性设施、个性设施分类如下。

1. 凑川神社的共性设施

凑川神社的共性设施主要有：鸟居、手水舍、社务所、社殿、摄社末社（稻荷神社、菊水天满宫）等。

社殿。原本的社殿在二战中被烧毁，现存的社殿是1952年重建的。社殿正中是主神楠木正成，左右为其夫人、子嗣及亲族。社殿台阶下左右分别有一只狮子和一只狛犬，其腹中藏有祈祷文，上面写着"国家繁荣，国民幸福，世界和平"。

2. 凑川神社的中性设施

凑川神社的中性设施比较少，其中非常典型的是表神门（图5-20）。"表"在日语中是"外"之意，表神门即凑川神社的正门。门前是两尊巨大的石灯，神门檐下垂着注连绳和纸垂。

凑川神社中具有强烈祭神个人特色的是，到处都有楠木家的家纹——菊水纹。如，石灯上描绘着菊水纹，表神门垂下的幕布上、灯笼上（图5-21），也都绘着菊水纹。另外，菊水天满神社的冠名"菊水"也是此意。

3. 凑川神社的个性设施

殉节地。位于神社西北角，相传是建武三年（1336）5月25日楠木正成与弟弟正季及其他亲族立下"七生灭贼"的誓言后舍身殉国的地方。穿过两尊石灯，右侧的石碑上刻有"楠木正成战殁地"。木门檐下垂着注连绳和纸垂。

御墓所（楠公墓）。楠木正成及其亲族的墓地，位于神社东南角，是日本国家指定文化遗产。在日本神道中是很少涉及墓地的，墓地一般交给佛教处理，凑川神社中的墓地表明其中有很浓重的神葬祭的色彩。

墓地里立有德川光国的铜像（图5-22）。楠木正成作为败将，在历史上长期以来是作为御灵供奉的，正是在德川光国大力宣扬的水户学中，楠木正成才成为忠臣的典范和楷模，才能在明治时期创设忠臣的过程中"位列仙班"。

德川光国为楠木正成所立墓碑，上写"呜呼忠臣楠子之墓"。墓碑由一只赑屃驮着。

楠公会馆。建成于昭和47年（1972），承办婚礼、会议等活动。

宝物殿。昭和38年（1963）竣工，收藏有民间捐赠的书画、铠甲等重要的历史文物。类似于展览馆。

（二）凑川神社的四季祭祀

1. 凑川神社的民间祭祀

1月7日，氏子崇敬者繁荣祈愿祭。为楠木后人祈福。

2月3日，节分祭。

2月初午日，楠本稻荷神社初午祭。为祈祷五谷丰登、产业兴旺，由巫女取竹束浸入沸水，向周围挥洒，称为"汤立神事"。

2月17日，祈年祭。

5月第二个周六，献华祭。由担任"华务职"的嵯峨御流、未生流中山文甫会、未生流庵家和未生流四家家主向神位献花。

5月17日，献茶祭。由薮内家、表千家、里千家、武者小路千家、堀内家、久田家六家茶道家主向神位献茶。

6月30日，夏越大祓。

11月23日，新尝祭。

12月8日，焚火祭。

12月31日，大祓与除夕祭。

2. 凑川神社的人物祭祀

5月25日，楠公祭与楠公武者游行队列。为纪念楠木正成，从明治五年（1872）开始，每年5月25日，即楠木正成殉国日，在凑川神社举办楠公祭等相关活动。楠公祭当天有大规模的楠公武者游行队列，参与人数多达3000人。二战后神道祭祀活动遭到限制，楠公祭一度衰落。平成14年（2002），楠公武者游行队列再现，之后定为每5年举办1次。参见图5-23。

7月12日，例祭。楠木正成殉国日的新历日期7月12日被定为官方的例祭日。由巫女献上神乐舞"橘之舞"。

3.凑川神社的国家祭祀

1月1日至3日，岁旦祭、初日供祭、元始祭。

2月11日，纪元祭。

4月29日，昭和祭。

10月17日，神尝祭。

11月3日，明治祭。

12月23日，天长祭。

小　结

在幕末和明治初期，时代主题是尊王攘夷、忠臣创设，可以说忠臣创设是明治国家的使命，因此明治国家在神道中创造出了忠臣信仰。忠臣信仰是御灵信仰、伟人信仰在国家神道横行、神社神道式微期的杂糅与变形。

以凑川神社祭祀的楠木正成为代表，忠臣信仰杂糅了伟人信仰和御灵信仰。一方面，沿着皇族、贵族到"天下人"、藩主，再到武士的路线，是沿袭了伟人信仰的；另一方面，战死依然摆脱不了御灵信仰的体系，在日本中世，楠木正成一直是作为怨灵存在的，直至幕末和明治初期时，由于尊王攘夷的时势需要，才把楠木正成推到忠臣伟人的地位。后来的招魂社也沿袭了这一路线。楠木正成式的御灵武士信仰中，很多都位列别格官币社。当然，除此之外，也有很多武士只是单纯沿袭了伟人信仰，并没有掺入御灵信仰，如中江藤树、二宫尊德等。也可以说，武士信仰包含了御灵武士信仰和伟人武士信仰，而忠臣武士信仰是二者的杂糅。

日本的人神信仰

　　日光东照宫和常磐神社都始自伟人信仰，后被纳入忠臣信仰。从空间设施来看，忠臣社都维持了基本的神社要素，添加了人神的个人色彩，在个性设施中，除了体现个人色彩的雕塑、石像、石塔等，还会有附属的展览馆、资料馆、会馆、茶室等。从四季祭祀来看，除了民间春夏秋冬的应季祭祀，个人祭祀主要是祭神的诞辰、忌日、其喜欢的植物的季节祭祀等，国家祭祀是律令祭祀、近代的天皇祭祀。

　　忠臣社的一个突出特征是，作为代表性的近代神社，其祭祀中开始出现近代元素，如出现了国旗祭、明治祭等，这些国家元素并不是源自律令时代的，而是日本近代国家主义兴起的表现。同时，在国家祭祀中的天皇祭祀中，基本祭祀的都是明治天皇、昭和天皇和当今的平成天皇，较少祭祀近代以前的天皇。

第六章　靖国神社的"英灵"信仰

靖国神社的前身是东京招魂社，要考察靖国神社的历史，必须追溯至招魂社。招魂社是从属于忠臣信仰体系的，靖国神社从表面上归属于祖灵信仰和伟人信仰体系，但实质上依然是沿袭御灵信仰、忠臣信仰体系，这种表象与本质的错位，是今天靖国神社问题错综复杂的根源。本章主要对这种错位进行深层次的剖析。①

第一节　靖国神社的历史

招魂社是靖国神社和日本各地的护国神社改名之前的名称，招魂社祭祀着从幕末到明治维新前后将生命奉献给日本国家的人的灵魂，后来又不断合祀了日本近代历次战争中失去生命的"英灵"。②招魂社的历史发端于著名的"安政大狱事件"，招魂社体制于明治前后迅速建立，并变身为神社，以神社的身份一直延续至战后。③

---

① 关于招魂社和靖国神社的历史，参考了以下文献。坂本是丸，「靖国神社史Ⅰ」、『靖国神社』、神社本厅。小林健三・照沼好文、『招魂社成立史の研究』、錦正社、1969年。

② 小林健三・照沼好文、『招魂社成立史の研究』、錦正社、1969年、第13頁。

③ 关于靖国神社的历史，日本国学院大学教授阪本是丸和大原康男做了比较详细的整理，但两位教授通过扎实的历史梳理却得出了非常谬误的结论。本书的历史梳理参照了以下文献。坂本是丸，「靖国神社史Ⅰ」、『靖国神社』、神社本厅、第116-135頁。大原康男，「靖国神社史Ⅱ」、『靖国神社』、神社本厅、第136-163頁。

靖国神社自身的历史，以昭和20年（1945）日本二战战败、1978年靖国神社秘密合祀二战甲级战犯为节点，大致分为明治二年（1869）至昭和20年（1945）、昭和20年（1945）至昭和53年（1978）、昭和53年（1978）至今这三个阶段。

一　安政大狱事件与招魂社

嘉永六年（1853）"黑船来航"，美国人佩里要求日本开港通商，打破了日本长期以来的闭关锁国。这成为日本历史上巨大的转折点，从此，日本的内政外交都发生了翻天覆地的变化。幕府无视朝廷的命令，答应了佩里的开港要求，嘉永七年（1854），日本与列强各国签订了友好条约，之后，又缔结了通商协议等不平等条约。同时，在将军继承人的问题上，幕府大老井伊直弼力压以水户藩的势力为中心的一桥派，推选纪州藩主德川庆福为将军的候选人，这进一步激化了矛盾，尊王派以长州藩和萨摩藩为中心展开了打倒幕府的活动，在此过程中很多藩军死于幕府手中。于是，长州藩和萨摩藩在各地建立招魂社，把死于幕府手中的藩军视为"国事殉难者"，对其进行祭祀。靖国神社的前身东京招魂社也是在这样的历史背景下建起来的。

在尊王攘夷运动日益活跃的背景下，大老井伊直弼对尊王攘夷运动进行了一次大镇压，即著名的安政大狱事件。安政五年（1858），井伊直弼对尊攘派的大多数公家、大名、幕吏、志士进行了严厉的处罚。其中，水户藩主德川齐昭被判处幽闭，一桥庆喜、尾州藩主德川庆胜、越前藩主松平庆永等被勒令幽居，水户藩的重臣安藤带刀切腹而死，鹈饲吉左卫门、吉田松阴等八人被判决死刑。死于狱中以及遭流放的志士据说多达百余人。这次大狱引起人们的不满，终于在安政七年（1860）3月发生樱田门事变，井伊直弼在樱田门外被暗杀。德川齐昭于同年8月15日去世。

文久二年（1862），朝廷希望德川幕府赦免与安政大狱事件有关的罪犯，德川幕府接受了这一请求。8月2日，孝明天皇下达敕命，大赦因安政大狱获罪的志士，追赠德川齐昭为大纳言。这一敕命在招魂祭、招魂社方面具有划时代的意义。在敕文中有如下语句:"……以出格之仪赠水户已故前中纳言德川齐昭大纳言之位。……安藤带刀、鹈饲吉左卫门等诸国之士,关东死罪、牢死者,因流放、禁闭致死者,或死于樱田、东禅寺、坂下等国事之辈近来死于伏见一举者,招集其灵魂,以礼收葬,使子孙祭祀之,现存者皆复职如旧……"

这里,将获罪而死的人记载为"死于……国事之辈","忠魂"这个词也是从这里来的。这里的"招集其灵魂",即召集灵魂,就是所谓"招魂"了。这里的招魂是"使子孙祭祀之",可见,此时的招魂思想中,灵魂是独立的,不是合祀的,是分祀的,祭祀主体是其子孙,实行的是家族祭祀。

在孝明天皇的敕命之下,同年,以大国隆正的门生福羽美静、西川吉辅等人为中心,在京都东山的灵明舍(社)为殉难者举行了灵祭。

文久三年(1963)7月25日,福羽美静等人在祇园社(八坂神社)境内建造了小祠,写下三条实万、德川齐昭等因安政大狱而殉难的四十六人的名字,对他们进行招魂祭祀。这被认为是招魂社的鼻祖。1931年,小祠迁宫供奉到靖国神社,成为靖国神社的元宫。

之后,庆应四年(1868)5月10日,太政官颁布了一道重要布告,对嘉永六年(1853)黑船来航以来为国殉难的志士,"将他们的德操昭告天下","慰藉忠魂"。同时,在京都东山建造祠堂,永久祭祀这些灵魂。在这里,彰显与慰灵成对出现在国家布告中。[1]同一天,明治政府下达了另外一条指令,要在京都东山为庆应四年(1868)鸟羽伏见战役中的战死者建造一座新的神社,之后的国事殉难者的"英灵"也要合祭。"为天皇献身之辈,可速合祀。"这里,提到了"合祀"。

这两条指令在各藩内部也进行了广泛传播,直接引起了招魂社的建立热潮,他们模仿京都东山的招魂祠堂来祭祀出身于本藩的战死者,这就是藩设立招魂社的起源。据统计,日本全国各藩建立的招魂社数

---

[1] 坂本是丸、「靖国神社史Ⅰ」、『靖国神社』、神社本庁、第119頁。

量如下，鹿儿岛藩18座，长崎5座，长野4座，山口23座，京都13座，福冈、宫崎各6座，北海道、山形、秋田各3座，栃木、滋贺、福井、广岛各2座等。①

庆应四年（1868）5月24日，又发出了在京都东山合祭1858年安政大狱以来国事殉难者"英灵"的公告。

明治二年（1869）3月，首都迁到东京，与此同时，出现了在东京设立招魂社的提案，并决定将神社建在九段坂，这就是后来的东京招魂社。随着东京招魂社的落成，6月29日至7月3日进行了招魂祭。此时的东京招魂社里合祭着庆应四年（1868）鸟羽伏见战争至函馆战争之间的战死者。明治8年（1875），对嘉永六年（1853）以后的殉难者进行了招魂仪式，并将之合祀于东京招魂社。

从庆应四年（1868）开始，到明治四年（1871），日本各地创设了众多祭祀维新以前和维新时的殉难者的招魂社，可以说，基本确立了招魂社体制。

明治维新前后是招魂社创立的高峰期。根据加茂百树所编的《靖国神社志》中的记录来看，庆应元年（1865）至明治三年（1870），日本全国各地所建的招魂社数目为150个。这仅仅是官祭的数目，如果算上私祭的话就更多。②其中，长州藩的招魂社是全国各藩中历史最悠久、最传统的，据昭和14年（1939）"护国神社振兴整备相关"调查记录显示，山口县在庆应元年（1865）至明治三年（1870）创建了20个招魂社。③

招魂社是靖国神社和日本全国各地的护国神社的旧称。靖国神社是以全国为单位设立的招魂社，护国神社是以县、郡、市、町、村等地方自治体为单位设立的招魂社。招魂社最初是为了祭祀从嘉永六年（1853）幕末黑船来航到明治维新时期，为了日本国家而战死的人的灵魂而设立的，之后慢慢变成合祀在日本近代化发展过程中历次战争

---

① 小林健三・照沼好文、『招魂社成立史の研究』、錦正社、1969年、第53頁。
② 小林健三・照沼好文、『招魂社成立史の研究』、錦正社、1969年、第21頁。
③ 小林健三・照沼好文、『招魂社成立史の研究』、錦正社、1969年、第22-23頁。

第六章 靖国神社的"英灵"信仰

与事变的战死者的灵魂了。据小林健三、照沼好文《招魂社成立史研究》[①]的考察,日本全国的招魂社大约有150处,[②] 从其创立的目的来看,分别是祭祀在明治维新以前、戊辰战争、西南战争、甲午中日战争和日俄战争、第二次世界大战中死去的人。从这里可以看出,招魂社是日本近代新兴的一种事物,其目的就是祭祀战死者,招魂社从根本上来说就是日本近代新兴的战死者祭祀的场所。

小林健三、照沼好文认为,从招魂社的成立过程来看,有以下六种发展路径。

第一,楠公祭→招魂祭→招魂社→靖国神社。

第二,招魂坟墓→招魂场→招魂社→护国神社。

第三,境内社→招魂社→护国神社。

第四,招魂碑(忠灵塔、忠魂碑)→招魂社→护国神社。

第五,招魂社→护国神社。

第六,护国神社。[③]

这六种发展路径形成了以下几种神社。

第一,靖国神社。前身为东京招魂社〔明治12年(1879)改称靖国神社〕,发端于楠公祭(楠木正成祭祀)。

第二,发端于佛教式祭祀的护国神社。发端于坟墓、忠灵塔、忠魂碑、招魂场等,后来成立招魂社,并最终发展成为护国神社。在日本的传统思想中,坟墓、塔、碑等都是佛教管理的死后世界的一部分,

---

[①] 小林健三・照沼好文、『招魂社成立史の研究』、錦正社、1969年。关于招魂社,小林健三、照沼好文著《招魂社成立史研究》做了详尽的考察,此部分参照此书之处甚多。

[②] 日本全国150处招魂社在各都道府县的分布状况为:东京1,神奈川0,埼玉1,群马1,千叶1,茨城1,栃木4,山梨2,北海道4,宫城1,福岛4,岩手2,青森1,山形3,秋田3,三重1,爱知1,静冈1,岐阜3,长野9,新潟3,福井4,石川1,富山1,京都13,大阪2,兵库3,奈良1,滋贺1,和歌山1,鸟取1,岛根3,冈山1,广岛3,山口22,德岛1,香川1,爱媛1,高知1,长崎7,福冈6,大分1,佐贺1,熊本1,宫崎8,鹿儿岛18。数据来源:小林健三・照沼好文、『招魂社成立史の研究』、錦正社、1969年。

[③] 小林健三・照沼好文、『招魂社成立史の研究』、錦正社、1969年、第106頁。

· 149 ·

因此，这种护国神社可视为发端于佛教式祭祀的护国神社。

第三，发端于神道式祭祀的护国神社。发端于附属于大神社（祭祀忠臣的神社）的境内社，即摄社或末社的形式，后独立为招魂社，并最终发展成为护国神社。或者成立时即为招魂社，后来发展成为护国神社。或者成立时即为护国神社。这种护国神社可视为发端于神道式祭祀的护国神社。

综上，招魂社是日本近代新兴的战死者祭祀的场所，其发端于佛教式和神道式的祭祀，归着于靖国神社和护国神社。

二 1869年至1945年，作为战争神社的靖国神社

明治二年（1869）在东京九段创建东京招魂社，这就是靖国神社的前身。明治8年（1875）京都东山招魂社的祭神在东京招魂社合祭。明治12年（1879）6月14日，东京招魂社改称靖国神社，列为别格官币社。从日本国立公文书馆亚洲历史资料中心明治12年（1879）6月14日的近代政府文书可以看出，记载着靖国神社改称、列格、祭日的文书是由内务省、陆军省、海军省联合发出的，这也标志着靖国神社在近代的政府性、军队性，象征着它作为近代战争神社的实质。

靖国神社是唯一的合祀日本全国殉难者的神社，作为靖国之神受到国家规格的礼遇。同时，决定靖国神社由内务省、陆军省、海军省三省管理。与其他神社相比，靖国神社有一个独特的地方，即，所属机构不同。明治20年（1887），根据内阁命令，靖国神社的神职由陆海军两省的军人担任。在近代日本所谓的"国家神道"体制下，直到昭和20年（1945）二战结束，其他神社都是在内务省的管辖之下，只有靖国神社是在陆海军省管辖之下。

这样看来，东京招魂社的社名变更及靖国神社的别格官币社的列格意味着神社在祭祀拥有国家性质的军人的同时，神社本身也具有了国家的性质。也就是说，这个时候的招魂社形式上、内容上都得到了丰富，而这就表现为东京招魂社社名的变更及别格官币社的升级。另

外，相对于东京招魂社具有全国性的特征，各地的招魂社也逐渐地拥有了各县的特征。这也是此时期招魂社的特色。[①]昭和 13 年（1938），将招魂社改称为护国神社。从昭和 14 年（1939）4 月开始，日本将各地的招魂社改称为护国神社。

靖国神社是明治时期在实施维新、迈向近代化的过程中，为了统一国民的意志和完成民族的认同而创造的一种精神工具，是同战争有密切联系的事物。在日本军部统治时期，靖国神社发展成服务于战争的神社祭祀体系，对培养忠君爱国思想发挥着不可估量的作用。按照日本传统的氏神信仰，普通人的灵魂最后消融于氏族的祖先神。但在靖国神社中，战死者获得了镇护国家之神的神格。战争的阵亡者是否可以进入靖国神社，是以对天皇的忠诚为唯一的标准的，靖国神社实际上就是明治政府的"国家宗祠"。靖国神社从建立起就由日本陆海军省管理，使用国家的经费。举行祭典时，主祭由陆海军将官充任，陆海军省任命的宫司是主祭的代理人，警卫也由宪兵担任。各地的招魂社实际上是靖国神社的地方分社，成为国家战争机器的组成部分。靖国神社甚至可以装饰日本皇室专用的 16 瓣菊花纹章。在日本的神社中，只有与天皇有直接关系的神社，如供奉天皇家祖先神天照大神的伊势神宫、供奉明治天皇的明治神宫等才有这样的特殊待遇。这说明，天皇、国家、靖国神社融为一体，神道教也不再是一般的宗教，而成为有特殊地位的宗教——"国家神道"。

三 1945 年至 1978 年，作为宗教法人的靖国神社

（一）战后靖国神社的法律身份的演变

日本在二战战败后，随着日本国家政体的变化，军国主义遭到日本人民的唾弃，"国家神道"被废止，所有的神社与寺院、教会一起作为民间宗教团体重新发展，靖国神社也名义上作为一个民间的宗教法

[①] 小林健三・照沼好文，『招魂社成立史の研究』、錦正社、1969 年、第 79 頁。

人开始了新的发展阶段。

昭和20年（1945）8月14日，美国、英国、苏联、中国共同签署《波茨坦公告》。8月15日，昭和天皇通过"玉音放送"向日本国民宣告战争结束，这一天被日本称为"终战日"（不是战败日），或者"终战纪念日"。9月2日，在停泊在东京湾的美国密苏里号战舰上，日本签署投降书。从这一天开始，以美军为中心的联合国军队开始了对日本的军事占领。

靖国神社与其他神社的不同就在于：伊势神宫以及其他神社，包括各地的护国神社，都是受内务省的管理，而只有靖国神社是受陆海军省的管理，二战时，靖国神社的宫司必须由陆海军大将担任。但是，根据《波茨坦公告》，陆海军省于11月30日解体了，取而代之的是新成立的第一、第二复员省。第一复员省负责原陆军省的业务，第二复员省负责原海军省的业务。同时，靖国神社事务由两省实行共同管理。

12月15日，联合国军最高司令官总司令部发布"神道指令"。"神道指令"规定，实行政教分离。它指出，明治以后的神道是国家神道，国家神道在本质上并不是宗教，而是国家依靠行政手段推行的管理制度，因此，废除国家神道，保障信教自由。这件事在日本近代神社史上具有划时代的意义。根据"神道指令"，所有的神社与国家完全断绝关系，和寺院与教会一样，成为一个宗教团体。在此之前的宗教行政是由文部省管理的，因此神社也就转而由文部省管理了。"神道指令"虽然废止了国家与神道的关系，使靖国神社失去了日本国家的财力物力支持，但却同意靖国神社脱离国家管理成为宗教法人，靖国神社于是便逃过了灭顶之灾。

在占领期间，联合国军最高司令官总司令部认定靖国神社是日本最危险的宗教团体，靖国神社和护国神社都被认定为"军用神社"，其与从伊势神宫到各町村的氏神社都有很大不同，被区别对待。据说，美军占领时期，麦克阿瑟曾想放一把大火烧毁靖国神社，从精神上彻底解除日本的武装，但后来美国担心这样做不利于美国的对日占领，

第六章　靖国神社的"英灵"信仰

而且,随着战后冷战形势的加剧,美国大幅调整了其对日政策,不再重视对日本战争罪行的清算,而将重心转移至将日本建造成"共产主义的防波堤"。于是,靖国神社便苟延残喘下来,并在日后重新成为日本右翼和军国主义分子的招魂阵地。

昭和20年(1945)12月28日,日本颁布并实施《宗教法人令》。昭和21年(1946)2月,国家神道废止,明治以来神社的国家管理制度被完全废除。同时,部分修订了《宗教法人令》,神社成为《宗教法人令》的实施对象。根据修订后的《宗教法人令》,靖国神社脱离复员省的管辖,成为文部省管辖的宗教法人。9月,靖国神社正式登记为"宗教法人靖国神社"。靖国神社、护国神社与其他一般神社都同样成为宗教法人。

昭和22年(1947)2月3日,神社本厅成立。神社本厅是统括性宗教法人,日本绝大多数神社都由神社本厅管理,但是也有极少数神社没有归属神社本厅,其中就有靖国神社。靖国神社拥有非常特殊的历史,直至今日它仍然是单立法人。

昭和26年(1951)9月《旧金山对日和平条约》签订后,美军结束了占领政策。联合国军最高司令官总司令部对日本的占领于1952年4月28日结束。占领一结束,包含"神道指令"等占领时期的各种政策都随之全部被废除。所以,在这一天之后,靖国神社就和其他宗教团体一样受到同等待遇了。

昭和26年(1951)4月3日,日本开始实施《宗教法人法》。这样,当初在《宗教法人令》下属于宗教法人的靖国神社,也需要在《宗教法人法》之下重新成为宗教法人。因此,依据《宗教法人法》成立的宗教法人靖国神社,在昭和27年(1952)8月宣告成立。

总体来说,昭和21年(1946)9月,依据《宗教法人令》建立的宗教法人靖国神社宣告成立;在其6年后,依据《宗教法人法》成立的宗教法人靖国神社宣告成立。

（二）靖国神社祭神的选定及合祀战犯

这样，靖国神社躲过了法律制裁，在表面上貌似脱胎换骨为宗教法人。靖国神社虽然被降为一般性的宗教团体，但神社中供奉的战争亡灵的灵位并没有被撤除，因此围绕靖国神社祭祀二战战犯的各种问题依然饱受争议。其中非常重要的一个问题就是靖国神社祭神的选定。

二战期间，靖国神社由陆海军省管辖，靖国神社的宫司必须由陆海军大将担任，祭神的选定标准是在陆海军省内部秘密制定的，没有公之于众，靖国神社的祭神就按照极为机密的选择标准选择出来。陆海军省逐个选定祭神，最终获得天皇的批准，并被公认为对天皇忠诚的模范和为国捐躯的英雄，之后再把名单送到靖国神社。靖国神社便按照那个名单合祀祭神。

在被占领时期，陆海军省把在战时整理的数据转交给了第一和第二复员省，最终由厚生省的援护局整理之后，告知给了靖国神社。

占领结束后，是厚生省以《遗属援护法》和《恩给法》为依据，选择出祭神。靖国神社是无法调查出战死者的姓名、户籍、军历、因何在何地战死、其遗属现在何处等情况的。因此，厚生省进行了协助。昭和31年（1956）4月，厚生省发了一则名为"关于协助靖国神社合祀事务"的通知，指示都道府县对靖国神社加以援助。具体做法如下。首先，由厚生省来决定祭神的选定标准，参照的是《遗属援护法》和《恩给法》。也就是说，原则上，符合这两种法律中的任意一种的战死者就会成为选择对象。厚生省将选择标准通知到各都道府县。然后，陆军方面，各都道府县就从居民册中把符合该选择标准的人找出来，将其记录在一种名叫"祭神名票"的全国通用的卡片上，再送还厚生省。海军方面，由地方复员部等国家机关制作"祭神名票"。最后，厚生省把这些"祭神名票"整合在一起，送到靖国神社，靖国神社就根据这些"祭神名票"制作"祭神簿"，再根据祭神簿制作"灵玺簿"，在春秋例大祭时进行合祀。而且，合祀也是按照厚生省这一通知

第六章 靖国神社的"英灵"信仰

规定的方式进行的。厚生省的这一通知有效期为15年，即一直到昭和46年（1971）为止都是有效的。其中，靖国神社于昭和34年（1959）4月的春季例大祭中合祀了东京审判中判决的二战战犯，但是靖国神社并不承认他们是战犯，而称他们为"昭和殉难者"。而日本的公文中也并没有战犯一词，而将他们称为"因法务原因而死亡者"，简称"法务死"，即"因军事审判而死亡者"。

昭和30年（1955）以后，自民党先后5次提出《靖国神社法案》，要求将靖国神社改为"特殊法人"，企图通过排除宗教性来实现靖国神社"国营化"，由于日本社会的广泛抗议，才没有成功。于是，他们便企图通过首相正式参拜靖国神社并使其制度化，实现政治目的。

另外，还有甲级战犯合祀问题。甲级战犯是指在东京审判中被判重刑的日本重要战犯，是日本侵略战争的政治、外交、军事指挥者，共28人。其中有2人在审判中去世，1人因精神异常被免于起诉，剩余25人，其中7人被处以绞刑，2人分别被判7年、20年的有期徒刑，16人被判终身监禁。后来，7人受刑死亡，5人在服刑中死亡，再加上在审判中死亡的2人，共14人死亡。这14名甲级战犯分别是：东条英机、广田弘毅、平沼骐一郎、小矶国昭、板垣征四郎、梅津美治郎、土肥原贤二、松井石根、永野修身、木村兵太郎、武藤章、松冈洋右、东乡茂德、白鸟敏夫。

在厚生省所发布的协助合祀相关通知的基础上，昭和41年（1966），将14名死去的甲级战犯的名字以"祭神名票"的形式送到了靖国神社，但当时靖国神社的宫司筑波藤磨没有把他们的牌位供奉上去合祀。宫司松平永芳（战败时期的宫内大臣松平庆民的长子）继任后，于昭和53年（1978）10月17日，秋季例大祭前一天的灵玺奉安祭上，偷偷将14人进行了合祀，将其作为"昭和殉难者"载入"灵玺簿"，正式把14名甲级战犯的灵位放进了靖国神社。昭和54年（1979），媒体将此事曝光，在日本社会引起轩然大波，更激起了邻国的强烈反对。

可以说，以合祀甲级战犯为标志，靖国神社在实质上失去了"民间宗教法人"的属性。甲级战犯是具有国家立场的"公式身份"，靖国神社在合祀他们的同时，就明确地选择了国家立场。可见，即使进入新时代，日本仍然没有走出"祭政一体"、"政教合一"的旧制度，为日本开脱战争责任，这成为靖国神社在新时代的使命，这也使靖国神社成为日本神社神道的一个畸形产物。

四 1978年至今，政教合一的靖国神社

自昭和53年（1978）靖国神社合祀甲级战犯开始，靖国神社就走上了政教合一的道路。其中最引人注目的就是首相（即内阁总理大臣）参拜问题。

"神道指令"第一部分最后一条的规定是"公务员不能以官方名义参拜神社"。[①] 据此，以首相为首的国务大臣、官员、都道府县知事等都不允许以官方名义参拜神社。但"神道指令"出台后不久，吉田茂就在任外务大臣、首相期间，去参拜了伊势神宫、热田神宫、明治神宫等日本主要神社。昭和26年（1951）10月18日，在靖国神社秋季例大祭时，身为首相的吉田茂参拜了靖国神社，开战后首相参拜靖国神社的先河。根据当时的记录，吉田茂乘坐公务用车，与内阁成员大臣、秘书官一同前往，在记录簿上写下"内阁总理大臣吉田茂"的名字，然后参拜了拜殿，并献祭玉串，施行"两拜两拍一拜"的参拜礼，其后众参两院的议长也进行了参拜。当时，吉田茂供奉上一对刻有"内阁总理大臣吉田茂"姓名的连根杨桐。在靖国神社的例大祭中以首相的名义来供奉杨桐就是从吉田茂开始的。

日本被占领之后，鸠山一郎、岸信介、池田勇人、佐藤荣作、田中角荣、三木武夫等首相陆续参拜了靖国神社，参拜方式都是按照吉田茂1951年的参拜方式进行的。到60年代末，在参拜时间方面，都

---

① 原文见 http://shibari.wpblog.jp/archives/7032，2019年4月8日。

第六章　靖国神社的"英灵"信仰

是在每年4月或10月的春秋例大祭期间。

昭和50年（1975）8月15日，三木武夫作为现任首相首次在8月15日日本投降纪念日（日本称为"终战日"）参拜靖国神社，开创了日本首相在8月15日参拜靖国神社的先例。当时三木首相说自己并不是作为内阁总理大臣，而是以一个普通国民的身份来参拜的，有"四不"原则。一，不使用政府公车；二，不书写官职，签名为"三木武夫"；三，相关费用不使用公务费；四，不带公职随行人员。这就是持续至今的关于首相参拜身份——是"公式参拜"还是"私人参拜"的争论的开端。

三木武夫之后是福田赳夫。昭和52年（1977）和昭和53年（1978），福田赳夫两年内连续四次参拜。福田赳夫仍然是私人名义参拜，但他乘坐着首相专车前去参拜，签名为"内阁总理大臣福田赳夫"。

昭和54年（1979）至昭和55年（1980），大平正芳一年内连续三次参拜。

昭和55年（1980）至昭和57年（1982），铃木善幸三年内连续九次参拜。昭和57年（1982）8月15日，铃木率内阁大臣全员大举参拜靖国神社。此次参拜规模之大，远远超出私人参拜的界限，但铃木对其到底是公式参拜还是私人参拜，并未表态。

昭和58年（1983）至昭和60年（1985），中曾根康弘三年内十次参拜。中曾根康弘提出"战后政治总决算"作为政治口号，因此他提出应停止首相以个人名义参拜神社，而应该恢复以官方名义参拜神社的方式。于是，昭和59年（1984），官房长官藤波孝生成立了"内阁大臣靖国神社参拜问题恳谈会"，即所谓的"靖国恳"，经过为时一年的讨论，最终得出结论：公式参拜与宪法不相抵触。这一结论是建立在"淡化神道色彩"的条件之上的，因此，参拜方式和之前大为迥异。

昭和60年（1985）8月15日，在日本战败40周年之际，中曾根康弘以内阁总理大臣的身份，带领着内阁成员集体公式参拜了靖国神社。他们从第二鸟居出发沿着参道一直前行，登上拜殿正面的阶梯，穿过拜殿走下阶梯，穿过中庭登上正殿的阶梯，但不进入正殿，在正殿前的回廊中施行一礼，然后沿着原来的路线离开。也就是说，参拜时既没有在手水舍洗手漱口，也没有接受祓礼，也没有供奉玉串。

在神道中，参拜前在手水舍洗手漱口是古代禊礼净化的简化方式，祓礼也是一种由神社神官主持的净化仪礼。不洗手漱口不接受祓礼就直接参拜，如果按照拜佛的礼仪来看，就相当于在正式拜佛时不斋戒沐浴，是对神佛十分失礼的行为。同时，没有供奉玉串相当于没有上香，没有按照"两拜两拍一拜"进行拜礼，而只施行一拜，相当于拜佛时没有按照佛教的方式跪拜，似乎只是非常敷衍的表示一下。因此，从靖国神社来看，中曾根康弘的参拜实在是一件很尴尬的事情。据说，靖国神社的时任宫司松平永芳从一开始就对这种参拜方式表示强烈的反对，中曾根康弘参拜当时，他怀揣着辞呈，没有对首相予以接送，只是等待着参拜仪式的结束。

这是二战后日本首相首次以公职身份在8月15日"日本投降日"正式参拜靖国神社。此次"正式参拜"后，靖国神社问题就成为东北亚地区的重要外交问题。这之后，在中国、韩国的强烈抗议下，中曾根康弘放弃了恢复公式参拜靖国神社的想法。在昭和60年（1985）秋季例大祭和次年昭和61年（1986）春季例大祭中，中曾根康弘都没有进行参拜；昭和61年（1986）的8月15日，全面停止了公式参拜。

之后，自竹下登到森喜朗在职期间，只有一次例外，即平成8年（1996），桥本龙太郎以首相身份在7月29日自己生日这天，以散步顺路过去的形式，毫无预兆地参拜了靖国神社，其他没有一个首相参拜靖国神社。

平成13年（2001）8月13日，小泉纯一郎打破了这种状况。小泉纯一郎参拜靖国神社的行为违反了自民党总裁选举公约，在日本也受到了批判。但小泉对国内外的反对充耳不闻，平成13年（2001）至平成18年（2006），他在5年任职期内6次参拜了靖国神社，使中日关系迅速降到冰点，首脑间互访也一度中断。同时，从参拜方式来看，

第六章 靖国神社的"英灵"信仰

也是别具一格。小泉的参拜是在参集所洗手漱口,在拜殿接受了祓礼,然后进入正殿,在正殿默哀十秒后深深地行一拜之礼。可以说,小泉的参拜方式多为神道式的,只有行礼部分,是沿袭了中曾根康弘,施行一拜,从整体来说,和中曾根康弘有同有异。

由于小泉纯一郎独断专行的行动受到了国际社会的强烈抗议,他之后的首相,安倍晋三、福田康夫、麻生太郎等,都对参拜靖国神社保持了谨慎态度。安倍晋三是支持靖国神社参拜的,但在平成18年(2006)至平成19年(2007)第一次执政期间并未实质性地参拜,只在平成19年(2007)向靖国神社供奉了"真榊"杨桐树枝。福田康夫一上任就发言称"不会参拜靖国神社",也并未供奉杨桐。麻生太郎之前曾强烈支持参拜靖国神社,曾直接阐述说首相应该参拜靖国神社,但当他真正当上首相之后,在平成21年(2009)春季例大祭时,向靖国神社供奉了献金和杨桐树枝,并未进行实质性的参拜。

后来民主党执政,鸠山由纪夫、菅直人两位首相没有参拜靖国神社。之后安倍晋三再次成为首相,也并未亲自参拜靖国神社。平成25年(2013)12月26日,安倍晋三在二次执政满一年之际,参拜了靖国神社。平成27年(2015)4月21日,靖国神社举行例行春季大祭活动,首相安倍晋三供奉杨桐树枝。

靖国神社作为独立宗教法人,首相参拜靖国神社是一个关系到是否违背宪法中的政教分离原则的问题,也就是说,首相以首相的身份、官方的名义进行参拜是否属于宪法第二十条三项"国家及国家机关不得进行宗教教育及其他任何宗教活动"中提到的"宗教活动",这是一个宪法解释问题。近20年来,状告首相参拜靖国神社的诉讼案在日本一直未断,一些法院相继做出"违宪"、"有违宪嫌疑"的判决,如仙台高等法院平成3年(1991)1月、大阪高等法院平成4年(1992)7月、日本最高法院平成9年(1997)4月的判决等。[1]

---

[1] 鲁义:《首相参拜靖国神社:日本人的认识与行动》,《日本研究》2005年第2期,第55页。

参拜靖国神社不论在任何时间都会有严重的政治后果。参拜靖国神社也同时被外界，特别是中国、朝鲜、韩国等二战中被日本侵略的国家，认为是日本领导人对右翼观点的认同，不能对日本的侵略历史进行反省。日本政客一方面表示希望改善与周边国家的关系，另一面却在进行有悖于国家关系正常化的举动，这不禁让人疑虑日本有否认二战时期所犯罪行、否定二战成果的意图，而这是不为世人所容许的。

第二节　靖国神社的社格

靖国神社的前身是建立于明治二年（1869）的东京招魂社，明治12年（1879）改名靖国神社，位列别格官币社。二战后按照联合国军最高司令官总司令部的命令成为宗教法人，为单立神社。靖国神社脱胎于招魂社，位列近代别格官币社，这是十分特殊的，并不符合普通神社的列格规律。下面，我们就从靖国神社相关的几个规格，即别格官币社、敕祭社、乡社这三方面来看一下靖国神社的特殊性。

一　作为别格官币社的靖国神社

按照日本神道的传统，神社里的祭神一般为天神、地祇，或者是神的子孙，天皇和皇族作为神的子孙也可以祭祀在神社里。而臣子祭祀在神社里只有一种情况，即臣子含恨含冤而死，死后作祟，给人们带来天灾人祸，就会被祭祀在神社里，奉为神灵，这就是日本自古以来的御灵信仰，是一种怨灵信仰。到了明治时期，为了宣扬忠君爱国的思想，明治政府创设了别格官币社，把为国家建功立业的忠臣作为祭神祭祀在神社里。

别格官币社在近代金字塔式社格体系中处于比较靠后的位置，在待遇上与官币小社同等，主要祭祀臣下、功臣。明治五年（1872年），以楠木正成为主祭神的凑川神社首先被列入别格官币社。之后祭祀德川家康的东照宫和祭祀丰臣秀吉的丰国神社也列入别格官币社。从明治时期到大正、昭和时期，创设别格官币社掀起一阵热潮，具体情况可见表 6-1。

表 6-1　日本别格官币社一览

	社名	主要祭神	其他规格	建社年份	设别格年份
1.	凑川神社	楠木正成		明治五年（1872）	明治五年（1872）
2.	丰国神社	丰臣秀吉		庆长四年（1599）	明治 6 年（1873）
3.	日光东照宫	德川家康		元和三年（1617）	明治 6 年（1873）
4.	久能山东照宫	德川家康		元和三年（1617）	明治 6 年（1873）
5.	护王神社	和气清麻吕		不详	明治 7 年（1874）
6.	谈山神社	藤原镰足		天武天皇七年（678）	明治 7 年（1874）
7.	建勋神社	织田信长		明治二年（1869）	明治 8 年（1875）
8.	藤岛神社	新田义贞		明治三年（1870）	明治 8 年（1876）
9.	菊池神社	菊池武时、菊池武重、菊池武光		明治元年（1868）	明治 11 年（1878）
10.	四条畷神社	楠木正行		明治 11 年（1878）	明治 11 年（1878）
11.	名和神社	名和长年		明治 11 年（1878）	明治 11 年（1878）
12.	靖国神社	"万千护国英灵"	敕祭社	明治二年（1869）	明治 12 年（1879）
13.	结城神社	结城宗广		文政七年（1824）	明治 15 年（1882）
14.	照国神社	岛津齐彬		文久二年（1862）	明治 15 年（1882）
15.	常磐神社	德川光圀、德川齐昭		庆应三年（1867）	明治 15 年（1882）
16.	丰荣神社	毛利元就		明治二年（1869）	明治 15 年（1882）
17.	小御门神社	藤原师贤		明治 15 年（1882）	明治 15 年（1882）
18.	阿部野神社	北畠显家、北畠亲房		明治 15 年（1882）	明治 15 年（1882）
19.	灵山神社	北畠亲房、北畠显家、北畠显信、北畠守亲		明治 14 年（1881）	明治 18 年（1885）
20.	梨木神社	三条实万、三条实美		明治 18 年（1885）	明治 18 年（1885）
21.	唐泽山神社	藤原秀乡		明治 16 年（1883）	明治 23 年（1890）

续表

	社名	主要祭神	其他规格	建社年份	设别格年份
22.	上杉神社	上杉谦信		明治四年（1871）	明治35年（1902）
23.	尾山神社	前田利家		明治6年（1873）	明治35年（1902）
24.	野田神社	毛利敬亲		明治6年（1873）	大正4年（1915）
25.	北畠神社	北畠显能		宽永二十年（1643）	昭和3年（1928）
26.	佐嘉神社	锅岛直正		昭和4年（1929）	昭和4年（1929）
27.	山内神社	山内丰信、山内丰范		昭和7年（1933）	昭和9年（1935）
28.	福井神社	松平庆永		昭和18年（1943）	昭和18年（1943）

从明治到昭和时期，日本政府共创设别格官币社28社。在28处别格官币社中，靖国神社也是很特殊的存在，可谓别格中的别格。

首先，在表6-1中最明显的是，从其他社格来说，在28处别格官币社中，靖国神社是唯一的敕祭社，其地位的特殊性可谓一目了然。

其次，从祭神的人数来说，其他27处别格官币社都是祭祀一个或几个具体的人，而靖国神社则开历史之先河，祭祀的是百万之多的所谓"护国英灵"。靖国神社祭祀着从幕末到明治维新时、明治维新后至二战结束时的战争中的战死者。祭祀的标准是"正规军人在战争中战死"，不过实际上也不完全如此，除了军人，也包括翻译、护士、普通人等。据平成16年（2004）10月17日的统计，共祭祀着2466532柱①神。

再次，当祭神为多数时，从祭神之间的关系来说，其他别格官币社祭神往往属于同一个家族，基本基于血缘原则，但靖国神社则完全背弃了血缘原则。靖国神社号称灵魂无区别融合，所有靖国神社的祭神融合于一体，不可分离。这严重违背了日本源远流长的祖灵信仰。这也是靖国神社本身遭到众多战争遗族反对的重要原因之一。很多人认为，自己家族的后代，死后应该回归祖灵，被强制祭祀在靖国神社

---

① 柱，日本计数神灵的量词，相当于中国的尊。

是违背了神道信仰的,这样的灵魂是孤独而可悲的。

在历史上,按照日本神道的传统,战死是一种枉死,如果被祭祀为神只能是御灵信仰。28处别格官币社的祭神有的战死,有的寿终正寝,但没有一处是御灵神社。或许也可以说,"别"格之"特殊"之处,就在于原本应该成为御灵的神,在明治政府的意志下成为忠臣"伟人"之神。日本最著名的御灵信仰是菅原道真信仰。菅原道真也是忠臣,但北野天满宫和太宰府天满宫例外,并不是别格官币社,而列格在官币中社里。当然,通过天神信仰(雷神信仰),菅原道真被看作雷神,因此并不列格在别格官币社,这可以看作原因之一;但是,或许更重要的原因是,菅原道真是众所周知的御灵信仰,所以万不可列格别格,以防把别格导回御灵体系。因此可以说,别格是在日本近代国家意志下新产生的人神信仰。

二 作为敕祭社的靖国神社

在敕祭社中,靖国神社性质也是非常特殊的,这主要表现在社格高低和祭神方面。

首先,敕祭社的社格都是非常高的,而靖国神社则是其中唯一的社格非常低的神社。如表6-2所示,日本敕祭社在战后朝鲜神宫废止后现存16处。其中11处为明治时期之前创设,5处为明治、大正、昭和时期创设。在11处明治时期以前创建的敕祭社中,有2处同时是名神社、一宫、二十二社、官币大社,有5处同时是名神社、一宫、官币大社,1处同时是名神社、二十二社、官币大社,1处同时是名神社、官币大社,1处同时是二十二社、官币大社,1处是官币大社。可见,明治之前创建的敕祭社的基本特征是传统深远、社格很高。而明治、大正、昭和年间创建的5处敕祭社中,有4处是官币大社,社格也非常高,只有靖国神社1处是别格官币社,社格较低。而且,单从近代官国币社社格来看,16处敕祭社中有15处位列官币大社,都是社格非常高的神社,只有靖国神社1处是社格比较低的别格官币社,在全部敕祭社中算是非常特殊的存在。或者说，按照靖国神社别格的社格，本来是没有资格列格敕祭社的。

表 6-2　日本敕祭社一览

	神社名	是否名神社	是否为一宫	是否二十二社	官国币社	别表或单立	祭神	备注
1.	贺茂别雷神社	是	否，一宫在山城国	是	官币大社	别表	贺茂别雷大神	
2.	贺茂御祖神社	是	否，一宫在山城国	是	官币大社	别表	玉依姬女神等	
3.	出云大社	是	否，一宫在出云国	否	官币大社	别表	大国主神	
4.	冰川神社	是	否，一宫在武藏国	否	官币大社	别表	须佐之男神等	
5.	鹿岛神社	是	否，一宫在常陆国	否	官币大社	别表	建御雷神	
6.	香取神宫	是	否，一宫在下总国	否	官币大社	别表	经津主大神	
7.	宇佐神宫	是	否，一宫在丰前国	否	官币大社	别表	八幡大神等	
8.	春日大社	是	是	是	官币大社	别表	武瓮槌神等	
9.	热田神宫	是	是	否	官币大社	别表	天照大神	
10.	石清水八幡宫	否	是	是	官币大社	别表	八幡大神	
11.	香椎宫	否	是	否	官币大社	别表	仲哀天皇等	
12.	橿原神宫	否	是	否	官币大社	别表	神武天皇	明治时期创建
13.	平安神宫	否	是	否	官币大社	别表	桓武天皇等	明治时期创建

续表

	神社名	是否名神社	是否为一宫	是否二十二社	官国币社	别表或单立	祭神	备注
14.	明治神宫	否	是	否	官币大社	别表	明治天皇等	大正时期创建
15.	近江神宫	否	是	否	官币大社	别表	天智天皇	昭和时期创建
16.	朝鲜神宫	否	是	否	官币大社	战后废止	明治天皇等	大正时期创建
17.	靖国神社	否	是	否	别格官币社	单立	"万千护国英灵"	明治时期创建

其次，从祭神来看，靖国神社在16处敕祭社中也非常特殊。在16处敕祭社中有10处祭祀日本神话中的诸神，5处祭祀天皇，只有靖国神社1处祭祀"万千护国英灵"，即战死者，既与诸神无关，也与天皇无关，是祭祀臣子的，因此位列别格。而且，同是敕祭社，宇佐神宫和香椎宫每10年、鹿岛神宫和香取神宫每6年会派遣敕使，而靖国神社每年的春秋两次大祭都会派遣敕使。可见，靖国神社虽然社格较低，但在社格很高的敕祭社中也属于礼遇相当高的。

另外，在延续至二战后的16处敕祭社中，有15处为别表神社，只有靖国神社为单立神社，但如上文所述，别表和单立只是在各种事务手续方面有所不同，所以单立神社并不代表靖国神社的特殊性，换言之，从现代社格已经看不出靖国神社的特殊性了。

三 作为行政乡社的靖国神社

在近代社格中，乡社是一个特殊存在，它具有双重性，一方面它是金字塔式社格制度中的一层；另一方面，它又逸出社格体系，成为一种身份制度，在日本近代作为行政的一环发挥了统摄国民的作用。

明治时期神道的宗教政策是和地方行政混杂在一起的。关于乡社，在一开始除了社格之外还表示特定的行政职能，这就是乡社氏子制度。乡社氏子制度的前身是江户时代的寺请制度。寺请制度一开始是江户幕府排斥基督教、进行宗教统制的制度，规定民众必须持有由当地寺院出具的非基督教徒的证明，这样就要求民众必须成为从属于佛教寺院的"檀家"（施主），从而把广大民众绑定在寺院体系中，而寺请制度也成为一种身份制度。

明治四年（1871）7月4日，明治政府发布乡社定则，按照户籍法大约一千户的户籍区中，以当地的代表性神社为乡社，其他神社附属于乡社，而且作为乡社的附属，乡社下设村社，一个村里祭祀一个氏神，形成了一村一社的体制。这种意义下的"乡社"不再是一种社格，而成为一种作为身份制度的地方行政单位。村社的氏子依照习惯作为村社的氏子，附属于乡社。自古以来跨数个村子、有数千户氏子的神社自然成为乡社。官国币社、府县社等氏子数为数万户的神社也作为乡社，不再另设新的神社。因此，乡社与当时的自然村数量基本一致，为18万多处。明治四年（1871）8月19日明治政府发布太政官布告[①]第322号《大小神社氏子调查》，开始施行乡社氏子[②]制度，规定全体国民都必须成为当地神社——乡社的氏子。当有新生儿出生时，由户主向当地神社（乡社）提交申请，神社向氏子发放氏子证明。在乡社氏子制度下，氏子证明即身份证，部分承担了户籍的作用。氏子证明是一块长9厘米左右宽6厘米左右的木牌，正面记载着所属神社、出生地、现住所、姓名、出生时间、父亲的名字，反面记载着神官的姓名和印章、发证日期。普通男女老少都以同样的手续，作为在乡神社的氏子登录在册。同时，神社也有义务编制氏子籍册。搬家的时候，要到新住处的当地神社履行相同的手续。死亡的时候再经由户主把氏子

---

① 太政官布告是明治时代初期最高官厅太政官发布的法令形式。
② 与氏神相对，受氏神保护的对象称为氏子。

第六章 靖国神社的"英灵"信仰

证明返还神社。乡社氏子制度作为宗教政策,具有排斥基督教、复兴神道的作用,而作为内政,则是户籍制度的补充,发挥着身份证明的作用,而乡社也具有初级行政单位的性质。这一政策把对广大民众的身份统制由佛教的寺院转移到神道神社中的乡社,这在功能上取代了寺请制度,寺请制度于明治四年(1871)9月废止。[①]

由此可以看出,乡社的含义和通常的神格有所不同,它不仅是一种神道社格,还是一种身份制度。我们可以将其区别叫作社格乡社和行政乡社。因此有的神社既是官国币社、府县社,同时也是行政乡社,这时的行政乡社并不指代这一神社的社格,而是指它在身份制度中发挥着管束当地居民的作用。两年后,明治6年(1873)5月29日,太政官布告第180号发布,废止了这一制度,乡社的行政职能也同时废止,仅作为社格保留。不过一村一社的氏神氏子意识却延续下来,成为后来神社神道的基础。乡社的行政职能废止后,施行市町村(行政村)制度,自然村大量减少。明治39年(1906)神社合祀令发布,到明治末期,乡社减少到11万多处。

可以说,在近代神社合祀和一村一社的思想背景下,几乎每个神社都发挥了行政乡社的职能。无论神社的祭神是谁,其主要神德为何,一般都会保佑当地居民的安居乐业、生意兴隆、无病消灾等现世利益,成为当地居民的保护神。即使是御灵信仰,人们也相信,在日夜相继的神馔祭祀中,御灵已然由荒灵化为和灵,性情和蔼,护佑众生。但是靖国神社具有强烈的军人色彩,是日本全国的军神所在,它没有"氏子地域"(作为保护神保护的当地地域)。虽然靖国神社的神签上也会写着诸如身体健康、人生顺利等和现世利益相关的词句,但很少有人会专程去靖国神社祈祷俗世的福祉,大部分去靖国神社祭拜的民众都是战死者的家属,这是和"一地一社"完全不同的另类景象。

综上所述,靖国神社的旧社格是别格官币社、敕祭社,但它无

[①] 岡田莊司、『日本神道史』、吉川弘文館、2015年、第257頁。

论是在全体别格官币社中,还是在全体敕祭社中,都是格外特殊的一处。首先,从别格官币社的规格来看,靖国神社具有明显的特别性。在神社体系中,别格官币社的地位较低,但在28处别格官币社中,靖国神社是唯一的敕祭社,享受着皇室和政府的特殊礼遇;其他别格官币社一般只祭祀一两个人,至多的也只有16人,而靖国神社则祭祀千千万万个人,这不仅在别格社中,即使在日本全部神社中,也是极为特殊的;而且,靖国神社的所谓"万千灵魂融为一体"也与传统的"有血缘关系的同族"[①]灵体融合原则相违背。其次,从敕祭社的规格来看,靖国神社具有明显的特别性。在16处旧敕祭社中,只有靖国神社是社格较低的别格官币社,其他15处都是官币大社,社格很高,许多神社还同时是名神社、一宫、二十二社等,传统深远;从祭神来看,其他15处敕祭社都是祭祀天神或天皇,只有靖国神社是祭祀战死者。而且,靖国神社每年的春秋两次大祭都会有敕使奉币,它是敕祭社中社格最低、礼遇却格外高的一个特殊存在。最后,从行政乡社的职能看,靖国神社具有明显的特别性。日本神社一般都有护佑地域,发挥着一地一社的行政乡社的职能,但靖国神社并不如此。

由此可见,靖国神社是与普通神社完全不同的异质性存在,并不是日本传统文化,标榜"靖国神社是日本的传统文化"完全是自欺欺人。某些日本政客打着"传统文化"的幌子参拜靖国神社都是违背了神道信仰、另有政治企图的。

第三节 靖国神社的空间与祭祀

"英灵"社包括靖国神社和日本全国各地的护国神社,其中最为世人关注的就是靖国神社。靖国神社位于日本东京都千代田区九段

[①] 按照"家"的构造,血缘也包含了虚拟血缘。例如,养子虽然没有实际的血缘关系,但在家族构造中,按照虚拟血缘,其灵魂最终也是要融入祖灵的。

第六章 靖国神社的"英灵"信仰

下,在日本皇宫皇居和日本国家机关集中所在地霞关近旁,地位特殊。明治二年(1869),按明治天皇的旨意成立"东京招魂社","慰灵"和"彰显"在戊辰战争中阵亡的军人;明治12年(1879),改名为靖国神社,并被赋予别格官币社的地位。靖国神社供奉着幕末以来为日本战死的日军官兵及军属,包括中日甲午战争(1894~1895年)、日俄战争(1904~1905年)、侵华战争(1931~1945年)及太平洋战争(1941~1945年)等。靖国神社"灵玺簿"记录着接近250万名战死者,其中有约210万人死于二战,包括14名二战甲级战犯和约2000名乙级、丙级战犯。

因为靖国神社冠以"神社"之名,所以一些不明就里的人会误以为靖国神社是一所普通神社,而很多别有用心的日本政客也利用了这一点,大肆宣扬靖国神社是日本的"传统文化",但是,将靖国神社的空间和祭祀剖开,就会看到,这里是普通神社和战争神社的杂糅,很明显,战争神社才是靖国神社的实质。

一 靖国神社的空间设施

靖国神社的空间设施按照共性设施、中性设施、个性设施分类如下。

(一)靖国神社的共性设施

靖国神社的共性设施主要有,鸟居、狛犬、参道、手水舍、社务所、神札所、能乐堂、斋馆等。鸟居是神社共通的标志性设施,在靖国神社里亦有多处鸟居。其中正门(东门)的大鸟居高耸入云,雄伟异常,可将其归入中性设施。其他鸟居,如第二鸟居、中门鸟居、南门鸟居等,可归入共性设施。

靖国神社的共性设施是和普通神社差不多的,这是靖国神社极具迷惑性的部分,是靖国神社"普通神社"的外衣。

第一鸟居。也叫作大鸟居,号称是"日本第一大鸟居",高25米,格外雄伟，从这里穿行而过时，一种威严之感压迫而来。一般神社的鸟居并不会特别高达，人在穿过之时往往期待进入神域的清净感，而靖国神社的大鸟居表达出"国家神社"的威慑力。同时，近代神社的一个特点是，鸟居越高，往往神社的地位越高，靖国神社高大的鸟居也彰示了其在近代高高在上遥不可及的地位。

神门。是神社的正门，门上是直径 1.5 米的巨大的菊花纹章。菊花纹章还出现在靖国神社各处建筑的屋檐、瓦当上。菊纹是日本皇室的象征，靖国神社无处不在的菊纹象征着靖国神社近代与皇室的密切关系。

拜殿。按照神道传统，一般在拜殿进行参拜，因此，右翼政客们也打着"弘扬传统文化"的旗号，甚至按照神道的仪式，来此参拜、供奉。我们看到的新闻图片，往往拍摄于此。

石灯笼。靖国神社里有许多石灯笼，其中第一鸟居前左右两座石灯笼，底座部分雕刻着多次侵略战争的战斗场面，如中日甲午战争、日俄战争、攻陷旅顺等，为日本发起的侵略战争歌功颂德，极具军国主义色彩，也彰示了靖国神社的底色。昭和 21 年（1946），在中国、苏联等国的强烈要求下，将战斗场面的雕刻部分用水泥抹平。昭和 32 年（1957）这些雕刻被复原。

绘马悬挂处。悬挂在这里的绘马上写着各式各样的祈愿内容，既有祈求身体健康、考试顺利的，也有写着"制霸"的右倾化词语，更有中文、韩文写着的反对军国主义的内容。小小的绘马悬挂处交融着民俗、宗教、政治的气息，也搭起了历史修正主义与反历史修正主义的国际舞台。

（二）靖国神社的中性设施

神池庭园。和其他神社一样，靖国神社也有自己的庭园，有水有石，算是一个小型的回游式庭园。庭园里有几处茶室，名曰行云亭、靖泉亭、洗心亭。但是如果穿庭院而行，就会发现这里充满了浓郁的军方气息，既有各个部队捐赠的各式树木，也有相关机构捐赠的椅子等。

（三）靖国神社的个性设施

灵玺簿奉安殿。在本殿后面，殿内供奉着"灵玺簿"，上面记载着死者的姓名。姓名写入"灵玺簿"，即为"合祀"。据靖国神社的解释，神灵一旦合祀，就不能再分离了。灵玺簿奉安殿不对外开放。

元宫。供奉着在幕末的斗争中死去的志士。原本是瞒着幕府偷偷祭祀在小神社里，后来昭和6年（1931）转移至靖国神社，因为是最初之"元"，称为"元宫"。

镇灵社。昭和40年（1965）建立。靖国神社称，镇灵社祭祀着没有供奉在靖国神社本殿中的灵魂、在世界各国的战死者。"没有供奉在靖国神社本殿中的灵魂"是指在幕末的战争中幕府方的战死者，即非政府军。政府军的"敌军"的战死者是无权进入靖国神社的正殿的，只能祭祀在"镇灵社"。靖国神社为了证明合祀甲级战犯的正当性，常常宣称战死者没有区别，全部合祀。其实并不是这样，同是日本人，"敌军"的战死者是不能合祀入灵玺簿的，镇灵社便是很好的证明。日本文化学者、宗教学者梅原猛指出，祭祀敌军是御灵信仰的内容，比起祭祀己方，祭祀敌方是更"传统"的神道精神。

元宫和镇灵社是靖国神社内的小社，但却并不是其摄社或末社。元宫是靖国神社的前身，镇灵社是靖国神社的补充。这样的存在在其他神社中颇为少见。

游就馆。明治14年（1881）建立，是战前日本最大的国立军事博物馆，为宣扬军国主义思想起到重要作用。游就馆的名字取自《荀子》中的"故君子居必择乡，游必就士，所以防邪僻而近中正"。其展览内容包括靖国神社的历史、二战史等，馆内陈列着飞机、大炮、枪支、战死者的遗品、遗书、影像等。其中的记述表现了靖国神社对战争责任的回避、对南京大屠杀的否认等，代表了历史修正主义的史观。

特攻勇士之像。竖立在游就馆门前。在其说明词中写着，"在大东亚战争末期，战局日益恶化，……计5843名陆海军人毅然撞击敌舰牺牲，这成为今日和平繁荣的祖国日本之础。其至纯崇高的殉国精神，值得国民敬仰追悼，永久传扬。"在靖国神社和游就馆的各处，都可以看到这种关于战争的模糊、暧昧的表达。在这些记述中，只有战争、灾难、牺牲，没有关于战争性质、战争责任的基本认知与反省。类似的雕塑还有母亲之像、战马慰灵像、军犬慰灵像、鸽魂塔、护国海防舰之像、慰灵之泉。

帕尔博士彰显碑。平成17年（2005）设立。帕尔博士在昭和21年（1946）的东京审判中担任法官，是唯一认为日本全员无罪的法官。帕尔博士彰显碑显示出靖国神社对太平洋战争的认识，也体现了靖国神社历史修正主义的战争立场。

相扑场。明治二年（1869）靖国神社首次祭祀的时候，举行了大相扑活动。现在，每年在春季例大祭时都会举行相扑活动，称为奉纳相扑。

靖国偕行文库。为靖国神社的图书馆。

大村益次郎铜像。大村益次郎［文政七年至明治二年（1824~1869年）］是近代"日本陆军之父"，积极参加了东京招魂社的创社，后来被暗杀。

白鸽。500只纯白色的信鸽。据说是象征和平，但是这里信鸽的语义也十分暧昧，模糊了战争的性质与责任。

靖国之樱。明治三年（1870）开始种植。靖国神社的樱花被称为"九段之樱"，是靖国神社的象征。每到樱花开放的季节，周边的市民就来到靖国神社赏樱，这也使靖国神社看起来仿佛是公园一般，为战争神社披上了一层普通公园的外衣。

二 靖国神社的四季祭祀

靖国神社的四季祭祀[①] 按照民间祭祀、人物祭祀、国家祭祀分类

---

① "靖国神社—祭事のご案内"：http://www.yasukuni.or.jp/schedule/index.html。

如下。

（一）靖国神社的民间祭祀

1月1日，新年祭。新年从神社的太鼓声中开始。从元旦凌晨零点开始，敲起太鼓，参道上灯火通明，进行新年参拜的人群蜂拥而至。从神社内的水井中汲取"若水"供奉神前，然后在正殿举行新年祭，祈祷国家安泰、国民平安。神社分发神酒，举行艺能、射箭、抽签等活动，庆贺新春。1月1日至5日举行特别献花展览。1月2日，二日祭。1月3日，三三九式。

2月17日，祈年祭。

2月下旬，桃花节神乐仪式。

4月上旬，樱花祭。神乐仪式。相扑仪式。夜间赏樱奉纳能乐。

5月下旬，宗徧流献茶式。

6月中旬，奉纳菖蒲花展。

6月30日，大祓式。

7月下旬，奉纳牵牛花展。

9月下旬，中秋神乐仪式。

10月4日，里千家献茶式。

10月16日至11月5日，奉纳菊花展。

11月23日，新尝祭。

12月25日，扫煤祭。

12月31日，大祓式。除夕祭。

可以看出，靖国神社中包含着大量的民间祭祀，主要是按照一年四季的季节变化，举行与节气相关的花展、献茶式、祓除仪式等，是基于日本民俗的，看上去就是日本传统文化，似乎完全没有军国主义的影子。

（二）靖国神社的人物祭祀

6月29日，创立纪念日祭。纪念靖国神社的设立，举行献咏式。

7月13~16日，"英灵"祭。"英灵"祭始自1947年，仿照日本祖先祭祀的盂兰盆节，于7月13日至16日举行。期间，神社内挂起3万多盏大大小小的灯笼，照亮夜空。神社内举行神轿巡游、青森夜灯祭、特别献花展、各种艺能表演、相扑大会、盂兰盆节舞会等。从表面上看，靖国神社的"英灵"祭更像是东京夏日的节庆，每年吸引30余万人参拜，非常热闹。而同时，每天夜里在正殿举行"英灵"的慰灵祭祀。

靖国神社的祭祀人物是万千"英灵"，"英灵"祭的各种仪式和其他的神社祭祀大致相同，让人觉得这就是普通的神社祭祀。只是在正殿举行的慰灵祭祀，提醒人们，这些祭神并不是普通的祭神，而是靖国神社带有浓重近代战争色彩的"英灵"们。"英灵"祭的时间也和祖先祭祀的日期相同，似乎是想让人们觉得，"英灵"祭祀是始于祖灵祭祀的，但是，这些"英灵"却无法回归故乡，无法融入亲人、祖灵，从祖灵信仰来说，是十分悲哀的。

（三）靖国神社的国家祭祀

每月1日、11日、21日，月次祭。

1月1日，岁旦祭。

1月7日，昭和天皇武藏野陵遥拜式。

1月30日，孝明天皇后月轮东山陵遥拜式。

2月11日，建国纪念祭。

4月21~23日，春季例大祭。靖国神社最重要的祭祀是春秋两季的例大祭。在春季例大祭的4月21日至23日期间，举行祓除仪式、当日祭、二日祭、神人共食宴会等。当日祭时，供奉神馔、神酒等，感谢神灵、祈祷和平。当日，天皇派遣敕使参拜，供奉供品，上奏祭文。其间，举行各种艺能、特别献花展、樱草展等。

4月29日，昭和祭。

7月30日，明治天皇伏见桃山陵遥拜式。

第六章 靖国神社的"英灵"信仰

8月15日,"日本之声——感谢英灵集会"放鸽仪式。在8月15日"终战纪念日"(日本不叫"战败纪念日"),靖国神社在上午举行放鸽仪式。每年在这一天,靖国神社的庭院内都会举行战殁者追悼中央集会。除了战殁者家属参拜之外,历代内阁总理大臣,如三木武夫、福田赳夫、铃木善幸、中曾根康弘、小泉纯一郎,以及内阁成员等,也曾经在这一天前来参拜。

10月17日,伊势神宫神尝祭遥拜式。

10月17~20日,秋季例大祭。秋季例大祭从10月17日至20日,其间举行祓除仪式、当日祭、二日祭、三日祭、神人共食宴会等。与春季例大祭相同,当日祭时,天皇派遣敕使参拜,供奉供品,上奏祭文。二日祭、三日祭时举行相同的仪式。最后一天,举行神人共食宴会。例大祭期间,举行献茶式、各种艺能表演、特别献花展、菊花展等。还会举行源自源赖朝时代的草鹿式,向草鹿射箭,比赛武艺。

11月3日,明治祭。

12月23日,天皇诞辰奉祝祭。

12月25日,大正天皇多摩陵遥拜式。

从上面可以看出,靖国神社的国家祭祀非常多。大致可以分为四类。第一类是延续自律令时代的国家祭祀,如月次祭、祈年祭、新尝祭等。第二类是天皇祭祀,孝明天皇、明治天皇、大正天皇、昭和天皇的陵墓遥拜式,天皇诞辰奉祝祭。第三类是近代之后的新的国家祭祀,如建国纪念祭、明治祭、昭和祭、放鸽仪式等。其中放鸽仪式当天举行的是追悼集会,并不是严格意义上的慰灵或者镇灵仪式,因此并不是神道仪式,而明显是战争纪念的社会活动。同时,政府官员于8月15日参拜靖国神社,必然带有政治和外交意义,这也超越了神道的宗教范畴。第四类是靖国神社的春秋两季的例大祭。例大祭的各种祭祀仪式和其他神社例大祭的仪式大致相同,唯独敕使奉币彰显出靖国神社不同凡响的地位。靖国神社既不是传统深远的大社,也不是事关皇族的贵社，仅仅作为别格神社就享受如此高的规格，也凸显其特殊的国家性质。

第四节　靖国"英灵"信仰的神道批判

民俗学者和歌森太郎说，新的宗教形式虽然源于民间信仰，但它却朝着否定和变革的方向对民间信仰加以扬弃而重新创造出来。以小泉纯一郎为代表的部分日本人坚持认为，人死为神是日本神道信仰的传统，外国人无权说三道四。但是即使从神道思想史的发展来看，神道的"人死为神"也经历了祖灵信仰、御灵信仰、伟人信仰、忠臣信仰等诸多阶段，并不能将其混淆起来一概而论地说人死为神是日本神道信仰的传统。准确地说，靖国神社的"英灵"信仰属于忠臣信仰的脉络，是祖灵信仰、御灵信仰、伟人信仰的杂糅，与它们貌合神离，是神道在日本近代发生的具有近代历史烙印的思想畸形。

一　"招魂"的意图

据《古事类苑》记载，"招魂"一词原本并非神道用语，而是阴阳道祭祀中使用的词语。[①]民俗学者折口信夫认为，招魂仪式是为了呼唤死者灵魂回归。[②]在祖灵信仰中，灵魂都是要归于祖灵的，只有在尚未融入祖灵时，是以个体灵魂的形式存在。那么招魂社的招魂，是何意义呢？

招魂社起源于为安政大狱事件中的殉难者招魂并举行灵祭，因此，我们再看一下文久二年（1862）孝明天皇的敕文。敕文中说："招集其灵魂，以礼收葬，使子孙祭祀之。"从这里可以看出，第一，祭祀对象

[①] 坂本是丸、「靖国神社史Ⅰ」、『靖国神社』、神社本厅，第124页。
[②] 山折哲雄著《民俗学中的死亡文化》，熊淑娥译，社会科学文献出版社，2015，第15页。

第六章 靖国神社的"英灵"信仰

是殉难者，这些灵魂是枉死的，需要"招集"，是徘徊于人间尚未成神的，因此应是怨灵；第二，"使子孙祭祀之"，祭祀主体是个人的子孙，是使灵魂归亲族，即要把怨灵祭祀入祖灵；第三，此时的"忠魂"是合祀于家族的祖灵合祀，不是"忠魂"合祀，"忠魂"与"忠魂"是相互独立的。即，最初招魂社的招魂祭祀目的在于，将"忠诚"的怨灵以"忠魂"的名义纳入祖灵祭祀的体系。

招魂社一开始叫作"招魂场"，是在临时性的场所进行一次性的祭祀，后来称为"招魂社"，"招魂"是一时的、暂时的，而"社"则是长期存在的建筑，因此这一名称其实是矛盾的。[①]"招魂"也暗示了灵魂没有融入祖灵，没有成神，因此后来招魂社改称为靖国神社、护国神社，也暗合了政府要使忠魂成神的目的。

靖国神社和护国神社的祭神一般称为"英灵"。"英灵"一词自古有之，但以前并不是战死者的灵魂之意。"英灵"一词本来的意思主要有两种，一是指优秀的人的灵魂，二是对死者灵魂的尊称。其第三个意思"对战死者灵魂的尊称"始自日本近代，在日俄战争之后，"英灵"一词见诸报端，指称当时的战死者。明治39年（1906）在靖国神社合祀祭的记录中，出现了"忠死的英灵"的字样。明治末年，"英灵"只是军部、报纸方面的用语，至昭和年间，在国家神道下，"英灵"逐渐成为一个宗教用语，广义上是对死者灵魂的美称，狭义指战死者，甚至专指靖国神社祭祀的战死者了。[②]"英灵"与"忠魂"，看似只是称呼的改变，其实在神道信仰中，暗示着由魂到灵的升华，即成神。日俄战争时期刚好是日本需要大量民众积极投身于战争的时期，"战死"、"枉死"是不可避免的，但是按照传统信仰，"忠魂"们只能成为怨灵，无法融入祖灵，只能在"招魂"时享用祭祀，这显然是不利于战争动员的。因此，"英灵"一词的提出，其实是赋予了战争怨灵们一条直接成为国家神灵的道路，是在新的时代背景中提出的神道的

[①] 小林健三・照沼好文，『招魂社成立史の研究』，錦正社，1969年，第90頁。
[②] 田中丸勝彦，『さまよえる英霊たち』，柏書房，2002年，第13–21頁。

· 177 ·

变异。

二 "英灵"信仰与祖灵信仰的矛盾

下面，我们就从"英灵"信仰和祖灵信仰、御灵信仰、伟人信仰的异同来具体看一下靖国神社是如何混淆概念，在本质上是如何与日本传统文化形似神离、背道而驰的。

首先是"英灵"信仰与祖灵信仰的矛盾。日本的神社祭祀分为个人神祭祀和集体神祭祀，其中个人神祭祀居多，但招魂社体系的祭神大部分都是集体祭祀的形式，这和祖灵信仰是一致的。因此，"英灵"信仰最想模仿的就是祖灵信仰了。

第一，表象之同——个人死后无区别地融入集体神；本质之异——融入原则不同，祖灵信仰依据血缘原则，"英灵"信仰依据军籍原则。

靖国神社经常宣称，"人死无善恶，全部融入神灵，这是日本的传统文化"，但是在贵船神社的《镇魂词》中是这样说的："死后之灵魂不论生命之长短、善恶与邪正，皆参勤于当地之产土神社，由产土神进退其灵魂。……人临死之时，将升天之分魂留于灵玺，厚祀于灵舍，奉为守护子孙之祖神。礼拜祖神、不怠追祭，以神道之威仪，使死者之灵魂速速复归平等之神位。"[①] 由此可见，"人死无善恶全部融入神灵"的"神灵"，是特指"产土神"的，即是祖神、祖灵系的神灵。靖国神社在这里偷换概念，将"产土神"、"祖神"替换为"神灵"了。

靖国神社的"英灵"和祖灵信仰的祖灵都是集体人格神，通过集体人格神的信仰，人们形成对集团的归属感，从而形成共同体。从表面上看，"英灵"信仰和祖灵信仰相同，都是个人死后无区别地融入集体神，在祖灵信仰中，个人融入祖灵，在"英灵"信仰中，个人融入靖国之神，但从本质上来看，祖灵信仰主要依据的是血缘原则（包

---

① 福田勝美、「霊魂鎮之詞」、『誄詞・神葬諸祭詞』、戎光祥出版、2016年、第52-53頁。

第六章 靖国神社的"英灵"信仰

括虚拟血缘原则和一些地缘原则），死后融入祖灵的条件是拥有共同的血缘，而祖灵也必定停留在家宅附近，护佑子孙。而靖国神社的"英灵"信仰，则依据的是军籍原则，战死的军人（也包括军属、为军队服务的人等）将不再因其血缘融入自己家族，而因其军籍融入靖国神社之神，被祭祀在远离家乡的东京，这其实正是违反了日本的传统文化，或者说，这些为国捐躯的普通军人，生前不能与家人团聚，死后不能融入自己家族的祖灵，对他们来说是十分悲哀的事情。战死的日本军人一旦进入靖国神社，就不再是具有血肉之躯的具有人格的常人，他们被称为"英灵"或"忠魂"，成为国家的神，而同生养他们的父母及亲属也不再保持俗世的血缘关系，而是神与普通人的关系。这看似提高了阵亡者的地位，但实际上拉开了与普通国民的距离。"辛苦抚养二十年，三月不见成国神"，这表达了一种无奈的哀怨情绪。国学院大学教授大原康男认为，从士兵和遗属的角度来看，希望尽快把战死者合祀在靖国神社，这是对遗属的精神慰藉。[1]这种想法是和日本传统的氏神信仰相违背的。日本国内许多军属曾提出将战死的家人之灵从靖国神社移出，迁到本族的氏神神社，但被靖国神社以"灵体一旦合祀就不能分离"为由拒绝，这其实正是靖国神社害怕普通军人的灵体移出之后，他们就不能再打着"祭祀为国捐躯的普通军人"的旗号来祭祀战犯们了。

不过，靖国神社可能也深知祖灵信仰的根深蒂固与不可违背，因此在其祭词中也添加了祖灵信仰中保佑后人的现世需求。在靖国神社春季慰灵祭的祭词中写道："使崇高尊贵的靖国之神的御神德遍布国家、岛屿之角角落落，与汝等神灵缘分深厚之各家各户也均沾御灵（みたま）之幸，家门繁昌。"[2]同时在靖国神社秋季慰灵祭的祭词中写道："使崇高尊贵的靖国之神的神德普照国家、岛屿之角角落落，汝神等尊

---

[1] 大原康男、「靖国神社史Ⅱ」、『靖国神社』、神社本庁、第147頁。
[2] 靖国神社、「靖国神社物故職員春季慰霊祭詞」、『誄詞・神葬諸祭詞』、戎光祥出版、2016年、第669頁。

贵之灵镇坐各家各户之守护神，为家族亲人施御灵（みたま）之幸"。[①]这种明显的祖灵信仰的因素出现于靖国神社的祭词中，也可看出靖国信仰的欲盖弥彰了。

第二，表象之同——人死为神；本质之异——从人至神的净秽之别。

祖灵信仰中子孙死后不会马上融入祖灵，刚去世的人的灵魂是污秽的，必须经过大约33年的血缘祭祀，个人才能除去死秽，净化灵魂，当灵魂达到至纯至净时，才成为灵体，才可以融入祖灵。这里的"净秽"即代表了当时人们的伦理取向，是基本等同于"善恶"的伦理概念。而靖国神社对"净秽"视而不见，宣称在日本的传统文化中，人不分善恶，死后都可成神，这非常明显是对传统的歪曲。更何况，许多学者已经指出，靖国神社并不是真的不分"善恶"，很多日本国内战争中的政府敌对军中战死的军人，被拒绝供奉在靖国神社中。可见，靖国神社的"善"乃是追随战时政府，"恶"乃反抗战时政府，其"善恶"也并非日本传统上的伦理观，而是近代受军国主义扭曲的皇国观了。

第三，表象之同——人死合祀；本质之异——合祀后个体灵魂的个性是否消失。

祖灵信仰中，33年后人死为神，会把一切属于个人个性的记忆抹除，如个人的坟墓推平，坟墓上的刻字抹去，等等。但在"英灵"信仰中，一方面靖国神社宣称军人们已经合祀为神，另一方面极尽全力留下个人的痕迹，如在灵玺簿上写上个人的名字，在游就馆内陈列个人的书信、物件等。

三 "英灵"信仰与御灵信仰的矛盾

其次是"英灵"信仰与御灵信仰的矛盾。靖国神社祭祀的人基本都是战死，在日本传统神道观念中战死的一般都属于怨灵，因此要将

[①] 靖国神社、「靖国神社物故職員秋季慰霊祭詞」、『誄詞・神葬諸祭詞』、戎光祥出版、2016年、第671頁。

第六章　靖国神社的"英灵"信仰

他们祭祀为神，最直接的是御灵信仰体系。但是，把为国战死的军人祭祀为御灵，这是政府和军属都不能接受的，这自然产生了"英灵"信仰与御灵信仰的矛盾。

第一，表象之同——战死者祭祀为神；本质之异——神为"和灵"还是"怨灵"之别。

在御灵信仰中，战死者含有怨念而亡，死后会化为怨灵，如果成神，则被祭祀为御灵，而御灵是暴戾之神，上面常常设置统御神加以统制。但靖国神社祭祀的军神一直避讳怨灵、御灵等词，想将靖国军神塑造成和灵的形象。"英灵"一词的音读读作"えいれい"，但其训读却是"みたま"，可见，靖国神社之意是要把"英灵"归入"御灵"（みたま）的，即"英灵"不是怨灵，是和灵。这明显是和祖灵信仰和御灵信仰都矛盾的。田中丸胜彦犀利地指出，"英灵"，不过是御灵的近代称呼，[①]直接戳破了靖国神社一直艰难维持的"英灵＝和灵"的窗户纸。

第二，表象之同——战死者祭祀为神；本质之异——祭祀者与被祭祀者是敌我关系还是我我关系。

御灵信仰中，为防止战死的怨灵作祟，一般是由敌方将其供奉为神。即，御灵信仰一般是祭祀敌人的，而不祭祀己方。著名的文化学者梅原猛也认为，靖国神社与日本传统神道不同，只祭祀己方，不祭祀敌方，这是明治维新后受欧洲国家主义的影响，是与传统神道相违背的。[②]在庆应四年（1868）的戊辰战争中，大约3500名政府军方面的战死者供奉在东京招魂社，而被称为"贼军"的旧幕府军的战死者却没有被祭祀。从御灵信仰体系的祭神思想来说，正因为是败兵，所以才需要公开祭祀。但从招魂社的习惯来看，战败的一方是没有资格被祭祀的。

[①] 田中丸勝彦、『さまよえる英霊たち』、柏書房、2002年、第39頁。
[②] 中曽根、梅原猛：《政治与哲学》，PHP研究所，1996年，第88页。转引自：鲁义《首相参拜靖国神社：日本人的认识与行动》，《日本研究》2005年第2期，第55页。

靖国神社合祀着二战甲级战犯，他们在中国及亚洲其他国家的领土上犯下了不可饶恕的罪行，在战争中毁灭了无数无辜的生命，因此亚洲各国反对日本首相参拜靖国神社。但小泉纯一郎认为，中韩等国对日本首相参拜靖国神社的批判是源于误解和偏见，他说："日本人不分敌我，对死者都怀有悼念之情。"[①]"日本人的国民感情认为，所有的死者均成佛[②]。能够因为与一小撮甲级战犯合祀，就将死者必须进行如此的区别对待吗？"[③] 如果真的不分敌我，日本应该同时也祭祀二战中亚洲各国的死难者，如果分出敌我，按照御灵信仰，日本也同样应该祭祀二战中亚洲各国的死难者，因此可见，小泉纯一郎不过是打着"不分敌我"、"不区别战犯"的幌子进行了最大化的区别对待。

四 "英灵"信仰与伟人信仰的矛盾

再次是"英灵"信仰与伟人信仰的矛盾。在慰灵与彰显的体系中，祖灵信仰与御灵信仰都是属于慰灵体系的，"英灵"信仰与伟人信仰都属于彰显体系，二者的相同之处显而易见。伟人信仰也是"英灵"信仰想融入的一种信仰形式，但"英灵"信仰与伟人信仰也有矛盾。

第一，表象之同——祭祀彰显英雄；本质之异——英雄是个人，还是抹杀个性的集体，还是具有个性的集体。

关于为何要把战死者祭祀在靖国神社，中曾根康弘曾说："除了靖国神社外，英灵没有一个回归之处，他们应该先到这儿，然后再回归各家的墓地。不管是基督徒也好，还是已皈依神道教的教徒也好，都是一样的。"[④] 供奉在靖国神社，就是国家的"神"。靖国神社祭祀军人，

[①] 2001 年 5 月 24 日答 CNN 记者问。转引自：鲁义《首相参拜靖国神社：日本人的认识与行动》，《日本研究》2005 年第 2 期，第 53 页。

[②] 日本神佛习合，成佛即成神之意。

[③] 2001 年 7 月 11 日在日本记者俱乐部讨论会上的发言。转引自：鲁义《首相参拜靖国神社：日本人的认识与行动》，《日本研究》2005 年第 2 期，第 54 页。

[④] 中曾根、梅原猛：《政治与哲学》，PHP 研究所，1996 年，第 87 页。转引自：鲁义：《首相参拜靖国神社：日本人的认识与行动》，《日本研究》2005 年第 2 期，第 53 页。

第六章 靖国神社的"英灵"信仰

最主要的目的是把为国战死者推上"英雄"、"伟人"的祭坛。但是在伟人信仰中,祭神是具有个性的个人,而在"英灵"信仰中,祭神是个人英雄融合的集体神。而且这个集体神并没有按照祖灵信仰集体神的性质去抹杀个人英雄,却是尽力彰显"一经合祀就无法分离"的每一个个体"英雄"。

第二,表象之同——人死为神;本质之异——死的性质不同,是枉死还是寿终正寝。

"英灵"信仰最想归属的信仰类型无疑是伟人信仰,但是其中最无法自圆其说的就是死的类型。在普通日本人的传统信仰中,寿终正寝归入祖灵,枉死归入怨灵,这是最简单最朴素的生死观、灵魂观。后来,个别优秀的个人寿终正寝也能成为伟人之神。但是,"英灵"们战死沙场,这在传统信仰中无论如何都是属于御灵信仰的体系的,如战国时期的武将和武士们。如何使枉死者成为伟人之神,这是"英灵"信仰必须面对的逻辑问题。忠臣信仰的诞生解决了这一问题,即使枉死,只要忠于天皇,就可以被国家祭为伟人之神。因此,"英灵"信仰与忠臣信仰是一脉相承的,都是祖灵、御灵、伟人信仰的混杂。

五 "英灵"信仰对宗教信仰的背反

神道是一种宗教信仰。宗教是由信念、实践、价值等组成的体系。[1] 下面,我们从宗教要素来看一下"英灵"信仰对宗教信仰的背反。

首先,信仰是构成宗教的不可或缺的因素,宗教信仰的根本规定性有二,一是对神灵的信仰,二是对彼岸世界的信仰。[2]

信奉者对神灵首先要有虔诚的信仰,即虔诚与敬畏之心。参拜靖国神社的人群主要有两类,一类是战死者的家属,他们到神社里主要是祭奠和哀思亲人,谈不上信仰;另一类是具有军国主义和右翼思想

---

[1] 李林:《信仰的内在超越与多元统一》,社会科学文献出版社,2012,第154页。
[2] 段德智:《宗教概论》,人民出版社,2005,第177页。

的民众和政客,右翼分子们在靖国神社的集会充斥着军国主义思想,是与宗教无关的。而政客们都是在面临大选时,或者上台当政时,以各种理由去参拜,而离任之后,基本就不怎么参拜了,因此,政客们的参拜只能是政治作秀,无论如何也不是"虔诚的信仰"。

同时,"英灵"信仰破坏了普通民众对灵魂归处的彼岸世界的信仰。虽然人神有多种,但普通民众以个人之力死后成神的可能性是极其微弱的,因此,对普通老百姓来说,死后融入祖灵就是最真实的彼岸世界和人生最终的幸福归宿。但"英灵"信仰中规定,战死者融入靖国之神,不可分祀,不可返回祖灵,这是对灵魂回归故土的沉重打击。

其次,宗教信仰的实质性内容,是救赎问题。[1]这一救赎,是指神灵对信奉者的救赎。对宗教的信仰,常常是为了从现实的困境中走出来,实现灵魂救赎;人们去神社,也往往祈求神灵保佑健康、安产、考试顺利等各种现实愿望。但靖国神社中,参拜者们并不需要靖国之神的救赎,相反,是形成靖国神社的万千孤魂需要救赎。

最后,在宗教信仰中,神灵内含着正义、美、真实等价值。[2]祖灵信仰中,灵魂归于亲族,是对"一族"归属的认同;御灵信仰中,能够成为御灵的,也一定是地方的才俊,其中有对其人格魅力的价值认同;伟人信仰中,也是对其一生丰功伟绩的价值认同;而在"英灵"信仰中,认同的是"战死"本身,同时,由于其战死者大多都是死于第二次世界大战等对外侵略战争,而靖国神社从未对此做出清晰的界定,向来都是含糊其词,说"为了和平而战死",这只能解释为靖国神社的真实意图是否认其战争的侵略性和非正义性,因此,亚洲各国自然会认为靖国神社宣扬的是"为侵略而战死"。这也是靖国神社受到世界非议的关键所在。

---

[1] 段德智:《宗教概论》,人民出版社,2005,第248页。
[2] 李林:《信仰的内在超越与多元统一》,社会科学文献出版社,2012,第207页。

由此可见，如果从宗教信仰的诸要素来看，靖国神社的信仰是超出了宗教信仰的框架的，是不能简单直接地称为宗教信仰的。

第五节 靖国神社问题的思想根源

靖国神社问题的思想根源就在于，随着日本从战后的废墟中重新站起来，日本在国际上也要求有与之相匹配的国际地位。日本战后的自我国家定位经历了经济大国、政治大国、文化大国的历程，靖国神社作为承载二战历史的记忆之场，必将在新时代发挥一定的"记忆"功能。

一 日本的国家形象战略

国家形象是一个国家对自己的认知以及国际体系中其他行为体对它的认知的结合。国家形象是国家软实力的重要组成部分之一，是一个国家的综合实力和核心价值观的体现，是一个国家在国际社会中所展示的整体面貌，以及国际社会对其综合实力、核心价值观、整体面貌的感受和评价，国家形象通常包括其本身的客观存在和外界对它的主观认知两个方面。[1] 各个国家都非常重视本国国家形象的塑造与传播。

下面，我们看一下自明治维新至今日本国家形象和国家形象建设战略的轨迹。

明治维新以来，日本"脱亚入欧"，国力迅速崛起，成为亚洲少有的没有沦为西方殖民地的国家，并跻身于资本主义强国的队列。但二战中的战败，国际社会对日本的审判，"战败者"、"侵略者"的历史定位对日本国家形象、民族自信心带来了重创。

---

[1] 对外传播中的国家形象设计项目组：《对外传播中的国家形象设计》，外文出版社，2012。

战败初期，日本坚持"吉田路线"，以经济发展为重心，迅速恢复经济。当时有学者认为，日本要恢复到战前的经济水平，大约要100年的时间。但令全世界刮目相看的是，日本战后经济经历了短短的十年，从昭和20年（1945）至昭和30年（1955）就迅速恢复了，昭和31年（1956）日本在经济白皮书中称"现在已然不是战后"。之后，从昭和31年（1956）至昭和47年（1972），日本迎来了经济高速发展期。昭和43年（1968），也就是战后仅仅20多年，日本的经济总量就超过了西德成为资本主义世界第二大经济体。昭和62年（1987），日本经济超过苏联成为世界第二大经济体。

在经济腾飞的背景之下，日本开始以雄厚的经济实力为后盾谋求政治大国地位。昭和58年（1983），时任首相中曾根康弘提出"战后政治总决算"的口号，强调日本要以同经济大国相称的政治大国地位参与世界事务，他公开说日本要在亚洲和太平洋发挥领导责任，要迎接日本世纪的来临。他突破自卫队占国民生产总值1%的限额，联美反苏，成为响当当的右翼政治家。① 同时，日本积极开展海外经济援助，向发展中国家提供开发援助，这些行动都提升了日本的国家形象，获得了国际认同，为日本从经济大国向政治大国转变的国家战略目标创造了一些有利的国际环境。

20世纪90年代初，日本经济泡沫破裂，日本经济进入了长达近30年的平成大萧条时期。这一时期，日本积极向世界各国宣传推广日本文化，提升日本的文化地位。平成7年（1995），日本提出"文化立国"战略，日本料理、和服、茶道、花道、文学作品、动漫产业，无不成为日本的名片。同时，日本制定了"观光立国"的旅游政策，文化产业成为日本新的经济增长点。日本致力于打造"教育科技先进国家"，大力吸引海外留学生，提出到令和2年（2020），"接纳30万留学生计划"。日本文化的传播，也在一定程度上带动了日本旅游热、日

---

① 2015年，中曾根康弘在日媒上发表文章称："日本过去发动的战争是一场侵略战争，也是一场错误的战争"，呼吁安倍晋三政权正视历史。

语学习热,提升了各国对日本的好感。

可以看出,日本战后一直都在试图摆脱战败国和侵略国的形象,在国家形象塑造上,先后实施了经济大国、政治大国、文化大国的国家形象战略。虽然经济实力风光不再,但早日实现"大国"之梦,依然是日本的政治和文化诉求。

二 作为"记忆之场"的靖国神社

文化是国家软实力的核心内容之一,在国际舞台上的话语权,很大一部分来自国家对自身政治、经济、文化的表达力。当代的靖国神社,就承担起了提高日本人文化自信的重担。

靖国神社问题被推上风口浪尖,主要有以下三个事件节点。

昭和53年(1978)10月17日,靖国神社偷偷合祀14名甲级战犯;昭和54年(1979),媒体将此事曝光,激起了亚洲各国的强烈抗议。

昭和60年(1985)8月15日,在日本战败40周年之际,时任日本首相中曾根康弘以内阁总理大臣的身份,带领着内阁成员集体公式参拜了靖国神社,引发了中韩的强烈抗议。

平成13年(2001)至平成18年(2006),首相小泉纯一郎在5年任职内6次参拜靖国神社,使中日关系迅速降到冰点。

这三件事,前两件发生在日本谋求"政治大国"的时期,第三件发生在日本谋求"文化大国"的时期,在"国家形象战略"的语境中来解读,可以看到,靖国神社作为"记忆之场",发挥了建构国家身份的文化作用。

记忆是人们对过去的知识和情感的集合体,它是记忆主体针对自身所处状况唤起特定的过去事件并赋予意义的主体行为。下面,我们用记忆论的相关理论来剖析一下靖国神社的祭祀试图从宗教法人的宗教仪式上升至国家公祭的实质。[1]

---

[1] 关于记忆论,请参照:王晓葵《记忆论与民俗学》,《民俗研究》2011年2月,第28-39页。

首先,记忆的主体会在空间和时间上进行表象化的建构,这个时间和空间的节点,就是"记忆之场"。比如在某个事件发生地树立纪念碑,并确定纪念日,定期在这个神圣化的空间举行纪念仪式。

因此,坐落在九段下的靖国神社,其神社区域内的神社建筑,例祭日或8月15日战败日,就形成了"记忆之场"。再加上一些神社仪式、参与仪式的人群,就形成了"记忆的建构"。

其次,记忆是可以分层级的。个人记忆是基于个人的直接的、间接的体验,具有主体的、主观的、心理的特点。集体记忆是地域、学校、宗教、政党、政治结社、阶级、阶层、民族、世代等集团的共同记忆,其特点是游离于成员的实际体验,被创造、被记录、被表述、被灌输,包括虚构、作为想像的"记忆共同体"。某一个特定的集团通过国家权力等手段将本集团的记忆扩展到国家范围,这个集团的记忆就变成了国家记忆。

靖国神社作为独立的宗教法人时,其承载的记忆是个人记忆和战死者遗属这一群体的集体记忆。当然,这一个人记忆和集体记忆都具有主观性,会根据个人的体验有不同的表象。而当首相代表的国家公权参与其中的时候,这一记忆就上升为国家记忆,同样,这一国家记忆也具有虚构、想象的空间。

再次,记忆是不断地被重新建构的,是一个带有可塑性的动态系统。在特定时间、空间举行的活动就是一个记忆重构的过程。"值得记忆的"在不断被选择、唤起的同时,相反的事件则被排除、隐瞒,即,忘却也是构成记忆的一部分。任何一个记忆的表象的背后,都有无数被忘却的事象。

靖国神社本身承载了全部的历史,既包括日本人民的苦难,也包括日本军国主义的侵略罪行,当它作为个人记忆、战死者遗属的集体记忆时,因个人的主观性,既可能呈现出对苦难的偏重,也可能呈现出对侵略罪行的偏重,但由于其层级相对比较低,并未上升至国家层面。但当在任首相以个人名义或者公职身份参拜靖国神社时,靖国神社无疑就上升为国家的记忆之场。因此,当谈及这一"国家记忆"时,如果只出现"不忘记战争的苦难、永远守护和平"的字眼时,人们必然认为在日本的国家记忆中,是要"排除、隐瞒、忘却""军国主义的侵略罪行"了。这必然会引起东亚各国的侵略抗议和警惕。

最后,重构的记忆中既包括"记忆",也包括"忘却",因此记忆中镌刻着个人、集团、社会、国家如何解释、认识过去的基本态度。记忆建构了身份,国家记忆建构了国家身份,国家身份展现了国家形象。身份认同既包括自我对身份的认同,也包括了他者对身份的认同,包括内与外的两个维度。国家形象也包括了自我认知的形象和他者认知的形象两个方面。

因此,在首相参拜靖国神社的"国家记忆之场"中,"记忆"了日本人民的苦难,"忘却"了"军国主义的侵略罪行",这体现了日本国家对过去侵略历史的"忘却"立场。日本"自我认知"的国家形象是"和平大国",而映在他国眼中的"他者认知"的国家形象则是"否定侵略历史的小国"了。

三 记忆与历史、历史修正主义

记忆不同于历史。历史希望通过对史料的客观和真实性的确认,来重构过去真实的图景。而记忆则颠覆了历史追求真实的立场,强调人类在重构历史图景时的"立场"是不同的,不同立场的人重构出的历史图景也必然有所差异,而决定差异的往往不是事实本身,而是对事实认知的态度。

中日双方对抗日战争的态度存在诸多对立,原因固然有对历史事实材料分析的不同意见,但更多的是对这场战争本身记忆方式的不同。从这个角度来说,历史修正主义其实是放弃了"历史"的立场,而走向了"记忆"。

历史修正主义主要是指蓄意修改历史的思想和行为。放到战后日本的语境下,它主要是指蓄意修改昭和6年(1931)至昭和20年

（1945）日本战争责任的官方见解，以否定侵略战争为基本特征，重塑战后日本历史认识，改变战后日本的和平发展道路，构筑新的国家定位。[①]历史修正主义在战后，即20世纪50年代就滋生出来，至80年代迅速发展，其后大行其道，并集中体现在靖国神社问题上。

战后经过东京审判，日本开始肃清军国主义思想，反省战争责任，进步史观占据了思想界的主流。进步史观的主要内容是，认为日本进行了侵略战争，军国主义将日本引向了战争的深渊，给日本人民和世界人民带来了巨大的伤害。但朝鲜战争爆发后，美国对日本的占领政策随之改变，为日本国内历史修正主义的出现埋下了伏笔。昭和27年（1952）日本开始战犯赦免运动，6月9日，日本参议院通过了《关于释放在押战犯的决议》，主张释放战犯，体现了历史修正主义者对战争责任的认识。在昭和27年（1952）12月至昭和30年（1955）7月的近3年间，日本众议院又先后三次通过了释放和赦免战犯的决议。至昭和32年（1957），日本的战犯全部被释放出狱，不少人在日后重登政界、舆论界的高位，这反过来又加强了历史修正主义者在日本社会中的话语权。[②]虽然日本国内进步史观一直占据思想界的主流，但历史修正主义自50年代滋生以来至今已经愈演愈烈。

随着日本成为世界第二大经济强国和谋求"文化大国"以及"普通国家"目标的提出，自20世纪80年代以来，日本相继兴起了"文化民族主义"、新国家主义和基于"自由主义史观"的历史修正主义思潮，表现出了强化民族主义、否认和淡化侵略历史的倾向。[③]历史修正主义称承认侵略的进步史观为"自虐史观"，要对其进行"修正"。日本兴起大东亚战争肯定论，美化侵略战争，否认战争责任和战争罪行，其中，在教科书中否认侵略历史、否认南京大屠杀，都成为历史修正

---

① 蔡亮：《论安倍内阁的历史修正主义》，《日本学刊》2016年第1期，第90页。
② 李若愚：《甲午战争烙印与当前日本的历史修正主义现象》，《亚太安全与海洋研究》2015年第2期，第80页。
③ 刘金才：《近代天皇观与日本"历史认识"的解构》，《日本学刊》2010年第1期，第143页。

主义的表现。

在历史修正主义的潮流中，靖国神社也成为重要的舞台。靖国神社在第二次世界大战结束前一直由日本军方专门管理，是国家神道的象征。神风特攻队就是在靖国神社举行出发仪式。二战后，遵循战后宪法政教分离原则，靖国神社改组为独立宗教法人，但依然带有浓厚的军国主义色彩，很多右翼分子经常身着二战时期日本旧军装，在此集会，列队示威，也经常有日本二战退伍老兵在此举行各种悼念活动。如今，参拜靖国神社甚至已成为部分日本政客拉拢选民、展示右翼思想的"个人秀"。

至此，靖国神社几乎已经脱离其神道身份、宗教身份，而上升为国家层面的"非历史的""忘却"的记忆之场，或曰，成为军国主义隐藏的"还魂器"。

又及，令和元年（2019）5月发行的《文艺春秋》上，日本著名作家村上春树发表了一篇随笔文章《弃猫——提起父亲时我要讲述的往事》，讲述了父亲曾是"侵华日军"的往事。村上春树曾经怀疑自己的父亲参与了南京大屠杀，为了弄清真相，他专门花了5年的时间来调查此事。当最终弄清楚父亲属于别的部队（没有参与南京大屠杀）时，村上春树"感觉像终于放下了一个沉重的包袱"。村上春树表示，"不能忘记过去"，要"继承历史的责任"。2015年，村上春树在接受采访时也说："（对侵略战争）道歉并不是件可耻的事。日本侵略其他国家是事实，历史认识问题是非常重要的，我认为认真道歉是非常有必要的。"[①]

村上春树曾经是一个几乎与政治绝缘的公众人物，而近几年却经常呼吁日本为过去的侵略战争真诚道歉。特别是在日本进入"令和时代"伊始就发表了这篇随笔，反思历史与责任，这是为什么呢？我想，村上作为日本的有识之士，应该已然洞悉历史与记忆的天壤之别，才

---

① 罗天：《村上春树新作自曝家丑 公开其父曾是侵华日军》，红星新闻，2019年5月12日。

会指引日本返回历史之路，正视历史，从而渐积跬步，使日本真正走上大国之路吧。

小　结

综上所述，由招魂社演变而来的靖国神社位列别格神社，它不仅与普通神社不同，也与其他别格神社大不相同，是别格神社中的异质性存在。

靖国神社的"英灵"信仰是祖灵信仰、御灵信仰、伟人信仰在日本近代军国迅猛发展的态势下，由军国政府主导形成的畸形神道。"二十余年养在我手，几日不见便为军神。"战死的士兵由国家权力祭祀为"英灵"，享受国家祭祀，看起来很光荣，但在至亲们的心中，最希望的依然是按照民众心底最根深蒂固的祖灵信仰，回归家园，回归祖灵。这或许是"英灵"信仰无法走出的魔咒。

靖国神社不论空间设施，还是四季祭祀，都在包含了众多民俗要素的同时，隐藏着其独树一帜的国家特色。虽然其披着神社的外衣，有着神社般的空间，举行着众多神道般的祭祀，但细细分析下来，仍然可以看出，靖国神社是带有浓重近代历史痕迹的、带有浓重国家色彩的神社，虽然其现在是独立宗教法人，但其性质，远远超脱出了神道的宗教范畴，具有更广阔的社会意义、国家意义。

从其思想根源上来说，靖国神社是日本"重构记忆、走向大国之路"国家战略的一环，而其作为背弃历史的"忘却"的"记忆之场"，使其成为军国主义隐藏的"还魂器"。

第七章 结论

日本有"日本乃神国"的说法。至江户时代为止，这一说法的意思是，印度是佛教之国，中国是儒教之国，与此相对，日本是神道之国。日本近代，国家主义兴起，其意思才被篡改为"日本是比其他亚洲国家优越的神之国度"。当代亦有个别日本政客主张"人死为神是日本自古以来的传统"，其实这亦是对"人死为神"的篡改。

"人死为神"是一种十分模糊的说法，"什么人"、"怎么死"、成为"什么神"，在不同时代衍生出的不同人神信仰中，都有其特定的意义。本书站在历史民俗学、神道思想史、文化人类学的立场上，探究"人死为神"的历史脉络，并考察人神神社的当代实践。

一 人神信仰史

从民俗神道和神社神道的历史来看，"人死为神"思想的脉络还是比较清晰的，大致分为祖灵信仰、御灵信仰、伟人信仰、忠臣信仰、"英灵"信仰五个阶段。

祖灵信仰大致始于弥生时代。在祖灵信仰中，"所有的人"死之后都"毫无差别"地融入自己家族作为"祖先神"的祖灵，个性消失，实现幸福的灵魂归宿。祖灵信仰依据的是血缘原则，不过其中也包含了虚拟血缘，如养子等。祖灵信仰在很大程度上属于民俗神道的范畴，是深深根植于日本人民内心深处的、最本真最朴素的灵魂信仰。

日本的人神信仰

御灵信仰大致始于平安时代。御灵信仰是在佛教的影响下产生的。御灵信仰有非常清楚的条件限制，只有"一方俊杰""枉死、冤死"之后通过"作祟、降灾"才能成神，所成之神也是作为"超强怨灵"的"御灵"，是暴戾的个人神，在"慰灵"后也可以降福人间。从御灵的社会地位来说，上至皇族（平将门）贵族（菅原道真），中如武士（楠木正成），下至平民（佐仓惣五郎），都有可能成神。在一般意义上，日本人所说的人神信仰的传统常常是指祖灵信仰和御灵信仰。

伟人信仰也大致始于平安时代。伟人信仰一般是为了彰显某人的丰功伟绩，是"伟人""寿终正寝"而成为"祥和之神"。伟人信仰包括了皇族（应神天皇）、贵族（安倍晴明）、"天下人"（德川家康）、藩主（德川光国）、武士（二宫尊德）等，在笔者调查的范围内，平民成为伟人信仰的人神是少之又少的。从日本人的人神信仰整体来看，成为"人神"的概率也是和其社会地位的高低密切相关的。长期以来都是皇族贵族凭借其直接或间接的"神的血脉"成神；至近世吉田神道首创神葬祭之后，丰臣秀吉、德川家康以"君临天下"的"武士"身份成神；之后，伟人信仰渐渐下降至中层武士、下级武士阶层。

在本书中，忠臣信仰特指明治政府设立的"别格官币社"的信仰。明治时代，为消除德川家的影响，将国民的忠诚转移至天皇，建设天皇集权国家，明治天皇开始推行"忠臣"信仰。从明治五年（1872）到昭和18年（1943），历经明治、大正、昭和时代，共设立28处"别格"神社，列为"别格"的唯一标准是对天皇的忠诚，即人神必须是"忠臣"。除靖国神社外，忠臣信仰的人神都是贵族或武士。这些神社有新设神社，也有把已有的神社升格为别格的，这些已有神社的人神或为御灵或为伟人，因此忠臣信仰本质上是"把御灵信仰和伟人信仰强拉入忠臣信仰"而形成的。"别格"是国家神道的近代社格制度的组成部分，战后肃清国家神道影响时，废除别格，忠臣信仰消失，靖国神社成为"英灵"信仰的代表，其他27处别格神社转回御灵信仰或伟人信仰。

第七章 结论

"英灵"信仰包括靖国神社和日本各地的护国神社，其中最引人注目的是靖国神社。在靖国神社的信仰观念中，"战死者"成为"靖国之神"。"战死"在日本历史上一直是一种"枉死"，"枉死"是御灵信仰的典型要素，但是，二战的"战死者"成为"御灵""作祟降灾"，这对广大日本国民来说，从感情上是难以接受的。于是，靖国神社便创造出"英灵化为靖国之神"的"所谓传统"，一方面完成国民感情的抚慰，另一方面完成近代军国主义的"殉国"需求。可以说，靖国神社的"英灵"信仰是在近代日本发动侵略战争的情势下，在军国主义的强势介入下，形成的御灵信仰和伟人信仰的杂糅与变形。

二 当代人神神社

在人神神社的当代实践方面，主要考察了神社的空间设施与四季祭祀。

首先，从空间设施来看，人神神社的主要特征有以下三点。

第一，基本都包含了神社共通的重要要素，依据神社的等级和规模，空间设施会有复杂和简单之分。如，作为村社的将门口宫神社，就非常简单朴素，只有鸟居、手水舍、社殿，而北野天满宫的设施就复杂得多。靖国神社属于其中规格较高的，神社的基本要素一应俱全。

第二，在神社的共通要素上包含着人神的个人印记，如建筑上标有人神的家徽（如菊水纹）或者个人的特殊标记（如晴明桔梗），某个建筑与人神有某种因缘（如段葛、睡猫），庭院里种植着个人喜欢的植物（如松、梅），或者某个事物的命名与人神相关（如桔梗苑、浪华之梅）。靖国神社的祭神是战死者，因此其特征必然和战争相关，如灯笼上的刻图都是历次真实的战争场景，同时，靖国神社各处都绘有天皇家的菊花纹章，昭示着其与日本国家的密切关系和其高规格的待遇。

第三，人神神社都有一些关于人神的纪念设施，这些设施并不是神社的必备要素，而是"人神"的纪念要素。这些要素包括人神雕像、彰显碑、墓碑、相关雕像（如除厄桃、牛）、相关事物（如石头、井、门、柱子）等。另外还有相关博物馆、资料馆、美术馆等。这些设施是一个人物、一段历史的"记忆装置",承载了一个民族的一段共同记忆。同样,靖国神社也是战争的"记忆装置",特攻勇士之像、母亲之像、游就馆承载的,就是日本人关于战争的民族记忆。这里,不容忽视的,或者说更加重要的是,我们必须注意到,一段历史并不是简单"记忆",在宗教和纪念的深处,是民族的价值观、伦理观。祖灵社是对家族共同体的认同,北野天满宫是对高深学识的仰慕和对正直战胜谗言的坚定,将门口宫神社是为民代言的大义凛然,鹤冈八幡宫是对文治武功的赞扬,晴明神社是对正义与法力的颂扬,报德二宫神社是对节俭和勤劳的肯定,日光东照宫是对一国之主的丰功伟绩的颂扬,常磐神社是一方之主的丰功伟绩,凑川神社是家臣对家主的耿耿忠心。在近代昙花一现的别格社,表面上是"忠诚",但本质上是"近代国民对近代国家的臣服",归根结底是与近代"文明开化"、"开启民智"的大势背道而驰的。这种违背历史潮流的"臣服"在一定程度上放纵了军国主义在日本的肆虐。因此,别格社的取消是恢复民众理性的必经之路。靖国神社的价值观和别格社有异曲同工之妙,表面上是"和平",但本质上是"暧昧模糊、拒绝思考的和平";表面上说"牢记战争带给人们的伤害",实际上拒绝思考"伤害是如何发生的"、"谁伤害了谁"。因此可以说,靖国神社的所谓反省是缺乏真诚的,其并没有与历史上给世界和日本都带来巨大灾难的军国主义划清界限,而走上了历史修正主义的"忘却"的道路。靖国神社所代表的价值观与军国主义有着千丝万缕的联系,因此,世界各国才不免担心,靖国神社是打着和平的幌子在为军国主义招魂吧。

其次,从四季祭祀来看,人神神社的主要特征如下。

第一,人神神社中基本都包含了神社共通的民间祭祀,包括春秋祈福、夏季消灾、应时赏花等,依据神社的等级和规模,祭祀会有复杂和简单之分。如,将门口宫神社只有一次例祭,其他神社的祭祀就纷繁复杂得多。靖国神社的祭祀中包含大量的民间祭祀。在靖国神社的春秋季例大祭时，天皇会派遣敕使，表明靖国神社与日本国家的关系。同时，靖国神社的例大祭是春秋两次，而不是夏季一次，也是在尽力撇清自己和御灵信仰的关系，而希望比较接近祖灵信仰一些。

第二，人神神社一般都包含了或多或少的人物祭祀，一般是人神的诞辰、忌日等，另外还包括赏人神喜欢的花（赏梅、赏萩），做人神喜欢的事（书法、献茶、射箭、剑道、武士队列）等。靖国神社的人物祭祀只有盂兰盆节的"英灵"祭。从靖国神社的"英灵"祭定在盂兰盆节这一合家团圆的日期可以看出，其在一定程度上是遵从了祖灵信仰的。

第三，大部分人神神社中包含了或多或少的国家祭祀。将门口宫神社等级比较低，受财力物力限制，是没有国家祭祀的。其他人神神社的国家祭祀大致包括了律令祭祀和天皇祭祀。近代以后的神社有一些近代的特色，如倾向于祭祀明治天皇、昭和天皇、平成天皇。祭祀"英灵"的，除了靖国神社，还有鹤冈八幡宫，鹤冈八幡宫的"英灵"祭祀设在春分秋分，这也是祖灵信仰中祖灵回家与子孙团聚的日子，遵从了祖灵信仰。靖国神社在8月15日战败纪念日会放鸽子，表明自己的模糊的和平立场。

从空间设施和四季祭祀可以看出，靖国神社是具有很多民俗特征、神道特征的，它一方面和日本国家具有千丝万缕的密切联系，和军国主义、历史修正主义明修栈道暗度陈仓；另一方面，它的确拥有一定的民俗基础，这就使靖国神社具有非常大的迷惑性。只有日本人民和世界各国人民都区分清楚靖国神社中的宗教因素和非宗教因素，才能认清靖国神社的本质，使日本走上真正的和平发展之路，走向日本与邻国的世代友好。

三 军国主义的"封印"与新日本

日本一直致力于成为政治大国。要成为政治大国，首先要有足够的文化底气，而文化，又具有深厚的民俗基础。"人死为神"的内涵不是一成不变的，而是不断流动的，民俗也是动态发展、不断建构的。

靖国神社作为半民俗半政治的中间性存在，一边以民俗身份寻求政治地位，一边以政治身份强调民俗地位，这是它至今无法真正定位的原因所在，也是它被政治利用的根源所在。因此，日本的某些政客就常常去参拜靖国神社，他们打着民俗的幌子，去谋求政治意图。

历史是客观的，靖国神社的前世与侵略战争有着不可割裂的关系，无数的平民战死者虽然不是完全无辜的，但真正的罪魁祸首却是充满恶意的军国主义。当下，军国主义正以忘却历史、以记忆替换历史的历史修正主义的新面目在试探"转生"，它的突破口正是作为"战争记忆装置"的靖国神社。或者说，靖国神社既可以成为军国主义的"还魂器"，同时，也很可能成为军国主义的"封印器"。以史为鉴、继往开来，只要靖国神社完成自己的"民俗身份认同"，与政治划清界限，与军国主义划清界限，就完全可以成为军国主义永远的"封印器"。

同样，日本只有彻底封印军国主义，才有可能走出历史的阴影，才有可能站在坚实的文化基础上，昂首走向新日本之路。

参考文献

中文

步平:《日本靖国神社问题的历史考察》,《抗日战争研究》2001年第4期。

蔡亮:《论安倍内阁的历史修正主义》,《日本学刊》2016年第1期。

川田稔:《柳田国男描绘的日本——民俗学与社会构想》,郭连友等译,外语教学与研究出版社,2008。

村上重良:《国家神道》,聂长振译,商务印书馆,1990。

戴宇杰:《论日本平安时代的阴阳道和阴阳师》,《大众文艺》2010年14期。

段德智:《宗教概论》,人民出版社,2005。

哈贝马斯:《后民族结构》,曹卫东译,上海人民出版社,2002。

韩东育:《丸山真男的"原型论"与"日本主义"》,《日本近世新法家研究》,2003。

亨廷顿:《文明的冲突与世界秩序的重建》,新华出版社,2002。

吉田兼好、鸭长明:《徒然草 方丈记》,王新禧译,长江文艺出版社,2011。

吉野耕作:《文化民族主义的社会学——现代日本自我认同意识的走向》,刘克申译,商务印书馆,2004。

李立:《寻找文化身份——一个嘉绒藏族村落的宗教民族志》,云南大学出版社,2007。

李林:《信仰的内在超越与多元统一》,社会科学文献出版社,2012。

李若愚:《甲午战争烙印与当前日本的历史修正主义现象》,《亚太安全与海洋研究》2015年第2期。

绫部恒雄编《文化人类学的十五种理论》,中国社会科学院日本研究所社会文化室译,国际文化出版公司,1988。

刘德有:《所谓"日本文化特殊"》,《日本学刊》2003年2月。

刘江永:《从日本宗教文化角度看靖国神社问题》,《清华大学学报》(哲学社会科学版)2005年10月。

刘金才:《町人伦理思想研究 日本近代化动因新论》,北京大学出版社,2001。

刘金才:《近代天皇观与日本"历史认识"的解构》,《日本学刊》2010年第1期。

鲁义:《首相参拜靖国神社:日本人的认识与行动》,《日本研究》2005年第2期。

鸟山石燕:《百鬼夜行》,江苏凤凰美术出版社,2016。

乔治·拉伦:《意识形态与文化身份:现代性和第三世界的在场》,戴从容译,上海教育出版社,2005。

山折哲雄:《民俗学中的死亡文化》,熊淑娥译,社会科学文献出版社,2015。

孙敏:《柳田国男的日本近代法西斯主义国家批判》,《国际关系学院学报》2012年第3期。

孙敏:《基于日本神道祭祀仪式的考察》,《外语学界》第1卷,2013。

孙敏:《柳田国男的祖神研究》,《外语学界》第1卷,2013。

孙敏:《日本人论——基于柳田国男民俗学的考察》,社会科学文献出版社,2013。

孙敏、李晓东、杜洋:《〈远野物语〉中的"众神流亡"》,《外语学界》

第 2 卷，2013。

孙敏:《柳田国男的〈祭日考〉研究》，载刘笑非、段克勤主编《日本社会与文化研究》，中国林业出版社，2014。

孙敏:《柳田国男的氏神信仰论与文化重层论》，《日本学研究》第 8 号，2016。

孙敏:《日本的民间信仰初探》，载《日本社会考察》，中国林业出版社，2016。

孙敏:《柳田国男思想再考》，载〔日〕海村惟一、戴建伟、王立群主编《阳明学与东亚文化：纪念北京大学刘金才教授从教四十周年》，贵州人民出版社，2017。

孙敏:《论柳田国男的"新国学"》，《语言文化学刊》第 4 号，白帝社，2017。

孙敏、黄珂:《日本藩主神社研究》，《语言文化学刊》第 6 号，白帝社，2018。

孙敏:《柳田国男"人神信仰论"的变迁》，《日语学习与研究》2019 年第 4 期。

王丰:《日本地方神社的民间影响研究》，《日本研究》2014 年第 4 期。

王晓葵:《记忆论与民俗学》，《民俗研究》2011 年 2 月。

武心波、张丽娜:《参拜靖国神社：一条通往"国家主义"的"精神隧道"》，《国际论坛》2004 年第 5 期。

武心波:《"天皇制"与日本近代"民族国家"的建构》，《日本学刊》2007 年第 3 期。

义江彰夫:《日本的佛教与神祇信仰》，陆晚霞译，商务印书馆，2010。

张大柘:《当代神道教》，东方出版社，1999。

张大柘:《简论日本神道教祭祀的原理、构成及主要特质》，《国外宗教研究》2000 年第 2 期。

张慧瑜:《被发明的传统——读霍布斯鲍姆〈传统的发明〉》，2010 年 1 月 20 日，共识网，http://www.21ccom.net/articles/read/article_201001203011.html。

张婷:《日本阴阳道与安倍晴明》，《长春教育学院学报》2013 年 20 期。

张竹琳、曲朝霞:《论阴阳师安倍晴明——以〈今昔物语集〉为中心》,《青年文学家》2016 年 18 期。

赵京华:《祭祀之国即战争之国:子安宣邦对靖国神社的批判》,《博览群书》2007 年第 5 期。

子安宣邦:《国家与祭祀》,董炳月译,三联书店,2007。

日文

『大鏡』、岩波書店、1962 年。

『今昔物語集』、岩波書店、1962 年。

『宇治拾遺物語』、岩波書店、1962 年。

『民力涵養に関する施設及成績概要』、岩手県、1922 年。

『朝日日本歴史人物事典』、朝日新聞社、1994 年。

安見隆雄、『水戸斉昭の「偕楽園記」碑文』、錦正社、2006 年。

阪本是丸、「『国家神道体制』と靖國神社―慰霊と招魂の思想的系譜・序説」、『神社本廳教學研究所紀要 12』、2007 年 3 月。

坂本是丸、「靖国神社史Ⅰ」、『靖国神社』、神社本庁。

曽根原理、『神君家康の誕生―東照宮と権現様』、吉川弘文館、2008 年。

長浜城歴史博物館編『神になった秀吉―秀吉人気の秘密を探る』、市立長浜城歴史博物館、2004 年。

柴田実編『御霊信仰』、雄山閣、2007 年。

池上良正、『死者の救済史』、角川書店, 2003 年。

川田稔、「柳田国男『氏神信仰』論の思想史的位置」、『宗教研究』、2000(325)。

船曳建夫・佐藤健二、「〈対談〉メーキング・オブ・柳田国男―複数の柳田国男がいる」、『ちくま』320、1997 年。

船曳建夫・佐藤健二、「〈対談〉メーキング・オブ・柳田国男―複数の柳田国男がいる(続)」、『ちくま』321、1997 年。

参考文献

大本敬久、「魂祭の歴史と民俗」、『国立歴史民俗博物館研究報告 191』、2015 年 2 月。

大久保正、「柳田国男における国学の伝統」、『国語と国文学』、東京大学国語国文学編、至文堂、1975 年。

大森亮尚、『日本の怨霊』、平凡社、2007 年。

大隅和雄、『日本文化史講義』、吉川弘文館、2017 年。

大原康男、「靖国神社史 II」、『靖国神社』、神社本庁。

二苫利幸、「柳田国男の『国民 – 国家』構想」、『社会思想史研究』、2000（24）。

飯沢文夫、「内閣文庫における柳田国男の読書歴」、『文献探索』99、2000 年。

福田勝美、「霊魂鎮之詞」、『誄詞・神葬諸祭詞』、戎光祥出版、2016 年。

福西大輔、『加藤清正公信仰―人を神に祀る習俗』、岩田書院、2012 年。

岡田荘司、『日本神道史』、吉川弘文館、2015 年。

高橋哲哉、『靖国問題』、筑摩書房、2005 年。

高田照世、『祖霊と精霊の祭場』、岩田書院、2012 年。

宮家準、『日本の民俗宗教』、講談社、1994 年。

宮田登、『生き神信仰―人を神に祀る習俗』、塙書房、2003 年。

宮田正彦、『義公・烈公・みかけあふき』、常磐神社発行、1999 年。

谷川健一、『日本の神々』、岩波書店、2016 年。

国学院大学日本文化研究所編『神道事典』、弘文堂、1999。

戸部民夫、『「日本の神様」がよくわかる本』、PHP 文庫、2016 年。

吉原康和、『靖国神社と幕末維新の祭神たち：明治国家の「英霊」創出』、吉川弘文館、2014 年。

加藤典洋・かとうのりひろ、「ジュネーブでの『常民』」、『本郷』26、2000 年。

津城寛文、『鎮魂行法論』、春秋社、1990 年。

井上寛司、「『国家神道』論の再検討」、『大阪工業大学紀要（人文社会篇)』、2006（51-1）。

靖国神社、「靖国神社物故職員秋季慰霊祭詞」、『誄詞・神葬諸祭詞』、戎光祥出版、2016年。

鏡味治也、「神社祭礼」、『金沢大学文化人類学研究室調査実習報告書31』、2016-3。

堀一郎、『我が国民間信仰史の研究』1・2、創元社、1953・1955。

鈴木暎一、『徳川光圀―「黄門さま」で名高い水戸藩主（日本史リブレット人)』、山川出版社、2010年。

柳田国男・中野重治、『柳田国男対談集』、筑摩書房、1964年。

柳田国男、『柳田国男全集』全32巻、筑摩書房、1997-2005年。

梅原猛、「『怨霊』と『成仏』の日本文化論」、『中央公論』122（4）、2007年。

梅原猛、『神と怨霊』、文藝春秋、2008年。

米澤貴紀、『神社の解剖図鑑』、エクスナレッジ、2016年。

名越時正、「水戸学の達成と展開」、『水戸史学選書』、水戸史学会発行、1999年。

内野吾郎、「柳田国男の神道・国学観と新国学論の醸成」、『国学院大学日本文化研究所紀要』（通号 48）、国学院大学日本文化研究所編、1981年。

萩原龍夫他編『民衆宗教史叢書』全30巻、雄山閣出版、1984-1998年。

日本怨霊研究会、『怨霊神社―怨霊を鎮めた伝説の神社・仏閣』、竹書房、2014年。

森岡清美、「明治維新期における藩祖を祀る神社の創建 ： 旧藩主家の霊屋から神社へ、地域の鎮守へ」、『淑徳大学社会学部研究紀要』37、2003-3。

森岡清美、「明治維新期における藩祖を祀る神社の創建（続）」、『淑徳大学総合福祉学部研究紀要』41、2007-3。

山田雄司、『跋扈する怨霊―祟りと鎮魂の日本史』、吉川弘文館、

参考文献

2007 年。

山田雄司、『怨霊とは何か—菅原道真・平将門・崇徳院』、中央公論新社、2014 年。

山澤学、『日光東照宮の成立—近世日光山の「荘厳」と祭祀・組織』、思文閣出版、2009 年。

山折哲雄・福田和也、「日本人の霊魂と靖国神社」、『Voice』308、2003 年 8 月。

山折哲雄、『日本人の霊魂観—鎮魂と禁欲の精神史』、河出書房新社、2011 年。

山折哲雄他編集『日本民俗宗教辞典』、東京堂出版、1998 年。

神社新報社編『神葬祭』、神社新報社、2017 年。

市立長浜城歴史博物館、『神になった秀吉』、2004 年。

籔田紘一郎、『古代神祇信仰の成立と変容』、彩流社、2010 年。

松崎憲三、「柳田民俗学の神髄」、『民俗学研究所紀要』、2008（32）。

松崎憲三、『人神信仰の歴史民俗学的研究』、岩田書院、2014 年。

藤枝元、「〈幻の国家〉をめぐって——柳田国男試論」、『ピエロタ 特集柳田国男の民俗思想とその位相』隔月刊十月号第 16 号、母岩社、1972 年 10 月。

田中丸勝彦、『さまよえる英霊たち』、柏書房、2002 年。

萬遜樹、「日本近代史の中の日本民俗学 – 柳田国男小論」、『ニッポン民俗学』86、2005 年。

梶木剛、『柳田國男の思想』、勁草書房、1989 年。

文部省制定・九華会編『解説　礼法要項』、文淵閣、1941 年。

西岡和彦、「明治以前の葬送儀礼」、『神葬祭総合大事典』、礼典研究会編、雄山閣、2014 年。

小島憲之校訂『日本書紀』、小学館、2007 年。

小林健三・照沼好文、『招魂社成立史の研究』、錦正社、1969 年。

小林章、「近代の神社境内の研究動向」、『東京農大農学集報』61

（4）、2017-3。

小松和彦、『神になった人びと』、光文社、2006 年。

小沢浩、『生き神の思想史――日本の近代化と民衆宗教』、岩波書店、2010 年。

孝本貢、『現代日本における祖先祭祀』、御茶の水書房、2001 年。

新宮館、『神社の基礎知識』、新宮館、2017 年。

熊谷充晃、『徳川家康を「神」にした男たち』、河出書房新社、2015 年。

岩本通弥、「民俗・風俗・殊俗――都市文明史としての『一国民俗学』」、『現代民俗学の視点』3、1998 年。

岩本由輝、『柳田國男の共同体論： 共同体論をめぐる思想的状況』、御茶の水書房、1978 年。

岩本由輝、『柳田民俗学と天皇制』、吉川弘文館、1992 年。

岩崎敏夫、「民俗学をめぐる師たちの面影――本居宣長・柳田国男・折口信夫の精神とその系譜」、『日本及日本人』復刊 1632 号、金尾文淵堂、1998 年。

岩崎敏夫、『柳田国男の民俗学』、岩田書院、1995 年。

岩田重則、『戦死者霊魂のゆくえ』、吉川弘文館、2003 年。

岩竹美加子、『民俗学の政治性――アメリカ民俗学 100 年目の省察から』、未来社、1996 年。

野村玄、『天下人の神格化と天皇』、思文閣出版、2015 年。

伊藤幹治、『柳田国男と文化ナショナリズム』、岩波書店、2002 年。

伊藤幹治、「柳田国男の学問」、『民俗学研究所紀要』、2004（28）。

伊藤幹治、「柳田国男と J.G. フレーザーの『金枝篇』（訳書）」、『民俗学研究所紀要』22（別冊）、1998 年。

伊藤幹治、『柳田国男と文化ナショナリズム』、岩波書店、2002 年。

桜井徳太郎、『霊魂観の系譜』、ちくま学芸文庫、2012 年。

薗田稔・橋本政宣、『神道史大辞典』、吉川弘文館、2004 年。

斎藤英喜、『陰陽の達者安倍晴明』、ミネルヴァ書房、2004 年。

参考文献

沼部春友・茂木貞純編著『新　神社祭式行事作法教本』、戎光祥出版、2016年。

照沼好文、『常磐神社史』、常磐神社発行、1999-1。

紙谷威廣、「柳田國男の『人神考』」、東京立正短期大学紀要36、2008年。

中村英重、『古代祭祀論』、吉川弘文館、1999年。

中村治人、「柳田国男におけるナショナリズムの指向——柳田教育論の基底に関する一考察」、『名古屋大学教育学部紀要』教育学科第38巻、1991年。

中嶋嶺雄、「中・韓国の本音　発端は日本への嫉妬心と被害者意識」、『ビジネス・インテリジェンス』、2005年8月。

中野幡能編『八幡信仰』（民衆宗教史叢書2）、雄山閣、2007年。

竹居明男、『北野天神縁起を読む』、吉川弘文館、2008年。

竹居明男、『天神信仰編年史料集成』、国書刊行会、2004年。

竹田旦、『日韓祖先祭祀の比較研究』、第一書房、2005年。

竹田恒泰、『怨霊になった天皇』、小学館、2011年。

諏訪春雄、『日本の幽霊』、岩波書店、1988年。

北野天満宮：http://www.kitanotenmangu.or.jp/。

鶴岡八幡宮：https://www.hachimangu.or.jp/。

晴明神社：http://www.seimeijinja.jp/。

报德二宮神社：http://www.ninomiya.or.jp/。

日光东照宮：http://www.toshogu.jp/。

常磐神社：http://komonsan.jp/。

湊川神社：http://www. minatogawajinja.or.jp/。

靖国神社：http://www.yasukuni.or.jp/。

附录　柳田国男人神信仰论的启示[*]

柳田国男［明治8年（1875）~昭和37年（1962）］是日本民俗学的创建者和开拓者，被誉为"日本民俗学之父"，也是日本杰出的思想家。日本战败初期在以美国为首的盟军占领下，国家神道被废除，柳田国男深深感到日本人面临着精神无主的危机，忧心忡忡地说："现在，人们担心政治、经济的殖民地化，而我最担心的是文化的殖民地化。"[①] 他认为："通过系统的知识与思考方式振奋起战败后国民低沉的志气，这是日本民俗学被赋予的新任务。"[②] 因此，他要通过民俗学寻找日本人固有的文化身份，为处于战败迷惘中的日本人重新树立民族自信心。这样，柳田民俗学立足近代，面向未来，以海量的民俗资料为基础，以氏神信仰为精神核心，重构了日本人的人神信仰体系。可以说，要探求日本人魂归何处，就无法绕开柳田国男的人神信仰研究。

氏神信仰研究是柳田国男民俗学的核心，在以往的研究中，人们也往往把关注点放在其氏神信仰方面。但是，如果以人神信仰为视角进行分析，我们则可以发现，柳田也曾十分关注御灵信仰。当然，柳田国男很少使用"人神"一词，在论及人神信仰时也多称之为"祭人

---

[*] 孙敏：《柳田国男"人神信仰论"的变迁》，《日语学习与研究》2019年第4期。
[①] 柳田国男、「私の仕事」（1954）、『柳田国男全集32』、筑摩書房、2004年、第529页。
[②] 柳田国男、「祭日考」（1946）、『新国学談1』、『柳田国男全集16』、筑摩書房、1999年、第56页。

为神"。既然如此，我们则可以将"人神"概念放大，使之包含氏神信仰、御灵信仰、伟人信仰、忠臣信仰、"英灵"信仰等。以是否包含御灵信仰为标准可将柳田国男的人神信仰论分为前后两期，通过前后两期的比较可以探究其人神信仰论的本质特征。

战死者魂归何处，才可以既与政治剥离，又实现心灵的救赎？或许，我们可以从柳田国男的人神信仰论中获得启示，发现一条解决战死者灵魂归处的民俗道路。

第一节 柳田国男 1943 年前的人神信仰论

以昭和 9 年（1934）的《民间传承论》和昭和 10 年（1935）的《乡土生活的研究法》为标志，柳田国男的民俗学体系初成，从此民俗学逐渐壮大起来。至昭和 18 年（1943），柳田国男在民俗学的框架中对日本人的信仰做了大量研究，这些研究散见于《山岛民谭集》[大正 3 年（1914）]、《赤子塚的故事》[大正 9 年（1920）]、《祭人为神的风习》[昭和元年（1926）]、《农村家族制度和习惯》[昭和 2 年（1927）]、《明治大正史 世相篇》[昭和 6 年（1931）]、《日本的祭》[昭和 17 年（1942）]等。其中《祭人为神的风习》对御灵信仰、《农村家族制度和习惯》对氏神信仰进行了比较集中的研究。

一 氏神信仰

柳田国男认为，氏神信仰是从祖先崇拜中形成的祖先神信仰，是自古以来就植根于人们心中的固有信仰，氏神信仰是柳田信仰研究的核心。

初期氏神信仰的内容还不是很清晰，大致内容为，农业是日本人最重要的生活方式，春耕秋收，祖先辛辛苦苦把良田美圃开拓出来并传给子孙，使子孙世代繁衍。子孙感恩祖先的恩泽，自然而然地就诞生了祖先崇拜之风。以这种祖先崇拜为基础，把祖先作为神灵祭祀供奉，祖先就成为家族之神，形成氏神信仰，成为家族精神生活的中心。①

在灵魂观方面，涉及灵魂从哪里来，如何转生等。柳田认为，人的灵魂来自作为境界之神的道氏神，灵魂转生的力量也来自道氏神。日本的道氏神也可以写作道阻神，不仅是道路之神，同时也是守护地界的神（图附 -1）。自古以来人们就经常到路边、村与村的交界处祈求得到健康的孩子。被认为是小孩子死后的去处的塞河边，也是没有孩子的人们祈求得子、将虚弱的孩子换为强壮的孩子，或者人魂转世投胎为婴儿的地方。千百年来，凡人的父母向道氏神求子，也就是说，人们在借形体于母胎的同时，也从村子交界处的石头堆里获得灵魂。人活于世，灵魂会一点一点地变旧变脏。石地藏所在的地方，大多是可以重新使用的清净的人魂聚集地，因此在这里也会发生各种各样不可思议的事情，如，新婚的妇人从这里经过，就发现了怀孕的征兆等（图附 -2）。人们向道氏神、地藏、小石头堆求子，其根源是一致的。生活里充满了不安，对轮回转生的信仰作为一种终极力量，可以使人的心灵获得救赎。②

不过，日本的轮回转生却与佛教不同，人死之后人的灵魂并不是马上就和自家脱离关系，或者迁徙到别的世界。人们坚信，祖辈们都栖息在故乡的山川草木里，很怀念地守护着他们曾经置身于其中的现世生活。③这也正是氏神信仰的根基所在。

二 御灵信仰

人死后如果不能被祭祀于氏神中，就被看作御灵。④御灵信仰的起

---

① 柳田国男、「農村家族制度と慣習」（1927）、『柳田国男全集 27』、筑摩書房、2001 年、第 382-383 頁。
② 柳田国男、「赤子塚の話」（1920）、『柳田国男全集 3』、筑摩書房、1997 年、第 28、37-38 頁。
③ 柳田国男、『明治大正史 世相篇』（1931）、『柳田国男全集 5』、筑摩書房、1998 年、第 512-513 頁。
④ 柳田国男、『神道と民俗学』（1943）、『柳田国男全集 14』、筑摩書房、1998 年、第 79-80 頁。

源和邪神或荒神的思想很接近。① 御灵信仰是祭祀凶恶的人神的思想，其思想来源分为两部分，一为信奉恶神，二为祭人为神。在日本人的神灵信仰中，灵分为和灵和恶灵，神就分为和神和恶神，甚至同一个神也有和善和凶暴的两面。柳田认为，不仅限于日本，很多国家的民间神灵和佛不同，经常有善恶两面。而和人的生活接触最多的，并不是神本来的亲切之姿，而是其偶尔的愤怒与威力。对和神来说，即使不祈愿什么也可以得到当然的恩惠，与此相反，对恶神如果不早早奉祀，则不知道会发生什么。因此常常讨恶神的欢心，吸引祂的注意力。此神如果是游走的神，就敲锣打鼓、载歌载舞地把祂送出村去；如果是本地的神，就把祂看作凶暴的地主老财一样，极尽小心地每年祭祀，高度注意不要引起祂即使一点点的怒气，以招致祂凶暴的神罚。② 同时，把人祭祀为神，这根植于日本的万物有灵思想。神这一词语在日本具有非常广泛的意义，包括卑贱的或者被叫作野神之类的东西，有时也会有树木动物等。人的灵魂成为神受到膜拜，也被认为是当然的。③

柳田认为，"祭人为神是日本人的惯常之习，人在死后经过一定的期间，在一定条件之下，大致会遵循从来的方式，将其祭祀为一处神社的神灵。"④ "此神大致立于人天之境，是近世所谓荒人神的一种，属于御灵。"⑤ 可见，所谓的祭人为神，正是指御灵信仰。不过，并不是任何灵魂都会被祭祀到神社里，将死者作为人神（御灵）祭祀到神社里有三个条件。第一，他们生前都是一代一方的俊杰。第二，要有枉死的念力。他们大多数是尚在英年就非正常死亡的人，尚有对生活的

---

① 柳田国男、『山島民譚集』（1914）、『柳田国男全集 2』、筑摩書房、1997 年、第 479 頁。
② 柳田国男、『山島民譚集』（1914）、『柳田国男全集 2』、筑摩書房、1997 年、第 446-447 頁。
③ 柳田国男、『明治大正史　世相篇』（1931）、『柳田国男全集 5』、筑摩書房、1998 年、第 513 頁。
④ 柳田国男、「人を神に祀る風習」（1926）、『柳田国男全集 27』、筑摩書房、2001 年、第 163 頁。
⑤ 柳田国男、『山島民譚集』（1914）、『柳田国男全集 2』、筑摩書房、1997 年、第 488 頁。

渴望，而在愿望并未达成之时就死去了。自然终老的人，是要成为氏神的，是无法成为人神的。枉死的人具备了必要的条件使肉体虽去但念力却能留于此世。日本人非常重视的就是这种未了的念力。古时候京都的八处御灵等都是枉死的贵族。作祟一词作为中世用语，是指神威以及基于此的人祸。只有遗念余执非常强烈，经常以所谓作祟的方式把自己强烈的喜怒之情表达出来的人，才可以被当作灵验之神进行祭祀。第三，人神在日本诸神的系统组织中地位较低，一般来说有地位较高的神在其上对其进行统御。① 例如，年纪轻轻就被杀害的武者常常被尊为若宫八幡。所谓若宫，即为贵者的孩子，若宫大多祭祀的是悲惨死去的人的灵魂。人们相信，在大神的统御之下，即使这些若宫经常发怒，但只要有大神的德威，也很容易将祂们收服。②

氏神是和神，御灵是恶神，但比起氏神信仰，御灵信仰更受到人们的重视。御灵一般是仅靠当地大神的威力难以制御的灵魂，因此虽然人们自古以来的风习是以祖灵为中心在产土社、祖灵社统一进行祭祀，但后来更普遍的做法是把八幡、天满等大神请到当地，人们坚信祂们拥有统御灵魂的力量，使其和产土神形成主从关系。③

另外，柳田国男在大正 3 年（1914）提到楠木正成之死的时候说，"把这古老意义上的作祟神德最显著发挥出来的，就是怀有强烈的一念之力的人们残生于此世的御灵。……楠木家兄弟在凑川临死前做何宣言？即便今人也不敢将之视为无根据的妄想，而我们现代人的理想也复如此。如果能死而成为幽界之名士，也算终男儿之能事。此思想所及之处本来甚广。"④ 也就是说，柳田认为，在人们的信仰中，楠木正

---

① 柳田国男、『山島民譚集』（1914）、『柳田国男全集 2』、筑摩書房、1997 年、第 493-494 頁。柳田国男、「人を神に祀る風習」（1926）、『柳田国男全集 27』、筑摩書房、2001 年、第 163-165 頁。
② 柳田国男、『神道と民俗学』（1943）、『柳田国男全集 14』、筑摩書房、1998 年、第 79 頁。
③ 柳田国男、『明治大正史　世相篇』（1931）、『柳田国男全集 5』、筑摩書房、1998 年、第 512-513 頁。
④ 柳田国男、『山島民譚集』（1914）、『柳田国男全集 2』、筑摩書房、1997 年、第 495 頁。

成兄弟一定会凭借临死的念力化为御灵，以作祟的神威显灵于世。这和中国的"即使化为厉鬼也要如何如何"，是非常相似的。

三 人神信仰的新扩张

人神信仰是不断变迁的。氏神信仰和御灵信仰是日本历史比较悠久的两种人神信仰，至近世近代，人神信仰出现了新的扩张。"所谓人格崇敬的思想，是在长久的岁月里极其缓慢地养成的。千年以前就不用说了，即使在后来的丰国大明神、东照大权现的时代，都很难找出与大正时期一致的可称作日本人气质的东西。变迁是自然发生的。"[①]

"不过，明治时代增加的许多地方神，用今天的话说，是以人格的崇敬为主而祭祀的，并非出自对作祟兴灾的怨灵的恐惧，也并非出自如果祈祷就会有赐福的期待和感谢。藩士在藩主临终时把旧君的始祖供奉于神社等就是其中很显著的例子，但这些神灵一旦跨越了地界就不被认为是神了，所以在这一点上还是遵循了以前的习俗的，换言之，这是人神思想的第一次扩张。而第二次就是脱离和乡土的关系，把人之灵作为国家全体的神进行膜拜崇敬。在西南战争之后，东京的招魂社祭祀其战死的将士是其之始。"[②]

也就是说，人神思想第一次扩张的表现就是祭祀丰臣秀吉、德川家康、岛津齐彬等，这和氏神信仰中的祈福、御灵信仰中的防灾不同，是出于人格崇敬的。但这些人神依然是作为某一地方之神，并不是全国的神。而第二次扩张的表现就是靖国神社及其前身东京招魂社，在这一信仰中，人魂突破了地界，可以成为国神。靖国神社信仰突破的，不仅仅是地界，更重要的是对灵魂归处的颠覆。人生的自然理想是死去融入祖先氏神，风云人物死后或为御灵，或为人格崇敬之神，却不

---

① 柳田国男、「人を神に祀る風習」（1926）、『柳田国男全集 27』、筑摩书房、2001 年、第 164 页。
② 柳田国男、『明治大正史 世相篇』（1931）、『柳田国男全集 5』、筑摩书房、1998 年、、第 513-514 页。

是普通人可及的。而在国家主义这一意识形态的参与下，战死成为国神成为优于归于氏神的人生选择，这是对古老信仰的颠覆。

综上所述，柳田国男前期人神信仰论的特点可归纳为以下三点。第一，人神信仰包括祖灵信仰、御灵信仰、伟人信仰、"英灵"信仰等，其中伟人信仰和"英灵"信仰是日本近世近代的新的变迁形式。第二，在昭和18年（1943）以前，虽然柳田国男已经关注到伟人信仰、"英灵"信仰的兴起，但战死者的灵魂归处问题尚未凸显。在柳田国男的人神信仰论中，人死后灵魂的归处主要有两处：一为氏神，二为御灵。子孙祭祀是成为氏神的必要条件。枉死的灵魂凭借强大的念力化为御灵。第三，柳田国男认为，人神信仰如同其他社会事项一样，是不断变迁的，随着时代的变化产生新的形式和内容。

第二节　1943年后的人神信仰论

随着战争的蔓延，战死者越来越多，解决战死者灵魂归宿的问题提上日程。按照柳田国男前期人神信仰论的研究，这些战死者在战场上战亡，并不是寿终正寝，特别是，他们其中很多都是尚未成家的年轻人，无后而终，这在氏神信仰和御灵信仰的脉络中，明显是要化为御灵的。无数的战死者化为御灵，这对怀着满腔爱国热情的柳田国男来说，是不可接受的。

如何解决战死者灵魂归宿问题，成为柳田氏神信仰研究的重要课题。之后，柳田国男对日本人的信仰研究体系化，出现了几部集大成的研究成果，如《话说祖先》[昭和21年（1946）]和"新国学谈"三部作《祭日考》[昭和21年（1946）]、《山宫考》[昭和22年（1947）]、《氏神和氏子》[昭和22年（1947）]，对氏神信仰做了体系化的深入研究。

附录　柳田国男人神信仰论的启示

一　七生报国与人神信仰的矛盾

二战期间，上至政府文书、下至士兵的家书，"七生报国"一词大为流行，大肆号召宣扬日本士兵为国捐躯。那么，七生报国一词与人神信仰之间有何矛盾呢？

七生一词源自《太平记》中对楠木正成临死之际的描述。据记载，楠木正成于建武三年（1336）5月与足利尊氏大军在兵库凑川激战，败于足利军，楠木一族退于民舍，念佛之后一齐切腹自杀。临死之际，正成问弟弟正季说："据说人会依靠临死的一念而转生。你想转生成什么？"按照佛教的说法，人在佛教十界中除去佛界的九个世界，即菩萨、缘觉、声闻、天上、人间、修罗、畜生、饿鬼、地狱中转生。正季说："我要七次转生为人，誓杀朝敌（足利氏）。"正成说："这真是罪孽深重。我也一样，定要转生以达夙愿。"两人大笑着互刺而死。

但是，这种转世七生的想法却在柳田人神信仰的体系中产生了矛盾。在《太平记》中，转生是在佛教体系中展开的，会有十界转生，在神道中，怀着强烈的怨念转生也属于御灵信仰体系。如果按照这一逻辑，战死就是一种怨念之死，战死者转生即化为怨灵。因此，通过学问研究使楠木正成和七生报国的战死者们脱离御灵信仰体系，进入氏神信仰体系，[①]这成为柳田人神信仰论亟待解决的时代问题。

二　佛教批判与御灵信仰的消失

柳田国男将御灵信仰从研究视野中抹去，其手段为佛教批判。

柳田国男提出，佛教浸入日本的生死观，改变了日本人对灵魂的看法。盂兰盆节是祭祀亡灵的节日，盂兰盆节祭祀的亡灵包含三个种类。第一，是祖先之灵，即祖灵、祖先神、氏神。第二，是过去一年间去世的新魂，也叫作新精灵，有的地方"精灵"一词也特指新亡的

[①] 关于转生观、临终一念与御灵信仰的关系，参考了：岩田重则『戦死者霊魂のゆくえ』、吉川弘文館、2003年、第79–84页。

· 215 ·

灵。第三，是外部的亡魂，也叫作"客佛"、"无缘佛"、"饿鬼"等，是借着盂兰盆节的机会聚集而来的无家可归的灵魂。而这第三种"外部的亡魂"正是佛教带来的，是"日本固有的祖先祭祀思想中新的追加"。①

对这种佛教式的灵魂观，柳田批判说，以前日本人的祖先观中对历代祖先没有差别待遇，人死之后过若干年限，就会融入一个尊贵的叫作氏神或祖灵的灵体中，舍弃掉个性，融合为一体，但在佛教文化的影响下，没有留下子嗣就去世的人，无论多么为家为国鞠躬尽瘁，也只能成为饿鬼，而佛教的唯一解决方法就是在祖先祭祀中增加对饿鬼的祭祀，把这些亡灵送往遥远的十万亿国土，②这和日本固有的灵魂不离开故土是相不同的。

从这里可以看出，柳田国男偷偷更换了他要批判的信仰预设。在前期的研究中，柳田认为灵魂有两个归处，即氏神和御灵，因此，柳田要解决战死者归宿的问题，需要批判的前提预设应该是，战死者化为御灵。但在后期研究中，柳田批判的靶子并不是战死者化为御灵，而悄悄地变成了战死者化为佛教中的饿鬼。于是，柳田国男挥起弘扬日本文化的大旗，对外来佛教浸入日本人的灵魂观进行了批判。或者说，在柳田国男的佛教批判的掩盖下，前期研究中的御灵信仰离奇消失了。1947年，柳田国男说，"日本的神道就是氏神的传统"，③完全把御灵信仰从神道中抹杀。

三 氏神信仰中转生观的建构

柳田国男将转世七生建构成为氏神信仰转生观的重要内容。

通过佛教批判，柳田国男巧妙地把御灵信仰抛诸脑后。战死者如

---

① 柳田国男、「先祖の話」（1946）、『柳田国男全集 15』、筑摩書房、1998年、第72-73 頁。
② 柳田国男、「先祖の話」（1946）、『柳田国男全集 15』、筑摩書房、1998年、第48、91、96 頁。
③ 柳田国男・中野重治、「文学・学問・政治」（1947）、『柳田国男対談集』、筑摩書房、1964 年、第 146 頁。

附录　柳田国男人神信仰论的启示

何不化为御灵的问题似乎解决了，但战死者如何化为氏神，还需要进一步建构。于是，柳田国男对前期的氏神信仰又做了修正，主要是对转生观做了大量修补。

柳田认为，日本人的转生观主要包含四项内容。第一，死后灵魂仍然留在国土上，不会去遥远的远方。第二，显幽二界的关系是非常亲近的。幽冥二界的交通频繁而便捷，来世就在今生的身边，只是我们看不到。灵魂来去是完全自由的，可以经常回访。但如果对此世的牵挂没有了断，就无法踏入彼世。第三，灵魂必然转生为同一家族的血脉。祖先会为子孙计划，并几度转生进行同一事业。第四，依靠临终未完成的强烈心愿，亡魂会长久地留于世上。① 因此，人生时的愿望死后必能达成。

由此，柳田国男建构起他后期的氏神信仰论。他认为，对日本人来说，彼世并不是遥远的国度，仅靠一念之力就能转生，继续经营人生。代代祖先不断转生，服务于同一国家，这些"善意的幽灵"永远留驻在国土上，这是日本人的本来之姿。成为神与转生是两立的，死后没有再转生的灵，就永远作为氏神保家卫国。一旦被祭祀为神，就没有机会再转生了。灵魂就舍弃了作为人的个性，融入叫作祖灵的强大的灵体，为家为国，自由地活跃着。这就是氏神信仰的基底。②

通过转生观的补充，柳田国男重构了氏神信仰论。在前期，柳田国男的结论是，人如果枉死，会通过强大的念力化为御灵，如果寿终正寝，则化为氏神。通过后期的重构，结论已然变更为，人死之后，可以通过数度转生，实现生前夙愿，并最终全部化为氏神，保家卫国。由此顺理成章地实现了对战死者的宽慰。"所以会有七生报国的愿

---

① 柳田国男、「先祖の話」（1946）、『柳田国男全集15』、筑摩書房、1998年、第119-121、128、138-139、145頁。
② 柳田国男、「先祖の話」（1946）、『柳田国男全集15』、筑摩書房、1998年、第96、106、140、142、146-148頁。

望。……代代祖先不断转生，服务于同一国家，能够坚信这一点对我们来说是幸福的。"①

四　子孙祭祀

成为氏神的前提条件是子孙祭祀，但战死者们无后而终，那该如何解决呢？

柳田国男在《话说祖先》［昭和21年（1946）］的开篇就从继承制度入手对祖先的概念进行了剖析。祖先一般是指家族最初的一个人。从继承制度来说，日本存在长子继承、末子继承、分割继承等，但大多为长子继承。长子继承家业，次子及以下的孩子要么成为长子的分家，要么就离开当地，重新创立一家，从而成为新的家族的祖先。

柳田认为，战死者无后而终，可以通过创立子孙使他们有后代祭祀，进而回归氏神体系。死者如果是作为继承人的长子，就制定制度为其赋予子孙后代，如果是次子及以下，就使之成为家的初创者为其设立子孙后代。这一子孙如果不是直系，那么旁系也可以，甚至是无血缘者也可以。没有血缘关系的人成为继承者是符合日本古代的继承制度的，日本自古以来就有从伯父到侄子、从伯母到侄女，或者完全由无血缘者继承家业的民俗传承。②

柳田说，"让献身国难的年轻人成为家的初代祖先，这也是再次振兴日本固有的生死观的一个机会。"③可见，一方面，柳田国男要使战死者成为氏神；另一方面，柳田国男也要通过重构氏神信仰来建构日本人战后的精神世界。

---

① 柳田国男、「先祖の話」（1946）、『柳田国男全集15』、筑摩書房、1998年、第146-148頁。
② 柳田国男、「先祖の話」（1946）、『柳田国男全集15』、筑摩書房、1998年、第149-150頁。
③ 柳田国男、「先祖の話」（1946）、『柳田国男全集15』、筑摩書房、1998年、第150頁。

第三节　战死者回归祖灵的文化意义

柳田国男是反对靖国神社合祀"英灵"的。他致力于人神信仰研究，通过民俗学在学理上实现了"把御灵信仰拉入祖灵信仰"，使战死者的灵魂返回故乡、回归祖灵。可以说，柳田国男提供了一种可能性，他用另一种方式实现了"日本人文化身份认同"，指明了在新时代建构日本国家认同、建设"新日本"之路。

一　新国家学与"传统的发明"

对国家的热爱、对时局的关注一直是柳田国男学问的灵魂，他一直认为不能忽视社会现实，要关心当世、体恤众生。昭和21年（1946），柳田国男进一步把民俗学和信仰问题提高到国家层面。"面临如今这旷古的大时局，日本人展现出的惊人的国民的精神力，特别是超越生死的殉国至情中，除了日本人的根本特质之外，长久的岁月所培养出来的社会制度，特别是可称之为民众的常识的东西，在背后发挥着重大的作用。……民俗学是反省的科学。……使人甘为家国献身的道德中，有着信仰的基底。"[1] 柳田认为，信仰的目的既不是宗教，也不是民俗，而是在于国家。[2] 民俗学的新任务是振奋国民精神。[3] 民俗学可以称为"新国学"，不是新的国学之意，是使国家一新的学问，是建设新国家的学问。[4]

英国历史学家霍布斯鲍姆提出"传统的发明"，认为很多"传统"与其说是拥有古老的起源和历史，不如说是近代的一种"发明"和"生产"。"发明传统本质上是一种形式化和仪式化的过程"，换成后结构主义的语言就是"发明传统"是一种话语建构的过程，是"为了相

---

[1] 柳田国男、「先祖の話」（1946）、『柳田国男全集15』、筑摩書房、1998年、第118頁。
[2] 柳田国男、「窓の灯」（1946）、『柳田国男全集16』、筑摩書房、1999年、第101頁。
[3] 柳田国男、「祭日考」（1946）、『柳田国男全集16』、筑摩書房、1999年、第56頁。
[4] 柳田国男、「窓の灯」（1946）、『柳田国男全集16』、筑摩書房、1999年、第96頁。

当新近的目的而用旧材料来建构一种新形式的被发明的传统"。[①]因此，认为传统文化是从古代连续绵延传承下来的本源主义的文化把握方法事实上是错误的。同时，把"传统"和"近代"对立起来的二元式思维也是错误的。所谓传统，就是当代被"发明"出来，被有意识地操作和利用的存在。柳田国男的实践非常贴切地阐释了"传统的发明"。通过柳田国男人神信仰论前后期的对比，可以看出，柳田后期的人神信仰论并不是日本自古以来的千年传统，而是他在战时所改写、创造、发明出来的新的"传统"。这种人为的发明，正是为了新的国家学，为了重新建构日本人的文化身份认同。

二 日本人的文化身份认同

经世济民是柳田国男学问的一贯特征。在民俗学之前，柳田主攻农政学，其经世济民性更加直接，后来柳田转向民俗学，用民俗学指引人们走向幸福也是民俗学的一个重要目标。通过民俗学特别是人神信仰体系的建构，柳田的一个重要学问目标就是重建日本人的精神世界，实现日本人的文化身份认同。"我期待着理解日本现实的日本理论的诞生。"[②] 从战时到战后，柳田一直很关心的问题是通过民俗学建构日本人文化身份、形成民族凝聚力的问题。

柳田国男十分重视"日本"作为"民族共同体"的文化意义。他说："日本人独有的对事物的看法、感觉，现在仍大量存续着，家与灵魂的联系就是其中之一，无法言表的一些约束自古流传在村神和居民之间，指导着每年的祭典。"[③] 可见，在柳田国男的言说中，日本要成为一个团结的民族国家共同体，就必须依靠"自然的结合力"，即"村神和居民之间的约束"，这种约束正是以"家与灵魂"为主要内容的氏神

---

① 张慧瑜：《被发明的传统——读霍布斯鲍姆〈传统的发明〉》，2010 年 1 月 20 日，共识网、http://www.21ccom.net/articles/read/article_201001203011.html。
② 柳田国男、「私の仕事」（1954）、『柳田国男全集 32』、筑摩書房、2004 年、第 529 頁。
③ 柳田国男、「新国学談 1」（1946）、『柳田国男全集 16』、筑摩書房、1999 年、第 101 頁。

信仰。

　　柳田国男从民俗学角度建构了日本人的氏神信仰，同时，在近代的时代大背景下，他通过氏神信仰观对国家神道进行了尖锐的批判。

　　首先，二者的目的都是从思想上、精神上把日本全体国民统合于"日本国家"，但二者对国家权威的正统性来源解释不同。国家神道主张"君权神授"，通过记纪神话论证天皇统治的正统性，谋求建立自上而下的共同体；而氏神信仰则主张"君权民授"，认为国家的权威来自国民的"自然信仰"，谋求建立自下而上的共同体。

　　其次，二者的立足点都是宗教与政治的关系，即祭政关系。国家神道主张祭政一致，通过将宗教（神道）纳入政治来实现国家的"政治"统合，这种统合是简单粗暴的，在日本近代也引起了诸多宗教人士、进步人士的反对。柳田国男也曾经指出，祭政一致是日本太古时代的政治，是只有在简单时代里才可能实行的，公然号称祭政一致进而推行独裁政治，这是对"祭政一致"的恶用和歪曲，因此在日本近代的政治中，必须实行祭政分离。[①]可见，柳田国男主张祭政分离，他试图通过氏神信仰观的建构把传统神道从国家神道中剥离出来，进而实现国家的"信仰"统合，即文化统合。

　　最后，二者的建构手段都是神道。国家神道主张神道即为以天照大神为金字塔顶的塔形构造，国家强制的行政力为民族的统合纽带，而氏神信仰主张国家神道是伪神道，记纪众神也是伪神，真正的神道诸神是以氏神为代表的，因此民族的统合纽带是子孙和祖先之间的家族亲情。

　　总之，柳田国男通过建构日本的氏神信仰，不仅批判了日本近代的国家神道，而且批判了近代日本国家"表面信仰、实则政治"的国民统合方式，而以民间自然生发的氏神信仰作为建构新的日本国家共同体的纽带，这对于加强日本人凝聚力无疑具有重要的文化意义。

---

① 柳田国男、「祭政分離は当然」（1945）、『柳田国男全集 31』、筑摩書房、2004 年、第 226 頁。

小　结

综上所述，在前期，柳田国男的人神信仰论中包含了氏神信仰和御灵信仰，御灵信仰的重要性不亚于氏神信仰，寿终正寝的人会化为氏神，枉死的人会化为御灵。到了后期，"枉死的人化为御灵"消失，替代成为佛教系的"枉死的人化为饿鬼"，这样，柳田国男通过批判外来文化佛教对日本人传统生死观的入侵而直接抹杀了御灵信仰，把人神信仰全部归入氏神信仰，将氏神信仰上升到神道信仰的高度，提出全部日本人都会数度转生并最终化为氏神，进而实现了"人神信仰＝氏神信仰＝神道"的建构。这一建构从学理上解决了战死者灵魂归处的问题。

柳田人神信仰论的前后期变化从本质上来说是致力于新的国家学和日本人文化身份认同的"传统的发明"，在近代的大环境下，这形成了对国家神道的批判。而以祖灵信仰取代御灵信仰的新建构也具有很强的当代意义，这为我们思考靖国神社"英灵"信仰提供了新的启示。

后　记

我的第一本书是关于柳田国男思想研究的，这是我的第二本书，和柳田国男亦有很大关系。因为读柳田国男，所以喜欢上民俗学，喜欢上"田野"。

前几年，时逢靖国神社问题闹得沸沸扬扬，中日关系一度降至冰点。于是，日本的"人神"信仰问题，引起了我的思考。以我微薄的学术功底，并不能勘破所有的玄机，有些观点，可能也需要进一步斟酌，权以此书，做一点思考的努力。

首先，感谢恩师北京大学日语系刘金才教授。刘老师引导我在日本文化研究之路上从蹒跚学步，到独立行走，学会思考，学会"小问题、大视野"。

其次，感谢东京大学文化人类学研究室船曳建夫教授和岩本通弥教授、北京大学社会学系高丙中教授。几位老师引导我进入广阔的文化人类学和民俗学的专业领域。

再次，感谢北京大学李洪权老师、北京邮电大学左汉卿老师和李凡荣老师、外交学院代红光老师、中国农业大学杜洋老师、中国社科院大学李晓东老师，几位老师为我的思路拓展提供了各种宝贵意见，并积极提供了实地照片。感谢国际关系学院日语系全体教师，为我营造出温馨的科研环境。感谢国际关系学院外国语学院徐青老师和科研处张洪红老师，为我提供了各种科研支持。

感谢鹤冈八幡宫宫司吉田茂穗先生带我走近伊势神宫和鹤冈八幡宫，感谢报德二宫神社原宫司草山昭先生及其夫人草山幸子女士带我走近报德二宫神社、参加神社一年四季各种祭祀庆典，感谢报德博物馆山本玲子女士和高桥央尚先生带我了解神社生活。感谢长野县樱泽村高野晶文一家，邀我参加了普通农家的盂兰盆节活动，参观了村落里的小神社，并长途驱车带我参观了远在大山深处的户隐神社奥社。各位日本友人的热情和真诚，使我近距离、感性地触摸、了解日本各地、各种类型的神社。

感谢社会科学文献出版社编辑胡亮博士和隋嘉滨博士，正是在他们的热情帮助下，拙作才得以顺利付梓出版。

另外，感谢为我的课题提供支持的我亲爱的学生们。他们搜集整理了神社相关基础资料，并提供了许多实地照片，具体参与情况如下。

神社统计：张轩萁

二十二社：贾舒雨

伊势神宫：郑瑞雯

北野天满宫：宋宸、郑瑞雯

将门口宫神社：李俊卿

明治神宫：韩畅

鹤冈八幡宫：孙磊

晴明神社：杜佳蓉

日光东照宫：刘冰、庄梦瑜

常磐神社：黄珂、庄梦瑜

凑川神社：李俊卿

别格社：马劭武

招魂社：李佳佳、武利杰、龙程、张琪

靖国神社：沈星、刘冰、范金鑫、杨雪、杨璐

照片提供：黄珂、杜佳蓉、肖亮、穆冠达、齐宇轩、邵立彬、胡建文、杨世泽、张艺凡、邱子珂

后 记

最后，感谢我的家人，他们是我坚实的后盾和我不断探索前进的力量源泉！此书也同时献给我两个可爱的女儿，感谢她们带给我更新的人生认知，感谢她们在我前行路上的激励和陪伴。妈妈会继续努力，争取做你们的榜样。

同时，由于本人水平有限，很多观点需要进一步商榷，亦难免有疏漏之处，希望各位学者专家、大众读者多提宝贵意见！

孙 敏

2019年5月于坡上村

图书在版编目（CIP）数据

日本的人神信仰 / 孙敏著. -- 北京：社会科学文献出版社，2020.1
 ISBN 978 - 7 - 5201 - 5563 - 2

Ⅰ.①日… Ⅱ.①孙… Ⅲ.①信仰 - 文化研究 - 日本 Ⅳ.①B933

中国版本图书馆 CIP 数据核字（2019）第 198089 号

日本的人神信仰

著　　者 / 孙　敏

出 版 人 / 谢寿光
责任编辑 / 隋嘉滨

出　　版 / 社会科学文献出版社·群学出版分社（010）59366453
　　　　　 地址：北京市北三环中路甲 29 号院华龙大厦　邮编：100029
　　　　　 网址：www.ssap.com.cn

发　　行 / 市场营销中心（010）59367081　59367083
印　　装 / 三河市东方印刷有限公司

规　　格 / 开本：787mm × 1092mm　1/16
　　　　　 印 张：16.75　插 页：2　字 数：218 千字

版　　次 / 2020 年 1 月第 1 版　2020 年 1 月第 1 次印刷
书　　号 / ISBN 978 - 7 - 5201 - 5563 - 2
定　　价 / 128.00 元

本书如有印装质量问题，请与读者服务中心（010 - 59367028）联系

版权所有 翻印必究